Forensische Verletzungskunde

Christoph G. Birngruber
Gabriele Lasczkowski
Reinhard B. Dettmeyer

Forensische Verletzungskunde

Rechtssichere Befunderhebung, Dokumentation und Begutachtung äußerer Verletzungsbefunde

Springer

Christoph G. Birngruber
Justus-Liebig Universität Gießen, Institut für Rechtsmedizin
Gießen, Deutschland
Universitätsklinikum Gießen & Marburg GmbH
Gießen, Deutschland

Gabriele Lasczkowski
Justus-Liebig Universität Gießen, Institut für Rechtsmedizin
Gießen, Deutschland
Universitätsklinikum Gießen & Marburg GmbH
Gießen, Deutschland

Reinhard B. Dettmeyer
Justus-Liebig Universität Gießen, Institut für Rechtsmedizin
Gießen, Deutschland
Universitätsklinikum Gießen & Marburg GmbH
Gießen, Deutschland

ISBN 978-3-642-54278-7 ISBN 978-3-642-54279-4 (eBook)
https://doi.org/10.1007/978-3-642-54279-4

Die Deutsche Nationalbibliothek verzeichnet diese Publikation in der Deutschen Nationalbibliografie; detaillierte bibliografische Daten sind im Internet über http://dnb.d-nb.de abrufbar.

Einbandabbildung: © deblik Berlin
Umschlaggestaltung: deblik Berlin
Zeichnungen: Kap. 6 Christine Goerigk

Springer ist ein Imprint der eingetragenen Gesellschaft Springer-Verlag GmbH, DE und ist ein Teil von Springer Nature.
Die Anschrift der Gesellschaft ist: Heidelberger Platz 3, 14197 Berlin, Germany

Vorwort

Neben der Todesursachenklärung befassen sich Rechtsmedizinerinnen und Rechtsmediziner seit jeher mit der Untersuchung von Menschen, die Verletzungen erlitten und überlebt haben. Dieses Teilgebiet der „Klinischen Rechtsmedizin" bzw. der „Forensischen Verletzungskunde" ist in den letzten Jahren vermehrt in den Fokus der Öffentlichkeit gelangt.

In der Praxis sind häufig zunächst klinisch tätige Ärztinnen und Ärzte mit Verletzungen mutmaßlicher oder tatsächlicher Gewaltopfer konfrontiert, vor allem in der Pädiatrie, der Gynäkologie, der Unfall- und Neurochirurgie sowie in der Allgemeinmedizin.

Erst nach adäquater Dokumentation können Verletzungsbefunde und berichtete Symptome von Gewaltopfern in den Kontext eines verletzungsverursachenden Geschehens eingeordnet werden, gerade für eine juristische Würdigung. Insofern ist es wünschenswert, bei der Befunderhebung und Dokumentation von Verletzungen Mindeststandards zu etablieren.

Bei Art und Umfang der Dokumentation und der Wahl des Vokabulars für eine adäquate Beschreibung von Verletzungen bestehen teilweise erhebliche Differenzen – innerhalb wie außerhalb des Faches Rechtsmedizin. Insofern darf das vorgelegte Buch auch als Versuch der Präzisierung von beschreibenden Verletzungsbegriffen verstanden werden, gleichwohl nicht alle typischen Verletzungen präsentiert werden können.

Im ärztlichen wie polizeilichen Arbeitsalltag, aber auch im beruflichen Alltag von z. B. Jugendamtsmitarbeitern, Erziehern, Lehrern, Heimleitungen und Pflegekräften werfen vorgefundene Verletzungen die Frage nach ihrer Entstehung auf, oft verbunden mit dem Verdacht auf eine Fremdbeibringung. Das vorliegende Buch soll hier Hilfestellung geben und die möglichst exakte Beschreibung und Dokumentation von Verletzungen unterstützen. Dies ist nicht zuletzt erforderlich, damit im Ernstfall eine hinreichend sichere Beweisführung vor Gericht möglich ist und „die Wahrheit" aufgedeckt werden kann.

Eine erhebliche Zahl der in dem vorliegenden Buch abgedruckten Abbildungen entstammt dem vom Hessischen Ministerium für Soziales und Integration finanzierten Projekt „Forensisches Konsil Gießen (FoKoGi)" am Institut für Rechtsmedizin der Justus-Liebig-Universität Gießen bzw. des Universitätsklinikums Gießen und Marburg.

Die Autoren wünschen sich mehr Aufmerksamkeit für die Hintergründe erlittener Verletzungen, eine bessere, standardisierte Dokumentation in Schrift und Bild sowie einen professionellen Umgang mit Gewaltopfern. Wenn zunehmend Gewaltopfer auch rechtsmedizinisch untersucht werden, so lässt dies nicht den Rückschluss auf eine zunehmende Gewaltkriminalität zu. Es ist aber möglich, das Dunkelfeld zu verkleinern, wenn Gewaltopfer ein niedrigschwelliges Angebot zur vertraulichen Dokumentation erlittener Verletzungen erhalten. Nur wenn Verletzungsursachen erkannt werden, kann eine rechtsstaatlich gebotene Reaktion erfolgen und der Schutz von Gewaltopfern verbessert werden.

Priv.-Doz. Dr. C. G. Birngruber, Dr. G. Lasczkowski, Prof. Dr. Dr. R. B. Dettmeyer
Gießen, im Winter 2019/2020

Danksagung

Die Autoren haben für die Abfassung dieses Buches vielfältige Unterstützung erhalten.

Dank gilt den für das Institut für Rechtsmedizin der Justus-Liebig-Universität Gießen tätigen und tätig gewesenen Ärztinnen und Ärzten: Herrn Dr. med. R. Amberg, Herrn B. Kirsch, Frau Dr. med. J. Lang, Frau H. Matthes, Frau Th. Ohlwärther, Herrn Prof. Dr. med. M. Riße und Frau Dr. med. B. Zedler.

Insbesondere bedanken wir uns bei Frau Th. Ohlwärther und Herrn B. Kirsch für die kritische Durchsicht des Manuskriptes und für wertvolle Anregungen sowie Herrn K. Edler und Herrn I. Martytschan für die gelungene Bearbeitung zahlreicher Bilder.

Wir danken auch Frau N. Gage-Lindner, Leiterin des Referats II 3 B im Hessischen Ministerium für Soziales und Integration für die Unterstützung und kritische Begleitung des Forensischen Konsils Gießen (FoKoGi).

Nicht zuletzt danken wir all jenen, die in regelmäßiger Kooperation stets hilfreiche Rückmeldungen gegeben haben und noch geben, so allen Mitarbeiterinnen und Mitarbeiter der Schutzambulanz Fulda und zahlreichen weiteren Kooperationspartnern des Forensischen Konsils Gießen (FoKoGi). Auch den mit Gewaltopfern befassten Polizeibeamtinnen und Polizeibeamten und Vertretern der Ermittlungsbehörden gilt unser Dank.

Priv.-Doz. Dr. C. G. Birngruber, Dr. G. Laszkowski, Prof. Dr. Dr. R. Dettmeyer
Gießen, im Winter 2019/2020

Abkürzungsverzeichnis

A.	Arteria
Abb.	Abbildung
Abs.	Absatz
ABSI	Abbreviated Burn Severity Index
ASS	Acetylsalicylsäure
Bd.	Band
BGB	Bürgerliches Gesetzbuch
BGBl	Bundesgesetzblatt
BGH	Bundesgerichtshof
BKA	Bundeskriminalamt
BKiSchG	Bundeskinderschutzgesetz
BMJ	Bundesministerium der Justiz
BWL	Brustwarzenlinie
bzw.	beziehungsweise
cm	Centimeter
D	Digitus/Digiti (Finger)
DD	Differenzialdiagnose
DNA	desoxyribonucleinic acid
FGM	female genital mutilation
FoKoGi	Forensisches Konsil Gießen
gem.	gemäß
GewSchG	Gewaltschutzgesetz
GVBl	Gesetz- und Verwaltungsblatt
HAL	Haaransatzlinie
HeimG	Heimgesetz
HGBP	Hessisches Gesetz über Betreuungs- und Pflegeleistungen
HAL	Hintere Axillarlinie
HHL	Hintere Haaransatzlinie
HKL	Hutkrempenlinie
Hrsg.	Herausgeber
i. d. F.	in der Fassung
i. v.	intravenös
JGG	Jugendgerichtsgesetz
KML	Körpermittellinie
KOF	Körperoberfläche
M.	Musculus
m. w. N.	Mit weiteren Nachweisen
MAL	Mittlere Axillarlinie
MCL	Medioclavicularlinie (= mittlere Schlüsselbeinlinie)
ml	Milliliter
MSbP	Münchhausen-Syndrom-by-proxy
NAHI	Non-Accidental Head Injury
Nr.	Nummer
o. ä.	oder ähnliches
OEG	Opferentschädigungsgesetz
o. g.	oben genannt
OP	Operation
PEG	Perkutane endoskopische Gastrotomie
PKS	Polizeiliche Kriminalstatistik
QRW	Quetsch-Riss-Wunde
RiStBV	Richtlinien für das Strafverfahren und das Bußgeldverfahren
RSF	Rippenserienfrakturen
S.	Satz/Seite
SBL	Schulterblattspitzenlinie
SBO	Steigbügelartige Linien zwischen den Ohren
SBS	Shaken Baby Syndrome
SM	Schrittmacher/Sado-Maso
sog.	sogenannt
SSL	Steinschnittlage
Std	Stunden
STD	sexual transmitted diseases
StGB	Strafgesetzbuch
StPO	Strafprozessordnung
Str.	Straße
TEP	Totalendoprothese
u. U.	unter Umständen
V.	Vena
V. a./v. a.	Verdacht auf/vor allem
VAL	Vordere Axillarlinie
Vgl.	vergleiche
VHL	Vordere Haaransatzlinie
VKOF	Verbrannte Körperoberfläche
WHO	World Health Organization
z. B.	zum Beispiel
Z. n.	Zustand nach
z. T.	Zum Teil
ZVK	Zentraler Venenkatheter
zzgl.	zuzüglich

Inhaltsverzeichnis

IV Rechtliche Aspekte

Allgemeine Grundlagen der forensischen Verletzungskunde

Im Jahre 2017 wurden in Deutschland 558.506 Körperverletzungsdelikte (i. S. der §§ 223–227, 229 und 231 StGB) in der polizeilichen Kriminalstatistik (PKS) erfasst, darunter u. a. 137.085 Fälle von gefährlicher und schwerer Körperverletzung und 394.610 Fälle vorsätzlicher einfacher Körperverletzung. Kriminalistischen Auswertungen des Bundeskriminalamtes (BKA) zufolge wurden seit 2013 pro Jahr mehr als 120.000 Personen Opfer von Partnerschaftsgewalt. Die Dunkelziffer wird als deutlich höher gesehen.

Bereits im Jahre 1990 stellte der Bericht der Gewaltkommission der Bundesregierung fest, dass Gewalt in der Familie die in der deutschen Gesellschaft am häufigsten ausgeübte Gewalt ist, was auch für viele andere Länder gelten dürfte. Nach wissenschaftlichen Schätzungen ist jede vierte Frau in ihrem Leben einmal von Gewalt durch einen Lebenspartner betroffen, jede siebte Frau mindestens einmal in ihrem Leben Opfer einer Vergewaltigung oder sexuellen Nötigung, davon ca. 75 % im sozialen Nahraum. Jährlich fliehen ca. 45.000 Frauen mit ihren Kindern in ein Frauenhaus. Nicht selten ist häusliche Gewalt kein einmaliges Ereignis, sondern ein sich wiederholender Vorgang mit häufig auch steigender Gewaltintensität von Tat zu Tat. In Deutschland berichteten knapp 15 % der befragten Erwachsenen von emotionaler Misshandlung, 12 % von körperlicher Misshandlung, 12,5 % von sexuellen Misshandlungen und 14,5 % über schwere oder extreme Vernachlässigung. In einer älteren Studie berichteten knapp 40 % aller befragten Erwachsenen, dass sie mehr als einmal schwere körperliche Gewalt durch ihre Eltern erlitten hatten, knapp 5 % bezeichneten sich selbst als schwer betroffen. Sexuelle Misshandlung vor dem Alter von 18 Jahren gaben 9,6 % der befragten Frauen und 3,2 % der Männer an. Ca. 9 % hatten Gewalt zwischen ihren Eltern beobachtet und häufig handelte es sich nicht um ein einmaliges Gewalterlebnis.

Neben der psychosozialen Betreuung betroffener Menschen sind auch juristische Aspekte zu beachten: Für mögliche straf- und zivilrechtliche Verfahren gilt es, die Symptome und medizinischen Befunde bzw. Verletzungen als Beweise zu sichern, nach Möglichkeit durch eine präzise Anamnese, gute Befundbeschreibung und fotografische Dokumentation. Hilfreich sind hier Dokumentationsbögen für die gerichtsfeste Dokumentation, z. B. für die zahnärztliche Befundung, bei sexualisierter Gewalt und bei Kindern mit nicht-akzidentellen Verletzungen bzw. bei Kindesmisshandlung. Derartige **Dokumentationsbögen** sind sehr differenziert und helfen zugleich bei der Beachtung aller erforderlichen Aspekte. Beispiele finden sich im Anhang.

Menschen erdulden Gewalt und erleiden Verletzungen unter sehr unterschiedlichen Umständen. Zugleich kann umstritten sein, wo „Gewalt" beginnt bzw. welches Verhalten im Einzelfall noch tolerabel sein könnte. Die rechtsmedizinische Expertise konzentriert sich auf Verletzungen als Folge physischer Gewalt. Am häufigsten dürften kleinere Verletzungen sein, wie beispielsweise bei Unfällen im Haushalt, bei der Arbeit oder in der Freizeit. Daneben finden sich Verletzungen durch Handlungen Dritter als fahrlässige oder vorsätzliche Körperverletzung, aber auch selbst beigebrachte Verletzungen und Verstümmelungen kommen vor.

Die **„Forensische Verletzungskunde"** befasst sich mit jeglicher tödlicher oder nicht-tödlicher Gewalt gegen Menschen unter Berücksichtigung einer Reihe spezieller Gewaltkonstellationen sowie den dabei feststellbaren, häufig sichtbaren und damit äußeren Verletzungen, im vorliegenden Buch nahezu ausschließlich bei Menschen, die eine Gewalteinwirkung überlebt haben.

In der Literatur wird nicht nur die Gewalt unter Erwachsenen von der Gewalt gegen Kinder, also der Kindesmisshandlung abgegrenzt . Gewalt gegen besondere Personengruppen und besondere „Gewaltverhältnisse" werden ebenfalls betrachtet. In der Literatur wird z. B. wie folgt differenziert:

- Gewalt gegen alte Menschen
- Gewalt im Arzt-Patienten-Verhältnis und in der Pflege, von Ärzten und Pflegepersonal gegenüber den Patienten, aber auch von Patienten gegenüber Ärzten und Pflegepersonal
- Gewalt in der Psychiatrie
- Gewalt in Justizvollzugsanstalten
- Gewalt bei Polizeieinsätzen, d. h. durch als auch gegen Polizeibeamte
- Gewalt von Minderjährigen gegen Minderjährige und Erwachsene
- Gewalt gegen körperlich oder geistig Behinderte
- Gewalt in mehr oder weniger hierarchischen Abhängigkeitsverhältnissen
- Gewalt gegen Menschen mit einer bestimmten sexuellen Orientierung, Herkunft, Religion oder Hautfarbe
- Inhumane und erniedrigende Gewalt als physische und/oder psychische Folter

Die Vielgestaltigkeit der beim Einsatz von Gewalt entstehenden Verletzungen lässt sich nie vollständig aufzeigen. Bekannt sind „klassische" Verletzungen bzw. Verletzungskombinationen (Verletzungsmuster), die nach Lokalisation und Art Rückschlüsse auf die Verletzungsursache erlauben. In der Gesamtschau ergibt sich ein nicht nur auf rechtsmedizinischer Erfahrung basierendes Wissen um Art und Ursachen von Verletzungen. Auf diese Weise wird die Darstellung von Klassifikationen und Graduierungen erlittener Verletzungen möglich, ebenso wie die Beschreibung von Verletzungsursachen und Tatgeschehen nach der Untersuchung von Patienten mit Verletzungen.

Nicht ganz deckungsgleich zwischen Medizinern und Juristen ist die Verwendung von Termini, die mit einem bestimmten Alter gekoppelt sind und wo ein entweder medizinisch akzeptiertes oder ein gesetzlich-juristisch definiertes Alter eines Menschen gemeint ist. Welche Altersgruppe mit welchem Terminus gemeint ist, kann der nachfolgenden Tabelle entnommen werden.

Fachtermini und damit verbundene Altersgrenzen sowie deren rechtliche Bedeutung (gemäß StGB, JGG und BGB)

Terminus	Alter
Neugeborenes	0 bis 8 Tage – Strafrechtlicher Schutz ab Beginn der Geburt; Beginn der Rechtsfähigkeit mit Vollendung der Geburt
Säugling	9. bis 365. Lebenstag
Kleinkind	2. bis 6. Lebensjahr
Kind	7. bis 14. Lebensjahr – Beginn der bedingten Geschäftsfähigkeit
Jugendlicher	15. bis 18. Lebensjahr – Beginn der Strafmündigkeit; Religionsfreiheit ab dem 15. Lebensjahr, Testierfähigkeit ab dem 17. Lebensjahr
Heranwachsender	19. bis 21. Lebensjahr – volle Geschäftsfähigkeit
Minderjährig	Bis 18. Lebensjahr
Volljährig	Ab 19. Lebensjahr, aber bis 21. Lebensjahr strafrechtlich noch nach Jugendstrafrecht beurteilbar
Erwachsener	Ab 22. Lebensjahr
Senioren	Rechtlich nicht definiertes Alter; im Sprachgebrauch wohl zumindest ab dem vollendeten 65. Lebensjahr

Terminologie der Verletzungsbeschreibung

C. G. Birngruber, G. Lasczkowski, R. B. Dettmeyer, *Forensische Verletzungskunde*,
https://doi.org/10.1007/978-3-642-54279-4_1

Verletzungen sollen so beschrieben werden, dass ein kundiger Leser Rückschlüsse ziehen kann auf die Art und ggf. die Entstehungsursache der Verletzung, soweit dies im Einzelfall möglich ist. Dazu gehört, dass neben der Lokalisation auch die Verlaufsrichtung der Verletzung und die Art der Verletzung beschrieben werden mit Angabe von Größe, Tiefe, Farbe und Form der Verletzung.

1.1 Verlaufsrichtungen von Verletzungen

Der Verlauf einer äußerlich sichtbaren Verletzung soll nachvollziehbar beschrieben werden mit Bezug auf den Körper. Etabliert sind folgende Verlaufs- bzw. Richtungsbeschreibungen von Verletzungen:

- in Körperlängsrichtung, d. h. von kopfwärts nach fußwärts oder umgekehrt
- in Körperquerrichtung, d. h. von links nach rechts oder umgekehrt
- in Pfeilrichtung, d. h. von hinten nach vorne oder umgekehrt (wie durch den Körper hindurch verlaufend)

Die Lokalisation einer Verletzung kann neben der Richtungsangabe präzisiert werden. Auch hier haben sich Lokalisationsangaben etabliert:

- in der vorderen/mittleren/hinteren Axillarlinie
- in der Körpermittellinie vorderseitig
- in der Körpermittellinie der Rückenhaut über der Wirbelsäule
- in einer in Körperlängsrichtung verlaufenden Linie durch die Mitte des linken/rechten Schlüsselbeines (sog. Medioclavicularlinie; mittlere Schlüsselbeinlinie)
- in einer steigbügelartigen Linie zwischen den Ohren
- in einer querverlaufenden Linie durch die Brustwarzen
- in einer längsverlaufenden Linie durch die linke/rechte Schulterblattspitze
- in Projektion auf und/oder parallel zum linken/rechten Rippenbogen
- querverlaufend unmittelbar oberhalb der Schamhaargrenze
- in einer mit Zentimeterangabe oberhalb der Fußsohlenebene gelegenen Höhe bzw. Linie

Wird eine Verletzung mit Bezug auf eine der genannten Linien beschrieben, so erfolgt zusätzlich eine Präzisierung der Lokalisation und der Ausdehnung der Verletzung in Millimeter oder Zentimeter, z. B. im Falle eines Messerstiches.

Fallbeispiel
Beschreibung der Lokalisation und Art einer Stichverletzung durch ein Messer mit zweischneidiger Klinge:
3 cm oberhalb einer quer verlaufenden Linie durch die Schulterblattspitzen sieht man in der Rückenhaut 4 cm links der Körpermittellinie eine leicht schräg gestellte, 2,5 cm lange glattrandige Durchtrennung der Haut und des Unterhautweichteilgewebes mit einem spitzbogenartigen Wundwinkel links oben und einem spitzbogenartigen Wundwinkel rechts unten.

Bei Verletzungen mit bogenförmigem Verlauf sollte erwähnt werden, in welche Richtung die konvexe bzw. konkave Seite der bogigen Verletzung weist. Gängige Abkürzungen bei der Beschreibung von Verletzungslokalisationen sind in ◘ Tab. 1.1 gelistet, der Verlauf der Linien wird in ◘ Abb. 1.1 sichtbar.

Für die Beantwortung der Frage nach den Ursachen einer Verletzung sind primär **drei Fragen** zu klären:

1. Welche Verletzung liegt vor? = **Verletzungsart**
2. Wo findet sich die Verletzung? = **Verletzungslokalisation**
3. Wann kann die Verletzung entstanden sein? = **Verletzungsalter**

In Abhängigkeit von der Ursache einer Verletzung ist an spezielle Verletzungsarten und spezielle Verletzungslokalisationen zu denken Eine Verletzung als solches kann in Abhängigkeit von der Morphologie der Wunde auf unterschiedliche Ursachen bzw. unterschiedliche Gewaltarten zurückgeführt werden.

1.2 Klassifikation von Verletzungen nach der Art der einwirkenden Gewalt

In der rechtsmedizinischen Terminologie werden die häufigsten Verletzungen nach der Art der verursachenden Gewalt unterschieden: stumpfe Gewalt, scharfe Gewalt, halbscharfe Gewalt (terminologisch und ätiologisch nicht unumstritten), thermische Gewalt, Schussverletzungen und spezielle Verletzungskonstellationen. Die Verletzungen können

- auf das Hautniveau begrenzt sein,
- bei intakter Haut im Unterhautweichteilgewebe auftreten und/oder Knochen betreffen,
- als offene Verletzungen der Haut unterschiedlich weit in die Tiefe reichen.

Die nachfolgende Beschreibung von Gewaltarten (stumpf, scharf, halbscharf, thermisch, Schuss) zeigt zwar typische Charakteristika, je nach Intensität der einwirkenden Gewalt können jedoch für die jeweilige Gewaltart deutlich weniger charakteristische Verletzungsbefunde auftreten, so z. B. lediglich eine Oberhautablösung durch stumpfe Gewalt (als Schürfung) oder nur eine Hautrötung durch thermische Gewalt.

Je nach Art der einwirkenden Gewalt können derart charakteristische Verletzungen entstehen, dass – bei hinreichend exakter Beschreibung bzw. guter Dokumentation – ein Rückschluss auf die Art der verursachenden Gewalt möglich ist.

> **Die Beantwortung der Frage nach der Plausibilität von berichteten oder behaupteten Geschehnissen als Ursache einer Verletzung oder eines Verletzungsmusters ist von großer kriminalistischer Bedeutung für die Beweisführung.**

Zunächst wird unterschieden zwischen nicht blutenden, geschlossenen Verletzungen (intakte Hautbedeckung) und offe-

Tab. 1.1 Abkürzungen für Bezugslinien bei der Beschreibung von Verletzungslokalisationen

Abkürzung	Bedeutung
VAL	Vordere Axillarlinie = in Körperlängsrichtung verlaufende Linie durch den Vorderrand der Achselhöhle
MAL	Mittlere Axillarlinie = in Körperlängsrichtung verlaufende Linie durch die Mitte der Achselhöhle
HAL	Hintere Axillarlinie = in Körperlängsrichtung verlaufende Linie durch den hinteren Rand der Achselhöhle
VHL	Vordere Haaransatzlinie = querverlaufende Linie entlang des Haaransatzes oberhalb der Stirn
HHL	Hintere Haaransatzlinie = querverlaufende Linie entlang des Ansatzes der Kopfbehaarung im Nacken
KML	Körpermittellinie = Linie von der Scheitelhöhe des Kopfes an der Körpervorderseite (über die Nasenspitze, das Kinn und den Nabel) bzw. Körperrückseite (über der Wirbelsäule jeweils bis zur Afteröffnung) verlaufend
MSL	Mittlere Schlüsselbeinlinie (auch: Medioclavicularlinie; MCL) = in Körperlängsrichtung verlaufende Linie durch die Mitte des linken bzw. rechten Schlüsselbeins
HKL	Hutkrempenlinie = zirkuläre Linie um den Kopf in Höhe der Position einer Hutkrempe
BWL	Brustwarzenlinie = quer verlaufende Linie der Brustvorderseite in Höhe der Brustwarzen
SBO	Steigbügelartige Linie zwischen den Ohren
SBL	Schulterblattspitzenlinie = Linie durch die Schulterblattspitze in Körperlängsrichtung

nen Verletzungen. Bei den geschlossenen Verletzungen kann es sich z. B. um Hautrötungen handeln, Oberhautablösungen, Hautschürfungen, Blutungen im Hautniveau und Blutungen unter der intakten Haut (subkutane Hämatome, unterschiedlich tief reichend).

Bei den offenen Verletzungen sieht man je nach Art der einwirkenden Gewalt die folgenden typischen Befunde:

■ Stumpfe Gewalt

Haut- und Hautweichgewebsdurchtrennung mit feingezähnelten/grobgezähnelten Wundrändern sowie Gewebebrücken in den Wundwinkeln und im Wundgrund (Diagnose: sog. Quetsch-Riss-Wunde, da eine quetschende und eine reißende Komponente der Gewalteinwirkung zusammentreffen; im klinischen Alltag meist diagnostiziert bzw. bezeichnet als „Platzwunde").

■ Scharfe Gewalt

Haut-, Hautweichgewebsdurchtrennung mit glatten Wundrändern, fehlenden Gewebebrücken im Wundgrund und in den spitzbogenartigen (bei zweischneidiger Klinge) Wundwinkeln. Ist ein Wundwinkel nach Adaptierung der Wund-

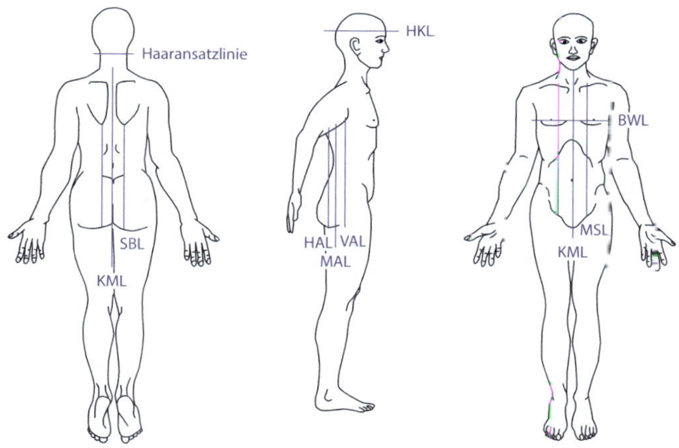

Abb. 1.1 Körperschema mit Bezugslinien zur Angabe der Lokalisation einer Verletzung: *KML* Körpermittellinie, *VAL* vordere Axillarlinie *MAL* mittlere Axillarlinie, *HAL* hintere Axillarlinie, *HKL* Hutkrempenlinie, *BWL* quer verlaufende Linie durch die Brustwarzen, *MSL* mittlere Schlüsselbeinlinie, *SBL* Schulterblattspitzenlinie

ränder eckig konfiguriert, spricht dies für ein Messer mit einem Messerrücken.

■ Halbscharfe Gewalt (z. B. Axt, Beil, spitzkantige Treppenstufe, Bissverletzungen)

Der Terminus „halbscharfe Gewalt" ist nicht unumstritten. Letztlich zeigen sich Verletzungen, die Merkmale von stumpfer und scharfer Gewalt aufweisen können, häufig mit eher groben Hautwundrändern und Hauteinrissen bzw. sog. Hautlefzen/kleinen Hautlappen. Auch Einwirkungen durch Fingernägel und Bisse (menschliche Bisse, Tierbisse) können der halbscharfen Gewalt zugeordnet werden. Wird die Haut vom subkutanen Fettgewebe in Höhe der Lederhaut abgehoben, so findet sich auch die Bezeichnung „Hautablederung". Überwiegend sind dann auch tiefere Schichten des Hautweichteilgewebes betroffen, also die sog. Lederhaut, bei größeren „Werkzeugen" das Unterhautfettgewebe, je nach dessen Dicke auch die nachfolgende Skelettmuskulatur. Zudem können knöcherne Verletzungen auftreten (Ankerbungen von Knochen, Frakturen).

■ Thermische Gewalt durch heiße Gegenstände (trockene Hitze = Verbrennungen)

Man sieht eine gut demarkierte, evtl. geformte rotbraune Hitzeschädigung der Haut und des Unterhautweichteilgewebes (je nach Grad und Alter der Schädigung).

■ Thermische Gewalt durch heiße Flüssigkeiten (feuchte Hitze, Verbrühungen)

Hier finden sich z. B. spritzerartig bis fließspurenartig bzw. landkartenartig verteilte hellrote bis rotbraune Schädigungen der Haut, je nach Verbrühungsgrad auch tiefer gelegene Schädigungen. Solche spritzerartigen bzw. fließspurenartigen Verbrühungen sind in der Regel unfallbedingt. Findet sich die Hitzeschädigung jedoch handschuh- bzw. sockenartig an den Händen bzw. Füßen oder ist seitensymmetrisch die

Tab. 1.2 Interpretation von Verletzungen in Abhängigkeit von der Lokalisation (mit Verletzungsbeispielen)

Verletzungslokalisation (Auswahl)	Interpretation[a]
Kopf oberhalb der sog. Hutkrempenlinie in der (behaarten) Kopfhaut (Abb. 1.2)	Eher schlagbedingte Verletzung (außer z. B. bei Treppensturz oder Anstoß beim Aufrichten des Oberkörpers)
Kopf unterhalb der sog. Hutkrempenlinie (Abb. 1.2)	Eher sturztypische Lokalisationen: Stirnhöcker, Augenbrauen, Nasenrücken (Brillenträger/in?), Nasenspitze, Kinnspitze (außer z. B. Faustschlag ins Gesicht)
Augenober- und Augenunterlider (Monokelhämatom; Brillenhämatom)	Meist Schlag (auch möglich: abgesacktes Blut nach Sturz auf die Augenbraue mit Verletzung im Augenbrauenverlauf; frakturiertes Augenhöhlendach mit Monokelhämatom oder Brillenhämatom nach Sturz auf den Hinterkopf)
Oberarm (innen- und/oder außenseitig), evtl. beidseits seitensymmetrisch, meist Hämatome	Griffspur(en)
Unterarme, streckseitig, kleinfingerseitig, z. B. Hämatome, (je nach Werkzeug auch Stiche und Schnitte)	Abwehrverletzung; sog. Parierverletzung
Handrücken	Abwehrverletzung
Handinnenflächen	Abstützverletzung bei Sturz; Abwehrverletzung v. a. gegen scharfe Gewalt (insbesondere gegen einen Messerangriff)
Hämatom über den Hüftknochen	Meist Anstoßverletzung
Ellenbogenaußenseite	Eher sturztypisch
Streckseite der Knie	Eher sturztypisch
Rücken, Gesäß	Eher Schlag/Züchtigung (Aber: Sturz auf das Steißbein bei z. B. Treppensturz möglich)
Schleimhaut des Mundvorhofes	Eher Schlag, Sturz möglich; auch: nach gewaltsamen Zudrücken des Mundes
Über den Dornfortsätzen der Wirbelkörper	Sog. Widerlagerverletzung bei Druck von vorn (z. B. mit dem Rücken auf dem harten Boden liegendes Opfer)
Vor allem Gesäß- und Rückenhaut: sog. „Doppelstriemen"	Schlagverletzung mit stockartigem Werkzeug
Schnittverletzungen in Höhe der Beugeseiten der Handgelenke	Selbstbeibringung: versuchter/vollendeter Suizid
Einschuss im harten/weichen Gaumen oder Schläfenregion	Meist Suizid
Hämatome Innenseite Oberschenkel	Verletzung durch Gegenwehr bei (versuchter) Vergewaltigung
Häufig zahlreiche, parallel verlaufende Narben an der Streckseite der Unterarme	Selbstbeibringung (Borderline-Syndrom?)

[a]Achtung: Die Interpretation umfasst immer das gesamte Verletzungsmuster, im Einzelfall kann es alternative Erklärungen bzw. ungewöhnliche Geschehensabläufe geben

Haut beider Gesäßhälften betroffen mit jeweils scharfer Begrenzung, so spricht dies für eine Fremdbeibringung bzw. bei Säuglingen/Kindern für eine Kindesmisshandlung.

Schusswunde – Einschuss

Es findet sich ein zentraler Gewebeverlust (d. h. nicht adaptierbare Wundränder), evtl. mit sog. Abstreifring (Antragungen von schwarz-grauem Material), Schürfsaum (umgebende Ablösung der Epidermis) und umgebenden blau-lividen Hautunterblutungen („Kontusionshof"). Der sog. Kontusionshof entsteht als Folge einer subkutanen druckbedingten sog. temporären Wundhöhle mit Einrissen feiner Blutgefäße im umgebenden Unterhautweichteilgewebe.

Schusswunde – Ausschuss

Die Ausschussverletzung ist nicht selten größer als die Einschussverletzung, wobei der Ausschuss eine strahlige (sternförmige) Aufplatzung der Haut, feingezähnelte und im Regelfall adaptierbare Wundränder zeigt. Ausschussverletzungen sind vielgestaltig, vor allem, wenn aus dem Schusskanal Gewebe, insbesondere Knochenpartikel, über die Ausschussverletzung hinaus getrieben werden und dabei zusätzliche, häufig schwer abgrenzbare Verletzungen setzen.

Spezielle Gewaltformen

Neben den genannten abgrenzbaren Formen der physischen Gewalt gibt es Gewaltformen, die im Regelfall zu Verletzungskombinationen führen. Dazu zählen z. B. die Gewalt gegen den Hals, das Schütteltrauma-Syndrom bei Säuglingen und Kleinkindern, die weibliche Genitalverstümmelung, aber auch Verletzungen bei Verkehrs- oder Arbeitsunfällen sowie die Beibringung von Verletzungen durch Zuführung toxischer Substanzen. So können Laugen und Säuren Haut- und Hautweichteilverletzungen hinterlassen. Ebenfalls spezielle Verletzungen entstehen durch selbstbeschädigende und selbstverstümmelnde Gewalt (▶ Abschn. 1.6).

Für die Beantwortung der Frage nach der Ursache für eine bestimmte Verletzung ist jedoch nicht nur die Verletzung bzw. Wunde selbst zu betrachten. Auch Lokalisation und Alter einer Verletzung können Rückschlüsse zulassen auf ein mögliches verursachendes Geschehen, ebenso Kenntnisse vom Ort des Geschehens. Häufig kann zumindest geklärt werden, ob ein behauptetes Geschehen mit einer vorhandenen Verletzung in Einklang zu bringen ist.

1.3 Klassifikation von Verletzungen nach ihrer Lokalisation

Äußere Verletzungen sind Verletzungen, die bei der (nicht nur rechtsmedizinischen) körperlichen Untersuchung ohne diagnostische Hilfsmittel (z. B. Sonographie, Röntgen, CT, MRT etc.) festgestellt werden können, weil es sich um sichtbare oder tastbare Verletzungen handelt. **Nicht sicht- oder tastbare Verletzungen** können vorhanden sein und zu Beschwerden führen, dann handelt es sich um von der zu untersuchenden Person angegebene Symptome.

Verletzungen können für sich allein Aufschluss geben über die Ursache ihrer Entstehung, ihr Alter und im Einzelfall kann auch die Reihenfolge der Beibringung äußerer Verletzungen feststellbar sein. Im Hinblick auf ein ableitbares Tatgeschehen, also die rekonstruktive Aussagekraft von Verletzungen, ist neben der Art der Verletzung (siehe oben) auch die Lokalisation einer Verletzung von Bedeutung. Die Aussagekraft der anatomischen Lokalisation einer Verletzung im Hinblick auf die wahrscheinlichste Entstehungsursache verdeutlicht ◘ Tab. 1.2.

Je nach Lokalisation einer Verletzung kann diese in ein Raster typischer Entstehungsursachen eingeordnet werden. Dabei können folgende Differenzierungen getroffen werden:

- seitensymmetrische Verletzungen (◘ Abb. 1.3)
- Verletzungen in sturztypischer Lokalisation
- Verletzungen in anstoßtypischer Lokalisation
- Verletzungen in schlagtypischer Lokalisation
- Verletzungen in grifftypischer Lokalisation
- Verletzungen in sog. Widerlagerposition

Hinzu kommen typische Verletzungslokalisationen je nach Vorgeschichte.

> **Im Einzelfall kann bei einem behaupteten Geschehen auch von Bedeutung sein, dass in einer bestimmten Lokalisation Verletzungen zu erwarten wären, die jedoch tatsächlich nicht vorhanden sind. Dann sollte dies zusätzlich dokumentiert werden.**

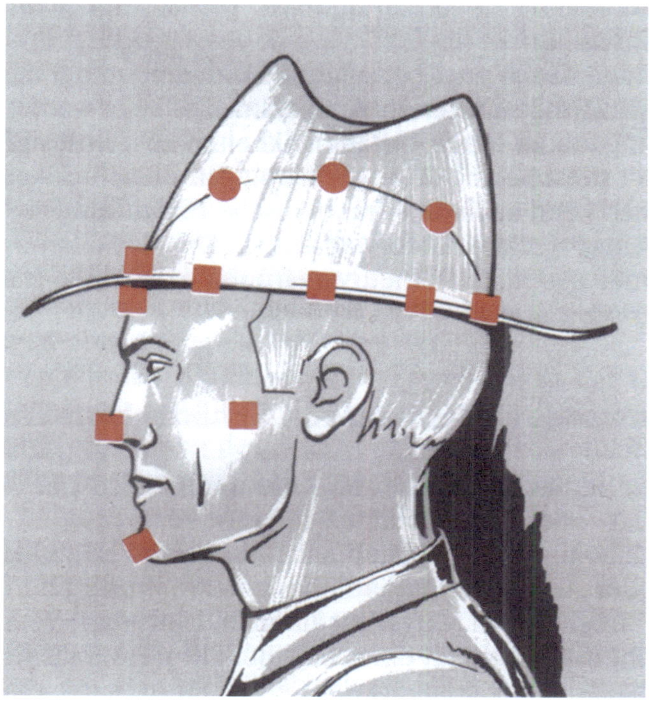

◘ **Abb. 1.2** Darstellung der sog. Hutkrempenregel – Verletzungen oberhalb der sog. Hutkrempenlinie sind eher schlagtypisch, Verletzungen unterhalb der sog. Hutkrempenlinie sind eher sturztypisch. Dies gilt bei Stürzen zu ebener Erde, nicht beim Treppensturz oder beim Aufrichten des Körpers mit Anstoß an z. B. Mobiliar. In der Praxis finden sich häufiger Ausnahmen von der Hutkrempenregel. (Modifiziert nach Dettmeyer et al. 2019)

1.3.1 Seitensymmetrische Verletzungen

Finden sich **seitensymmetrische Verletzungen**, so ist mit höherer Wahrscheinlichkeit von einer **Fremdbeibringung** auszugehen, da seitensymmetrische, anatomisch voneinander entfernt liegende Verletzungen rein zufällig bei Stürzen und/oder Unfällen – je nach Sturz- und Unfallart – eher selten beobachtet werden.

1.3.2 Verletzungen in sturztypischer Lokalisation

Verletzungen in einer sturztypischen Lokalisation finden sich vor allem an mehr oder weniger prominent hervorstehenden Körperstellen. Folgende sturztypische Verletzungslokalisationen sind zu nennen:

- Hinterhaupt, in oder unterhalb der sog. Hutkrempenlinie
- über den Stirnhöckern rechts oder links, sturzbedingt sehr selten zugleich beidseits
- im Verlauf der Augenbrauen (als Verletzung der Haut und des Unterhautweichteilgewebes)
- Nasenrücken, Nasenspitze
- Lippen in der Körpermittellinie
- Kinnspitze

- über den Ellenbogenaußenkanten
- streckseitig an den Knien – ein- oder beidseitig
- in Projektion auf die Hüftknochen außenseitig (anstoßtypische Lokalisation; ◘ Abb. 1.4)
- streckseitig über den Schienbeinvorderkanten – ein oder beidseitig (auch als anstoßtypische Lokalisation)
- Handinnenfläche(n) als sog. Abstützverletzungen ein- oder beidseitig nach Sturz

Kommt es zu einem schlagbedingten Sturz, dann können schlag- und sturzbedingte Verletzungen nebeneinander vorliegen. Dies ist insbesondere von Bedeutung am Kopf, wo gegebenenfalls die Reihenfolge des Entstehens schlag- und sturzbedingter Frakturlinien nach der sog. Puppe'schen Regel unterschieden werden kann (siehe ◘ Abb. 1.5)

1.3.3 Verletzungen in anstoßtypischer Lokalisation

Verletzungen in sog. anstoßtypischer Lokalisation finden sich z. B.:

- in Projektion auf die Rippenbögen links und/oder rechts,
- seitlich am Kopf über dem rechten oder linken Scheitel- bzw. Schläfenbein (selten beidseitig),

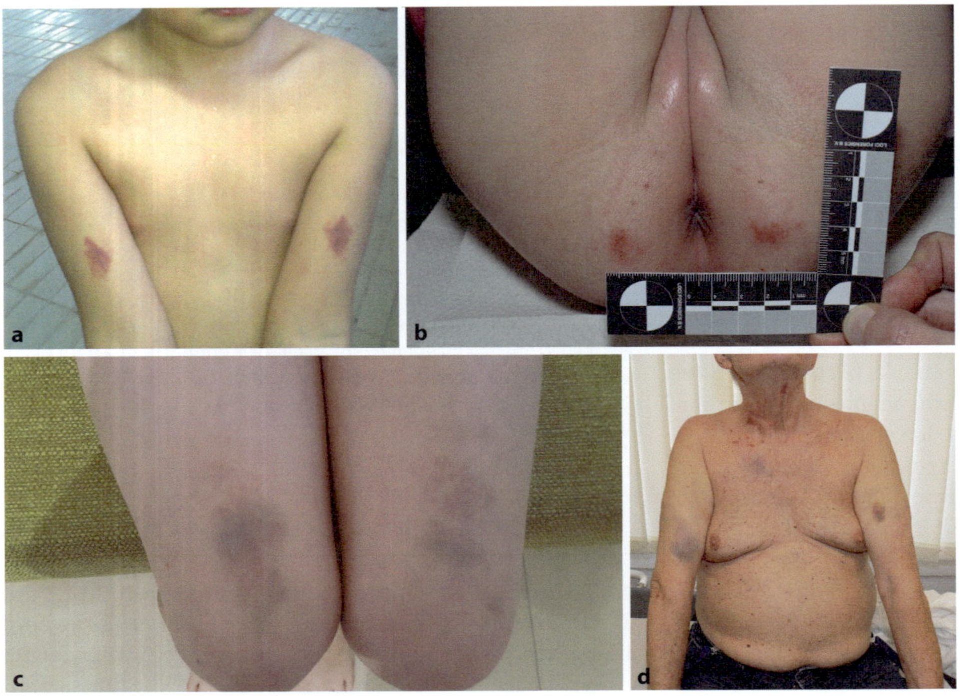

◘ **Abb. 1.3a–d** Beispiele seitensymmetrischer Verletzungen, die mit höherer Wahrscheinlichkeit für eine Fremdbeibringung sprechen: **a** Hämatome im Sinne sog. Griffspuren in gleicher Höhe an beiden Oberarmen eines Kindes. **b** Annähernd gleichartige Gesäßhautverletzungen in Form von Oberhautablösungen der linken und rechten Gesäßhälfte (unklarer Genese). **c** Hämatome vorderseitig bzw. streckseitig in Höhe des kniegelenknahen Drittels der Oberschenkel (Schlagverletzungen; selten: Selbstbeibringung). **d** Beidseits unterschiedlich intensive Hämatome der Haut der Oberarme nach tätlicher Auseinandersetzung (Griffspuren)

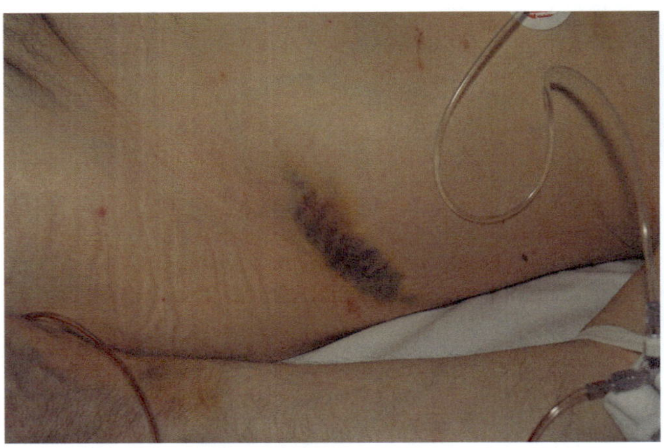

◘ **Abb. 1.4** Streifiges Hämatom von links oben hinten nach vorne unten ziehend in Projektion über den linken Hüftknochen (die Darmbeinschaufel) als anstoßtypische Verletzung, z. B. bei Anstoß gegen die Tischkante mit dem Hüftknochen als knöchernem Widerlager

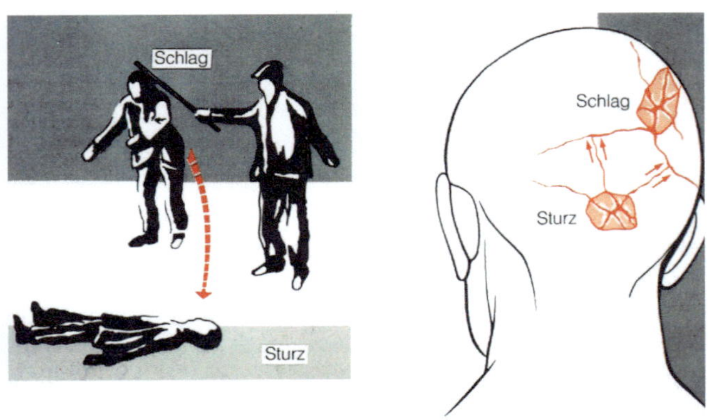

◘ **Abb. 1.5** Erst Schlag, dann Sturz als Erklärung für eine Verletzungskombination oberhalb der sog. Hutkrempenlinie und innerhalb bzw. unterhalb dieser Linie mit über den Schädeldachfrakturen gelegenen Quetsch-Riss-Wunden der Kopfhaut. Die Bruchlinien der sturzbedingten Frakturen enden an den Bruchlinien der vorausgegangenen schlagbedingten Frakturen (sog. Puppe'sche Regel). (Modifiziert nach Dettmeyer et al. 2019)

- außenseitig über den Schultergelenken,
- über den Beckenknochen außenseitig,
- über sowie seitlich links/rechts in Höhe der Schienbeinvorderkanten.

Verletzungen in anstoßtypischer Lokalisation finden sich in der Praxis häufiger bei Kindern in Höhe der Vorderkanten der Unterschenkel in „spieltypischer" Lokalisation, bei stärker alkoholisierten und/oder drogenintoxikierten Personen, aber auch bei Patientinnen und Patienten nach der Einnahme blutgerinnungshemmender Medikamente im Rahmen sog. Bagatelltraumen, also schon nach relativ leichtem stumpfem Trauma.

1.3.4 Verletzungen in schlagtypischer Lokalisation

Klassische Lokalisationen von Schlagverletzungen, sei es hervorgerufen durch Schlag mit der flachen Hand, der Faust oder einem Gegenstand, können benannt werden:

- **Verletzungen der (behaarten) Kopfhaut oberhalb der sog. Hutkrempenlinie** sind mit höherer Wahrscheinlichkeit schlagbedingt und nicht sturzbedingt (Achtung: diese sog. „Hutkrempenregel" gilt nicht beim Treppensturz und bei ungewöhnlichem Tatgeschehen, dann sind auch Verletzungen in sonst schlagtypischer Lokalisation möglich, z. B. bei einer Bewegung des Körpers von unten nach oben mit Anstoßverletzung beim Aufrichten des Körpers)
- **Monokel- oder Brillenhämatom** – als Folge einer sog. penetrierenden Gewalt von vorne (z. B. Faustschlag). Alternative Erklärungen für ein Monokel- oder Brillenhämatom sind: beim Sturz nach vorne mit Verletzung der Augenbrauenregion kann ein Monokelhämatom nach subkutanem „Absacken" des Blutes auftreten; bei einem Sturz auf den Hinterkopf ist infolge intrakranieller Druckveränderungen eine Fraktur der Augenhöhlendächer möglich mit Einblutung in das Weichteilgewebe der knöchernen Augenhöhle, sodass ebenfalls ein Monokel- oder Brillenhämatom entstehen kann; sehr selten gibt es sturz- bzw. unfallbedingt ein Monokelhämatom beim Sturz in einen prominenten Gegenstand oder z. B. beim Laufen eines Kindes in den Knauf einer Türklinke
- Eine **Orbitafraktur** (radiologisch diagnostiziert) kann bei sog. penetrierender Gewalt von vorne bzw. als Folge eines Faustschlages auf das Auge auftreten und wird dann als sog. „**Blow-out-fracture**" bezeichnet
- **Verletzungen der Mund- bzw. Lippenregion** sind v. a., aber nicht nur, außerhalb der Körpermittellinie Folge eines Schlages, in der Körpermittellinie denkbar im Rahmen eines Sturzgeschehens (siehe auch: Widerlagerverletzungen)
- **Verletzungen der Haut des Rückens, des Gesäßes und der Rückseiten der Beine** sind zwar mit höherer Wahrscheinlichkeit Schlagverletzungen, v. a. bei Kindern, nicht ganz selten finden sich hier jedoch Verletzungen, die auch einmal sturzbedingt sein können, z. B. „Ausrutschen" beim Abwärtsgang auf der Treppe mit der Folge einer Hautschürfung/eines Hämatoms über dem Steißbein oder dem Gesäß
- **Verletzungen**, meist Hämatome mit intakt gebliebener Haut, **in Höhe der Streckseiten der Unterarme** (= eher, aber nicht nur kleinfingerseitig) gelten als schlagbedingte Verletzungen im Rahmen eines typischen Abwehrverhaltens durch schützendes Hochheben der Unterarme (= Abwehrverletzung)
- **Verletzungen der Haut und des Unterhautweichteilgewebes der Handrücken**, wenn diese zur Schlagabwehr bzw. zum Schutz z. B. vor das Gesicht gehalten werden (= Abwehrverletzung)

Nicht selten sieht man neben schlagbedingten Verletzungen auch Hämatome (und Hautabschürfungen), die als sog. Griffspuren interpretiert werden können, v. a. wenn von einer tätlichen Auseinandersetzung berichtet wird.

1.3.5 Verletzungen in sog. grifftypischer Lokalisation

Wird mit den Händen zugegriffen, so können bei sehr festem Griff Verletzungen entstehen, v. a. Hämatome. Diese sog. „Griffspuren" (◘ Abb. 1.6) sind teilweise von streifigem Charakter, auch leichte Oberhautablösungen (Oberhautabschilferungen) und feinere Kratzer durch längere Fingernägel können vorkommen. Dabei sieht man im typischen Fall

- Verletzungen, meist Hämatome, der Haut der Oberarme im oberen, mittleren und unteren Drittel außenseitig (Fingerabdrücke) und in gleicher Höhe innenseitig (Daumenabdruck), nicht selten seitensymmetrisch am rechten und linken Oberarm als sog. Griffspuren (◘ Abb. 1.3a, 1.6),
- bei Säuglingen und Kleinkindern, die am Brustkorb fest gepackt werden, z. B. im Zusammenhang mit kräftigem Schütteln ebenfalls Hämatome im Sinne von Griffspuren,
- sog. Fingernagelabdruckkonturen in Form halbkreisartig-sichelförmig auftretender Oberhautanritzungen; dies eher selten, wenn, dann vor allem beim Griff an den Hals bei ein- oder beidhändigem Würgen, auch bei kräftigen Griffspuren.

Differentialdiagnostisch muss bei sog. Griffspuren am Oberarm insbesondere bei bettlägerigen, pflegebedürftigen Menschen nach Einnahme blutgerinnungshemmender Medikamente an pflegebedingte gleichartige Hämatome gedacht werden, die z. B. beim Umlagern der pflegebedürftigen Person entstanden sind. Gelegentlich sieht man bei komatösen Patienten Hämatome der vorderseitigen Oberarmhaut als Folge der „Schmerztestung" bzw. eines kurzen „Kneifens" im Rahmen neurologischer Diagnostik bei denen es sich nicht um Griffspuren handelt.

Beim Auftreten sog. Griffspuren ist immer an weitere begleitende Verletzungen zu denken, u. a. an fingernagelbedingte kleine rotbraune Oberhautkratzer, aber auch streifige

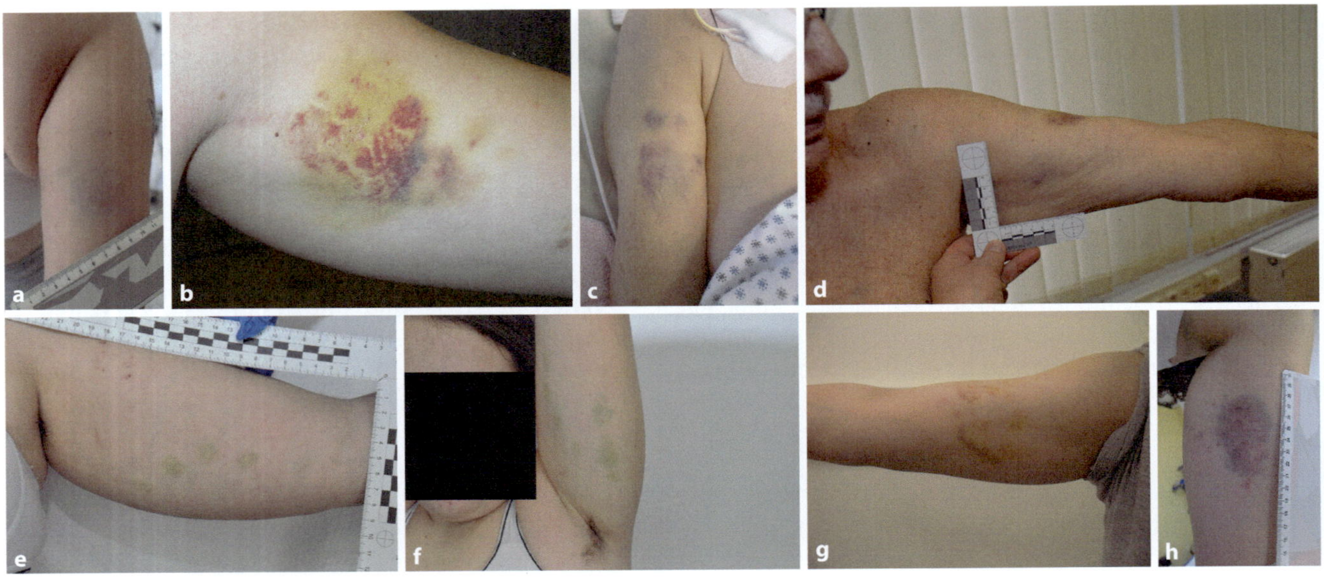

Abb. 1.6a–h Darstellung unterschiedlicher sog. Griffspuren, entstanden bei tätlichen Auseinandersetzungen. **a** Randständig etwas verwaschene blass-blau-livide eher quergestellte Hautverfärbung an der Rückseite des rechten Oberarmes. **b** Handwärts eher livide, kopfwärts ocker-gelbe Hautverfärbung mit wie konturierten Unterbrechungen, wie z. B. durch Einfassen von Bekleidung in Höhe der Innenseite des oberen Drittels des linken Oberarmes, assoziativ an ein Textilanpressmuster erinnernd. **c** Zentral gelb-ockerfarbene, randständig fleckig-livide Verfärbung der Haut rückseitig am linken Oberarm. **d** Ober- und unterhalb einer verletzungsfreien, querstreifigen Hautzone grobfleckige, unscharf begrenzte blaulivide Hautverfärbungen vorder- und außenseitig in der Haut des mittleren Drittels des rechten Oberarmes. **e** Mehr innenseitig in gleichem Abstand zueinander gelegene, ockerfarben-hellbraune Hämatome der Oberarmhaut im oberen bis mittleren Drittel im Sinne von Fingerspitzenabdruckkonturen. **f** Sowohl außenseitig/rückseitig als auch geringer ausgeprägt innenseitig in der Haut des linken Oberarmes gelegene Hämatome **g** Innen- und vorderseitig des mittleren Drittels des rechten Oberarmes fleckig-streifige, teils braun-livide, teils ockerfarbene Hautverfärbungen. **h** Ca. 7 × 4 cm große rundovale, gut demarkierte Blaulividverfärbung der Haut des linken Oberarmes im oberen Drittel mehr innenseitig.

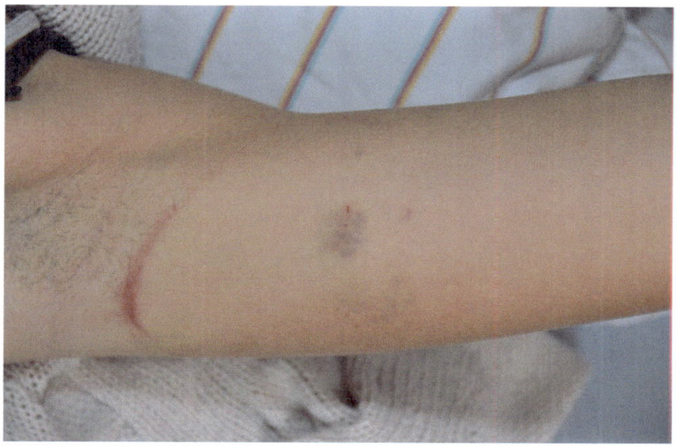

Abb. 1.7 In Höhe der Innenseite des linken Oberarmes eine rundovale blaulivide Verfärbung der Haut und achselwärts davon nahe der Achselhöhle gelegen eine semizirkulär-streifige Hautrötung als Folge heftigen Reißens an der Kleidung

Hautrötungen als Folge des Ziehens bzw. Reißens an der Kleidung können vorhanden sein (▣ Abb. 1.7).

1.3.6 Verletzungen in sog. Widerlagerlokalisation

Bei den sog. Widerlagerverletzungen handelt sich um Verletzungen durch Schlag, Sturz, Anstoß oder Druck über einem harten, meist knöchernen Widerlager (▣ Abb. 1.8). Typische derartige Widerlagerverletzungen im engeren (kriminalistischen) Sinne sind v. a. Verletzungen, die einer Person in Rückenlage durch Druck von oben beigebracht wurden:

- **Verletzungen** (meist Hämatome) **der Rückenhaut** in Form von Rötungen, Schürfungen und/oder Hämatomen über den Dornfortsätzen der Wirbelkörper als knöchernes Widerlager – v. a. beim Drücken des Opfers auf einen harten Untergrund, insbesondere z. B. bei eher schlankem Opfer in Rückenlage bei Druck auf die Körpervorderseite (etwa bei einer Vergewaltigung)
- **Verletzungen der Haut bzw. des Unterhautweichteilgewebes** (meist Hämatome) in Projektion auf die **Schulterblattspitzen**
- **Verletzungen der Haut bzw. des Unterhautweichteilgewebes** (meist Hämatome) in Projektion auf die Schulterblattgräten oder die **Schulterblattränder**

Ebenfalls als Widerlagerverletzungen in einem weiteren, rein biomechanischen Sinne, weil gleichfalls über einem knöchernen Widerlager gelegen, können benannt werden:

- **Monokel- oder Brillenhämatom** – nach direkter stumpfer Gewalteinwirkung, mit den Rändern der knöchernen Augenhöhle als Widerlager
- **Verletzungen der Lippen nach Schlag auf die Mundregion** – mit den Zähnen als sog. Widerlager, teils mit rechtwinkligem Auftreffen, teils mit tangentialer Einwirkung. So entsteht eine Schürfung, Unterblutung oder „Aufplatzung" der Schleimhaut des Mundvorhofes, häufig passend zur Lokalisation eines Zahnes mit entsprechendem Verlauf in Körperlängsrichtung = sog. Zahnabdruckkontur. (Der Begriff „Aufplatzung" meint wie der Ausdruck „Platzwunde" eine Verletzung als Folge einer Gewalteinwirkung mit quetschender und zugleich reißender Komponente, sodass die Bezeichnung „Quetsch-Riss-Wunde" zutreffender ist)

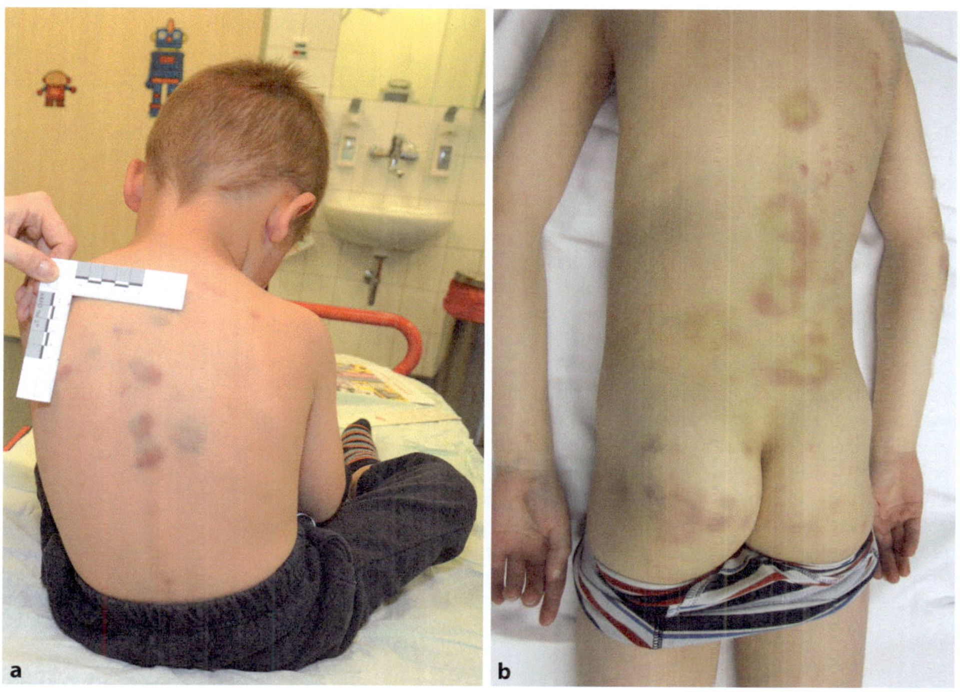

a b

Abb. 1.8a,b Jeweils in der KML in Projektion auf die Wirbelsäule gelegene, teils gut demarkierte, blaulivide (**a**) teils ringförmige, braunrote Hämatome mit verwaschenen Rändern (**b**) – im Sinne sog. Widerlagerverletzungen; in (**b**) zusätzlich Schlagverletzungen vor allem in der Haut der linken Gesäßhälfte

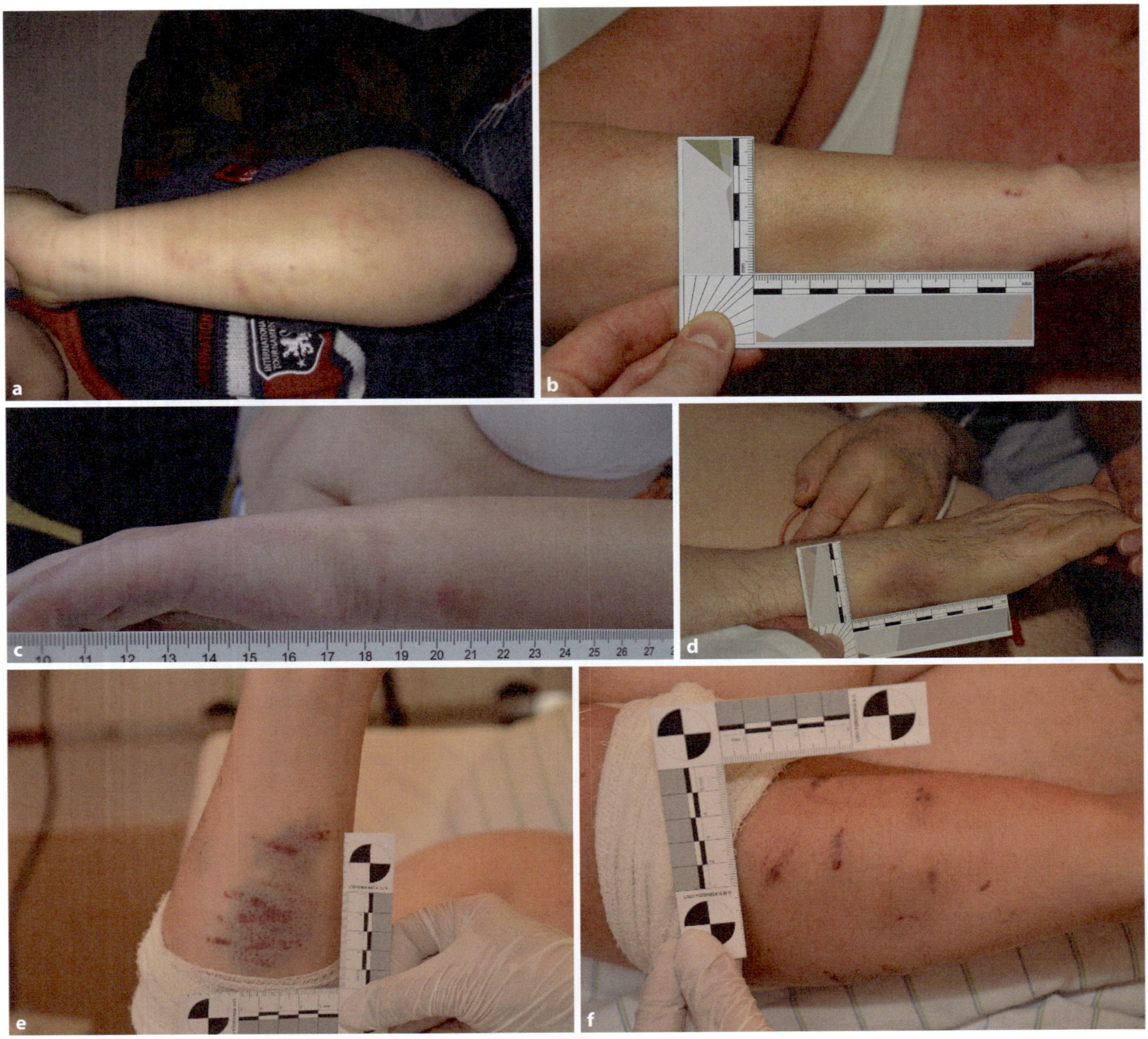

Abb. 1.9a–f Typische, mehr streckseitig bzw. kleinfingerseitig in Höhe der sog. Parierfläche der Unterarme gelegene Abwehrverletzungen gegen Schläge durch schützendes Hochhalten der Unterarme: **a** Insgesamt mindestens drei, rundovale, zentral aufgehellte blass-braune Verfärbungen mit verwaschenen Rändern in der streckseitig gelegenen Haut des linken Unterarmes, in einem Fall an sog. „Doppelstriemen" erinnernd. **b** Diskrete, blass-braun-gelbe Verfärbung der Haut streckseitig im mittleren Drittel des rechten Unterarmes mit deutlich verwaschenen Rändern. **c** Kleinfingerseitig in Höhe des handgelenksnahen Drittels des linken Unterarmes eine etwa 1,5 cm durchmessende blasse Hautrötung. Handwärts davon eine angedeutet zirkuläre Hautrötung (wie z. B. sog. Fesselungsspur). **d** Kleinfingerseitig in Höhe des rechten Handgelenkes und des rechten Handrückens eine in Armlängsrichtung verlaufende randständig verwaschene braun-livide Verfärbung der Haut. **e** Ausnahmsweise mehr beugeseitig gelegene Hämatome mit quer verlaufenden Oberhautablösungen als sog. Abwehrverletzungen. **f** In Armquerrichtung verlaufende und an der Unterarmaußenseite gelegene teilweise streifige, rotbraune Oberhautverletzungen

Anamnese: Nach Angaben der verletzten Personen jeweils Abwehr von Schlägen mit einem Stock bzw. einem stumpfen Gegenstand

Gerade sog. Widerlagerverletzungen basieren auf Blutungen im Unterhautweichteilgewebe und können sich in den Stunden nach einem Tatgeschehen noch zunehmend deutlicher entwickeln. Deshalb kann eine körperliche Untersuchung nach 12 bis 24 h unter Umständen deutlichere Befunde ergeben als eine sofortige tatzeitnahe Untersuchung.

Der Begriff „Widerlagerverletzung" meint allgemein die Verletzung eines Gewebes bzw. einer Struktur, begünstigt durch einen relativ harten Untergrund bzw. harten Widerstand. Die Widerstand-leistende Lokalisation kann sich aus dem Tatgeschehen ergeben und/oder aus der Anatomie des Körpers. So kann der heftige Druck auf den Brustkorb eines Menschen in Rückenlage zu Blutungen über den Dornfortsätzen der Wirbelkörper führen (z. B. bei einer Vergewaltigung), wenn der Untergrund hart ist (z. B. harter Boden), diese Blutungen können fehlen, wenn der Untergrund weich ist (z. B. Bettmatratze). Festsitzende Zähne begünstigen als Widerlager das Auftreten von Hämatomen bei einem Schlag auf die Lippen, bei fehlenden Zähnen kann das Hämatom kleiner sein oder fehlen, weil allenfalls noch die zahnlose Kieferleiste als Widerlager in Betracht kommt. In dieser Weise muss im Einzelfall geprüft werden, ob ein Widerlagermechanismus in Betracht kommt.

1.4 „Aktive" und „passive" Abwehrverletzungen

Abwehrverletzungen sind solche Verletzungen, die sich (mit Wahrscheinlichkeit) einem abwehrenden Verhalten gegen eine Gewalteinwirkung zuordnen lassen. Im Rahmen einer Abwehr kann das Opfer selbst aktiv handeln. „Aktive" Abwehrverletzungen sind solche, die belegen, dass die angegriffene Person den Angriff als solches wahrgenommen hat und mit einer aktiv in Richtung der Täterin/des Täters gerichteten Bewegung den Angriff abwehren bzw. sich davor schützen wollte. Die angegriffene Person kann aber auch ein nur „passives" sich selbst schützendes Verhalten zeigen. Entsprechend wird differenziert zwischen sog. „aktiven" und sog. „passiven" Abwehrverletzungen, auch wenn diese Unterscheidung letztlich Kenntnisse des Tatgeschehens einbezieht:

- „aktive" Abwehrverletzungen = v. a. Hämatome und Hautschürfungen in Höhe der Streckseiten der Unterarme wobei die sog. Parierflächen der Unterarme, also die kleinfingerseitige Streckseite, in Richtung der schlagenden Person gehalten werden (auch bezeichnet als sog. Parierverletzungen; Abb. 1.9)
- „aktive" Abwehr gegen einen Angriff mit einem scharfrandigen Gegenstand, meist einem Messer = Verletzungen der Handinnenflächen, v. a. in Höhe der Fingerbeugeseiten quer linienartig verlaufende glattrandige Durchtrennungen und/oder Haut-/Hautweichteildurchtrennungen der Haut zwischen Daumen und Zeigefinger
- „passive" Abwehrverletzungen = Verletzungen (Hämatome) der Handrücken – nach Positionierung der Hände mit der Innenseite zum eigenen Körper und mit den Handrücken nach außen, wobei die Handrücken dann von z. B. einem Schlag oder einen Messer getroffen werden (Abb. 1.10 und 1.11). „Passive" Abwehrverletzungen können allerdings auch auftreten z. B. an den Streckseiten der Unterarme (den sog. Parierflächen, s. o.), wenn diese entsprechend schützend vor Gesicht oder Körper gehalten werden.

1.5 Spezielle Verletzungen

Im Rahmen von Verkehrsunfällen, ärztlichen Maßnahmen, der Gewalt gegen den Hals etc. können charakteristische Verletzungskonstellationen auftreten.

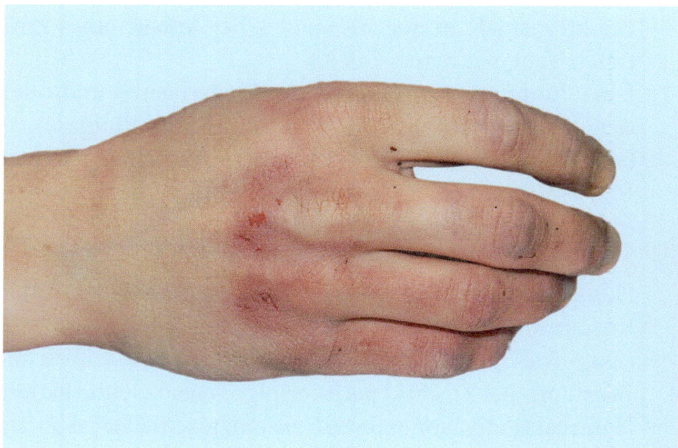

Abb. 1.10 Feine Oberhautablösungen und umgebende Hautrötung streckseitig auf dem rechten Handrücken handgelenkwärts der Grundgelenke der Finger D III bis D V, passend zu einer sog. „passiven" Abwehrverletzung gegen stumpfe Gewalt mit Schlag auf den Handrücken bei erhobener schützender Handhaltung vor dem Gesicht. Bei Verletzungen unmittelbar über den Fingerknöcheln wäre auch an Verletzungen einer schlagenden Hand zu denken statt an Abwehrverletzungen

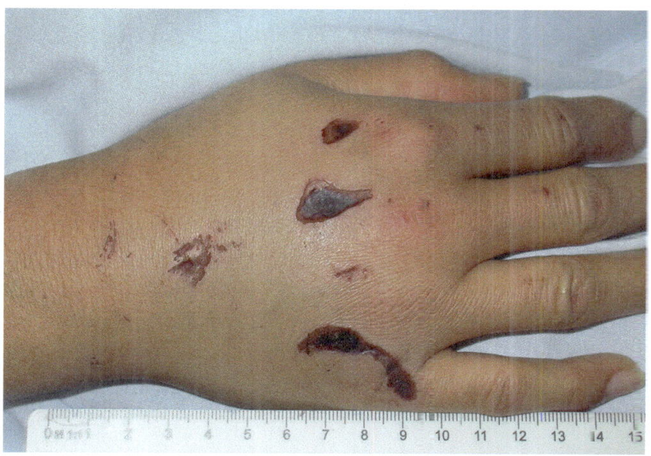

Abb. 1.11 Bereits verschorfte Stich- bzw. Stichschnittverletzungen der Haut und des Unterhautweichteilgewebes des rechten Handrückens im Sinne „passiver" Abwehrverletzungen durch schützendes Halten der Hand vor das Gesicht bei Messerattacke

1.5.1 Lokalisation von Verletzungen bei Verkehrsunfallopfern

Bei Verkehrsunfällen können Verletzungen entstehen, die für sich allein nach Lokalisation und Art zuverlässige Rückschlüsse erlauben auf die Rolle des Verkehrsteilnehmers (Fahrer, Beifahrer, Fußgänger etc.).

- **PKW-Insassen**
  - Verletzung des (rechten) Fußes bzw. Vorfußes bei berichtetem Verkehrsunfall = sog. Pedalverletzung (Fahrer/in)
  - Streifiges von rechts oben nach links unten verlaufendes Hämatom der Brusthaut = sog. Gurtmarke bei Beifahrerposition vorne oder Mitfahrerposition hinten rechts in einem PKW bzw. LKW (belegt ein Angeschnalltsein zum Zeitpunkt des Verkehrsunfalls)
  - Streifiges von links oben nach rechts unten verlaufendes Hämatom der Brusthaut = sog. Gurtmarke bei Fahrerposition vorne oder Mitfahrerposition hinten links in einem PKW bzw. LKW (beim Fahrer des PKW oder LKW – belegt ein Angeschnalltsein zum Zeitpunkt des Verkehrsunfalls). Im Einzelfall muss auch an eine Mitfahrerposition mittig auf der Rückbank des PKW gedacht werden.
  - Quer über die Bauchhaut verlaufendes streifiges Bauchdeckenhämatom = sog. Bauchgurtmarke (belegt ein Angeschnalltsein zum Zeitpunkt des Verkehrsunfalls)

Die sog. Gurtmarken können kaum erkennbar oder sehr deutlich sein. Nicht ungewöhnlich ist eine Abdruckkontur entsprechend der Breite des Gurtes mit zentraler Aufhellung bei teils intrakutanem, teils subkutanem Hämatom.

- **Fußgänger**
  - Fraktur des linken/rechten Unterschenkels etwa in Stoßstangenhöhe bei einer Fußgänger/PKW-Kollision (Hinweis: radiologisch kann sich in Frakturhöhe ein sog. Messerer-Keil darstellen, dessen Basis auf der Seite des Anpralls durch die Stoßstange liegt und dessen Spitze in Richtung der Gewalt, d. h. in Fahrtrichtung des PKW weist.)
  - Zahlreiche feine, diffus verteilte rot-braune Oberhautablösungen v. a. der Gesichtshaut, aber auch der Haut der Arme und Hände im Sinne sog. Glassplitterverletzungen (kombinierte „Schürf-/Schnittverletzungen")
  - Dehnungsrisse bei unfallbedingter Überdehnung der Haut
  - Intrakutane (im Hautniveau gelegene) Einblutungen, die z. B. ein Textilanpressmuster abbilden können (bei höheren Kollisionsgeschwindigkeiten)
  - Blutaustritt aus den äußeren Ohröffnungen muss an eine Schädelbasisfraktur denken lassen

Flächenhafte Oberhautabschilferungen oder Hautablederungen insbesondere über den seitlichen Körperpartien lassen an ein „Schürfen" der Person über die relativ raue Fahrbahn denken, v. a. als Motorradfahrer. Im Einzelfall ist immer zu klären, in welchem Umfang zum Verkehrsunfallzeitpunkt Schutzkleidung getragen wurde.

Bei Verkehrsunfallopfern sollte immer auch an eine Beeinträchtigung durch Alkohol und/oder Drogen gedacht werden. Eine primär für medizinisch-diagnostische Zwecke entnommene Blut- oder Urinprobe kann, nach Abschluss der vorrangigen Diagnostik, polizeilich beschlagnahmt werden für weitere Untersuchungen. Dann ist es hilfreich, wenn zu therapeutischen Zwecken gegebene Medikamente mitgeteilt werden (soweit der Patient/die Patientin dies erlaubt, sonst gilt selbstverständlich die ärztliche Schweigepflicht, § 203 StGB). Zugleich sollte der Blutentnahmezeitpunkt bzw. der Zeitpunkt der Uringewinnung mit Angabe von Stunde und Minute dokumentiert werden. Das untersuchende Labor sollte die untersuchten Proben in solchen Fällen nicht sofort entsorgen.

1.5.2 Lokalisation iatrogener Verletzungen

Gelegentlich sind bei einem Gewaltopfer neben den als Folge eines Tatgeschehens aufgetretenen Verletzungen auch Befunde anzutreffen, die durch (not-)ärztliche Maßnahmen entstanden sind und die nicht irrtümlicherweise anderen Verursachern zugeordnet werden dürfen. Dazu zählen z. B.:

- Punktionsmale in Projektion auf eine Unterhautvene, typische Lokalisationen: Ellenbeuge, Unterarm, Handgelenksbeuge daumenseitig, Handrücken etc., aber differentialdiagnostisch kann im Einzelfall bei einem Punktionsmal eine intravenöse Drogeninjektion in Betracht kommen (weitere besondere Lokalisationen für i. v.-Drogenkonsum können sein: Leistenregion links und/oder rechts, Fußrücken, Zehenzwischenräume, Halshaut rechts und/oder links)
- Punktionsmal über der Schienbeinvorderkante = meist proximaler Anteil der Tibia (bei notärztlicher Maßnahme gesetzter intraossärer Zugang = in die Knochenmarkhöhle)
- Punktionsmale in der Halshaut – bei Anlage eines zentralen Venenkatheters (ZVK)
- feine Punktionen in der Haut der Fingerbeeren und/oder der Ohrläppchen (u. a. zur Bestimmung der Blutgase)
- bei Zustand nach Intubation: superfiziale Hautläsionen, Einrisse in einem oder in beiden Mundwinkeln, selten intubationsbedingte Zahnschäden
- Tracheotomie = sog. Beatmungsfistel, in der Regel in der Hautgrube oberhalb des oberen Brustbeinendes in der Körpermittellinie
- eckig-ovaläre Hautrötungen der Brusthaut bzw. seitlich am Brustkorb bei Zustand nach (erfolgreicher) Defibrillation
- Hautreaktionen von teilweise ekzematösem Charakter als Reaktion auf Pflaster (sog. Pflasterallergie?)
- runde bzw. rundovale Hautrötungen nach Anbringung und Entfernung von EKG-Klebeelektroden
- Hautnähte seitlich am Thorax nach Einbringung und Entfernung einer sog. Bülau-Drainage, etwa in Höhe der mittleren Axillarlinie (MAL) ca. 10 bis 12 cm unterhalb der Achselhöhle

- tastbare bzw. sichtbare Rippenserienfakturen (RSF) bei Zustand nach Reanimation, eventuell mit begleitenden Hämatomen, meist parasternal bis in Höhe der vorderen Axillarlinie (VAL) gelegene Frakturen
- tastbare Brustbeinquerfraktur (bei Zustand nach Reanimation)
- Hämatome der Oberarme im Sinne sog. Griffspuren können im Rahmen pflegerischer Maßnahmen auftreten, v. a. nach Gabe blutgerinnungshemmender Medikamente
- meist kleine Hämatome eher vorderseitig an den Oberarmen oder an der vorderen oberen Schulterregion als Folge einer Testung auf Schmerzreize bei komatösen Patienten („Kneifen" durch Neurologen)

Da die Ausdehnung von Blutungen nicht nur von der Intensität der einwirkenden Gewalt abhängt, sondern auch vom Status der Blutgerinnung im Einzelfall, sollten – wenn bekannt – eine blutgerinnungshemmende Medikation oder eine Blutgerinnungsstörung protokolliert werden (z. B. ASS-Patient, Marcumar®-Patient u. a. blutgerinnungshemmende Medikamente, bekannte Hämophilie, andere Ursachen einer möglichen Blutgerinnungsstörung). Die Dokumentation aller iatrogenen Verletzungen dient der klaren Abgrenzung gegenüber nicht-iatrogenen, also unfallbedingten, selbst- oder fremdbeigebrachten Verletzungen. Diese Abgrenzung kann im Einzelfall schwierig oder unmöglich sein, wie z. B. bei der Unterscheidung von Punktionsmalen nach Drogeninjektion gegenüber notärztlich gesetzten Punktionen der Unterhautvenen.

1.5.3 Verletzungen der Hals- und Nackenhaut

Hier sind Verletzungen v. a. bei komprimierender Gewalt gegen den Hals (überlebtes Hängen, Drosseln, Würgen) und nach Angriff gegen den Hals mit einem scharfen Werkzeug (Messer, Rasierklinge, abgeschlagene Flasche etc.) zu erwarten. Der Begriff „Strangulationsmarke" lässt keine Differenzierung dahingehend zu, ob eine Drosselmarke oder eine Strangmarke wie beim (Er-)Hängen vorliegt. Es gilt:

- Drosselmarke: zirkulär-horizontal verlaufende meist etwas rotbraun abgedunkelte Hautimpression
- seitlich zur Nackenregion beidseits ansteigende rotbraun abgedunkelte Hautimpression (= typisches Hängen) – bei unregelmäßig einseitig ansteigender Strangmarke mit Abdruck eines Strangknotens in der Halshaut = atypisches Hängen
- uncharakteristisch angeordnete, teilweise streifige Hautrötungen und sichelförmige rotbraune Hautimpressionen im Sinne von Fingernagelabdrücken = Würgen. Bei bekannter, eine Verletzung verursachender Person kann das Größenverhältnis von würgender Hand und Halsumfang des Opfers von Bedeutung sein mit u. U. Hämatomen, die trotz Würgens von vorne relativ weit Richtung Nackenhaut zu finden sind oder auch fehlen können

Die in der Halshaut sichtbaren Verletzungsbilder können sehr unterschiedlich sein, je nach Gewaltintensität und Intensität der Gegenwehr des Opfers:

Es können keine oder nur diskrete Verletzungen erkennbar sein oder intensive Hautrötungen bis hin zu Oberhautablösungen und Hautunterblutungen sowie Fingernageldrücken. Bei komprimierender Gewalt gegen den Hals werden – je nach Intensität der Kompression – die Halsgefäße komprimiert, zunächst die Halsvenen, bei intensiverer Kompression auch die Halsarterien, gegebenenfalls dann auch der obere Atemweg. Bei Kompression der Halsvenen ist der Blutabfluss aus der Kopfregion nicht mehr gewährleistet, während über die Halsarterien noch Blut Richtung Kopf gepumpt wird. Dieser Mechanismus kann zu flohstichartigen bzw. punktförmigen (petechialen) Einblutungen (Petechien) führen in die Haut der Augenlider, in die Lidbindehäute, in die Schleimhaut des Mundvorhofes, in die Haut hinter den Ohren (Mastoidregion) sowie letztlich in der gesamten Gesichtshaut, der Haut des Mundbodens und der Halshaut oberhalb der Kompressionsebene.

In den Augenbindehäuten können sich konfluierte, flächenhafte Blutungen ausbilden, bei zeitnaher Untersuchung häufig in Verbindung mit einer Schwellung bzw. Dunsung und Blaulividverfärbung der Gesichtshaut (sog. „Stauungssyndrom"). Bereits zum Tatzeitpunkt oder im Heilungsverlauf können zunächst flohstichartige bzw. petechiale Blutungen zu flächenhaften Blutungen konfluieren. Zu beachten ist, dass die äußerlich sichtbaren Verletzungen und die neurologischen Ausfallerscheinungen nicht miteinander korrelieren müssen.

> **Geringe Halshautverletzungen sind möglich trotz schwerer neurologischer Ausfallerscheinungen und umgekehrt können bei schweren Halshautverletzungen keine oder nur geringe neurologische Auffälligkeiten auftreten.**

1.6 Selbst beigebrachte Verletzungen – Selbstbeschädigung und Selbstverstümmelung

Für selbstbeschädigendes Verhalten wird in der angloamerikanischen Literatur eine Prävalenz von 0,6 bis 0,8 % der Bevölkerung angegeben. Die Altersgruppe zwischen 15 und 35 Jahren ist überrepräsentiert, Frauen sind etwa zwei- bis fünfmal häufiger betroffen als Männer.

Selbstbeschädigendes und selbstverstümmelndes Verhalten unterschiedlichen Schweregrades kann dazu führen, dass behördlicherseits oder für eine Versicherung eine Klärung der Ursachen bzw. Umstände von Verletzungen erforderlich wird.

Eine uneigennützige Selbstbeschädigung ist keine Straftat. Allerdings kann der Verdacht auf Vortäuschung einer Straftat aufkommen. Gerät eine Person bei nur vorgetäuschter Straftat in Verdacht Täter zu sein, so kommen die Straftatbestände der falschen Verdächtigung und der Verleumdung in Betracht.

Tab. 1.3 Charakteristika selbst- und fremdbeigebrachter Verletzungen bei sog. scharfer Gewalt. (Nach König et al. 1987)

Merkmal	Fremdbeibringung	Selbstbeibringung
Art der scharfen Verletzung	Meist Stiche, einige Schnitte, vereinzelt sog. „Abkappungen" der Haut	Ganz überwiegend Schnitte, auch Kratzer und Übergangsformen
Anordnung	Regellos über den Körper verteilt, gruppiert allenfalls bei reglosem Opfer oder Opfer in einer bleibenden Position	Gruppenbildung, scharenweise parallel, vereinzelte Reihungen, symmetrische Anordnung
Lokalisation	Alle Körperregionen, empfindliche Stellen nicht ausgespart	Brust, Schambereich und unbekleidete Körperregionen sind bevorzugt betroffen (Arme, Brust, Bauchhaut); empfindliche Stellen (z. B. Brustwarzen, Lippen) und Funktionsbereiche (Augen, Ohren) sind ausgespart; Rücken und schwer erreichbare Regionen sind nicht betroffen; Betonung der Seite, die der Arbeitshand gegenüberliegt
Form der Einzelverletzung	Meist kurze Verläufe, auch unstetige, stark gekrümmte Formen	Oft lange, stetige, nur schwach gekrümmte, konstante Formen
Intensität der Einzelverletzung	Stark variierend; oft tiefreichend	Nahezu konstant; immer oberflächlich; gleichmäßige Verletzungstiefe auch an gewölbten Körperpartien
Anzahl der Einzelverletzungen	Große Anzahl seltener	Auffallend häufig große Anzahl; evtl. Zeichen vorangegangener Selbstverletzungen
Gesamtverletzungsschwere	Wechselnd, nicht selten (sehr) schwer	Durchweg sehr leicht
Begleitverletzungen	Meist zahlreiche Begleitverletzungen anderer Art	Vereinzelt Begleitverletzungen anderer Art (selbst beigebracht)
Einbeziehung der Kleidung	In die Verletzung einbezogen; Träger zahlreicher Kampfspuren	Meist nicht einbezogen; vereinzelt Kampfspuren (selbst erzeugt)
Abwehrverletzungen	Oft typische, tiefe Schnitte an Fingerbeugeseite, Hohlhand, Handrücken und Unterarm	Keine Abwehrverletzungen; untypische, durchweg oberflächliche Schnitte auch an Fingern, Hand und Unterarm

Wird eine dritte Person für eine Selbstbeschädigung oder Selbstverstümmelung benutzt, so kann ein Verstoß gegen die guten Sitten vorliegen, was ebenfalls eine Straftat sein kann.

In der Praxis ist auch zu denken an Selbstbeschädigungen um eine Notwehrsituation vorzutäuschen oder um jemanden zu belasten (z. B. Polizeibeamte nach einer Festnahme). Auch gibt es Fälle, in denen der Täter sich Verletzungen beibrachte, um einen Raubüberfall vorzutäuschen, während er tatsächlich selbst das Raubgut genommen hatte. In Einzelfällen kommen vorgetäuschte tödliche Unfälle, z. B. Verkehrsunfälle, vor, um die Hinterbliebenen über eine Lebensversicherung finanziell abzusichern. Selbstverstümmelungen sind denkbar um an eine Geldsumme aus der zuvor abgeschlossenen Unfallversicherung zu gelangen. „Selbstbeschädigung" und „Selbstverstümmelung" werden voneinander abgegrenzt:

- **Selbstbeschädigung**
(syn. Selbstverletzung, selbstverletzendes Verhalten, „self-injurious behavior", „self-inflicted injuries") meint selbst zugefügte, meist weniger gravierende Verletzungen, auch sog. „Ritzen" der Haut.

- **Selbstverstümmelung**
umfasst den freiwillig herbeigeführten substantiellen Verlust peripherer Körperteile.

In der Regel finden sich bei der Selbstbeschädigung Verletzungen, die (nahezu) ausschließlich in Körperregionen anzutreffen sind, die mühelos den eigenen Händen der verletzten Person zugänglich sind. Derartige Verletzungen im Rahmen einer Selbstbeschädigung – z. B. durch ein scharfes Werkzeug verursacht – können ebenso beschrieben werden wie selbst beigebrachte Verletzungen in suizidaler Absicht und Verletzungen mit einer selbst verursachten Gliedmaßenamputation (Selbstverstümmelung) – letzteres im Regelfall zur Erlangung einer Versicherungssumme aus einer Unfallversicherung.

1.6.1 Selbstbeschädigung

Üblich sind folgende Beschreibungen der bei einer Selbstbeschädigung anzutreffenden Verletzungen durch scharfe Gewalt:

- gleichmäßig tief reichende Oberhautanritzungen
- parallel zueinander verlaufende glattrandige Oberhautverletzungen/-anritzungen
- in der Haut der Handgelenksbeuge in Handquerrichtung/Handlängsrichtung verlaufende, parallel zueinander gestellte, glattrandige Verletzungen der Haut und des Unterhautweichteilgewebes = sog. Zauderschnitte bzw. Probierschnitte als Suizidversuch

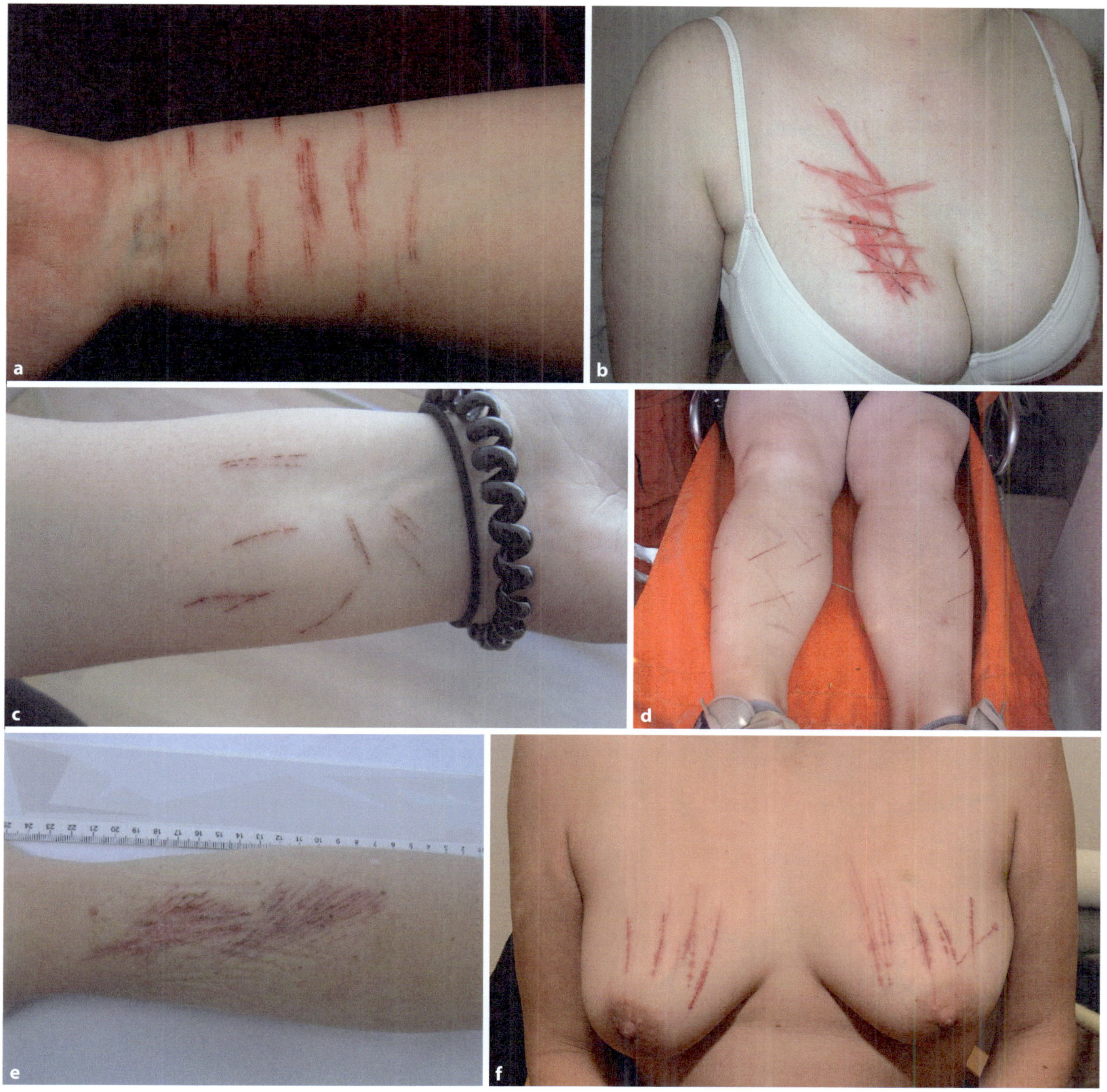

Abb. 1.12a–f Beispiele selbstbeigebrachter Verletzungen – zahlreiche, häufig in nahezu identischen Abständen zueinander gelegene parallel ausgerichtete feinstreifige Oberhautverletzungen von gleichmäßiger Tiefe, teilweise sich überkreuzend, in unterschiedlichen Lokalisationen am Körper, die aber regelmäßig zwanglos den eigenen Händen zugänglich sind (und die schmerzempfindliche Regionen, wie z. B. die Brustwarze (**f**) weitestgehend aussparen)

- parallel zueinander gestellte, in gleicher Höhe beginnende und gleichmäßig tief reichende glattrandige Verletzungen der Halshaut = sog. Probierschnitte (Zauderschnitte) bei Suizidversuch
- auffällige Schonung der Kleidung des vermeintlichen Opfers (keine Knopflocheinrisse, keine Nahteinrisse der Kleidung, keine sonstigen Textilgewebsdurchtrennungen etc.)

In vor allem Halslängsrichtung verlaufende streifige Oberhautabschilferungen oder Hautabschürfungen als Folge eines Selbstbefreiungsversuches im Rahmen der Abwehr des Würgens oder Drosselns sind zwar auch selbst beigebrachte Verletzungen, dies jedoch nicht freiwillig und in einem anderen Kontext, sodass derartige Verletzungen nicht unter den Begriff der Selbstbeschädigung gefasst werden.

Charakteristische Befunde selbst- und fremdbeigebrachter Verletzungen sind in Tab. 1.3 gelistet. Beispielhafte Befunde für eine Selbstbeschädigung zeigen die Abbildungen in ◘ Abb. 1.12.

1.6.2 Selbstverstümmelung

Zum Zwecke des Versicherungsbetruges kann es zu Selbstverstümmelungen kommen, vor allem durch das Abtrennen von Endgliedern der Finger, Zehen, ganzer Finger, seltener der Hand oder des Fußes. Dabei sind bei der Selbstverstümmelung charakteristische Auffälligkeiten feststellbar. Vorsätzliche Selbstverstümmelungen betreffen in der Regel einen oder zwei Finger, selten drei oder mehr. Komplette Handamputationen sind selten. Dabei ist immer zu bedenken, dass Finger- und Handverletzungen tatsächlich auch im Alltagsleben häufig unfallbedingt vorkommen. Merkmale für einen Verdacht auf Selbstverletzung am Beispiel von Fingerverletzungen sind:

- erst seit kurzem bestehender Versicherungsschutz
- Missverhältnis zwischen der Versicherungshöhe und der Wirtschaftslage des Versicherten
- Verschweigen von Doppel- oder Mehrfachversicherungen
- Fehlen von Augenzeugen bzw. nachträgliche Zeugenbeeinflussung, um Widersprüche über Zeit und Hergang des „Unfalls“ zu beseitigen
- Primitivität der Unfallschilderung, Betonung von Nebensächlichkeiten, Unterlassung der Sofortfolgenschilderung
- wahrheitswidrige Behauptung von Links- bzw. Rechtshändigkeit, um Verletzungen der anderen Hand glaubhaft zu machen
- Beseitigung von abgetrennten Fingergliedern, Tatwerkzeugen und -spuren
- Nichtübereinstimmung der Hergangsschilderung mit den objektiven Befunden
- Auffallende Verletzung als solches (Totalverlust des Fingers, Kürze des Fingerstumpfes, Querverlauf der Durchtrennungsfläche, Alleinverletzung des Fingers)
- auffallende Nebenumstände (Schmerzstillung und Vorbereitungen zur Blutstillung vor dem „Unfall“)
- ungewöhnliches Verhalten des Versicherten und der Angehörigen bei der Untersuchung durch Ärzte der Versicherung
- Sofortbereitschaft und psychische Enthemmung bei Vergleichsvorschlägen seitens der Versicherungsgesellschaft

Im Einzelfall können Rekonstruktionsversuche bei der Klärung der Verletzungsentstehung helfen, vor allem auch wenn es um schwierigere manuelle Bewegungsabläufe an Maschinen geht. Die Unterscheidung von Unfall und Selbstbeschädigung ist selten schon nach wenigen auffälligen Merkmalen oder Verhaltensweisen zu treffen. Regelmäßig müssen viele Indizien zusammengetragen und gemeinsam beurteilt werden. Aus rechtsmedizinischer Sicht sind zu beurteilen:

- Art und Lage der Verletzung, z. B. Verletzungshöhe oberhalb der Fußsohlenebene bei aufrechtstehendem Körper
- die Art und Abgrenzung der Verletzung an den Weichteilen und Knochen
- die Verletzungsrichtung
- das Verhältnis der Verletzung zum nicht verletzten Gebiet
- der Arbeitsvorgang
- das Werkzeug
- das Werkstück
- die räumlichen Verhältnisse einschließlich Beleuchtung
- die Spurenlage am angegebenen Verletzungsort

Die Ergebnisse der Untersuchung sind auszuwerten und am Ende ist zu prüfen, ob die Verletzung

- durch das angegebene Werkzeug, in der angegebenen Haltung/Position des Werkzeugs
- in der angegebenen Körperhaltung
- an den tatsächlich verletzten Gliedmaßen
- in einem arbeitsphysiologisch und arbeitsmechanisch plausiblen Vorgang entstanden sein kann

Anschließend muss geprüft werden, ob die Verletzung mit der Hergangsschilderung des Verletzten oder von Zeugen in Einklang zu bringen ist oder nicht, ob der Hergang zwanglos aus häufig geübten Gepflogenheiten oder nur mit Vorbehalt aus gekünstelten Haltungen erklärbar ist. Geprüft werden muss weiterhin, ob die Angaben mit den objektivierten Befunden vereinbar sind. Relativ häufig wird z. B. die versehentliche Amputation des linken Daumens oder eines Fingers der linken Hand (bei Rechtshändern) im Rahmen von Arbeiten mit einer Axt oder einem Beil angegeben, es sei zu einem Fehlschlag gekommen. In derartigen Fällen ist ein Fehlschlag, der z. B. den Daumen trifft, nur dann möglich, wenn die linke Hand von vornherein gefährlich nah an die beabsichtigte Einschlagstelle der Axt gelegt wurde. War dies der Fall, dann muss die z. B. aus dem Röntgenbefund herleitbare Amputationsrichtung mit der behaupteten Ausgangssituation übereinstimmen.

Wundheilung/ Wundaltersschätzung

C. G. Birngruber, G. Lasczkowski, R. B. Dettmeyer, *Forensische Verletzungskunde*,
https://doi.org/10.1007/978-3-642-54279-4_2

Für die deskriptive forensische Verletzungskunde ist die Kenntnis der pathophysiologischen Vorgänge bei der Wundheilung weniger bedeutsam. Allerdings kann einerseits das Heilungsstadium einer Wunde ebenso wie eine ärztliche Behandlung deren Aussehen und damit die Beschreibung beeinflussen, andererseits korrelieren bestimmte Heilungsstadien mit dem Alter einer Wunde, haben also Bedeutung für die Wundaltersschätzung.

2.1 Wundheilung

Je nach Größe der Wunde und dem Blutgerinnungsstatus kommen Blutungen, bei denen lediglich kleinere Blutgefäße verletzt wurden, durch Blutgerinnungsvorgänge zum Stillstand. Blutplättchen, Proteine und Gerinnungsfaktoren wie Fibrinogen bzw. Fibrin bilden ein provisorisch abdichtendes Netz, zunächst pergamentartig dünn und noch fragil, allmählich in der Dicke und Stabilität zunehmend. Die Wunde wird dann bedeckt von „Fibrinschorf", der an der Luft austrocknet und eine makroskopisch sichtbare Schorfkruste bildet. Diese zeigt im Frühstadium eine eher dunkelrotbraune Farbe. Deskriptiv finden sich Beschreibungen wie „verschorfte Wunde", „vertrockneter Blutschorf" oder „verkrustete Wunde".

Zugleich kann es im Rahmen der Organisation von Blutungen unter der Haut an Wundrändern zu einer reaktiven Blutstauung kommen, die Hautwunde zeigt dann eine meist feinstreifige Rötung unmittelbar neben den Wundrändern. Je nach Intensität der Verletzung und Blutung kommt es im umgebenden Weichteilgewebe zu einer Einlagerung von Gewebswasser (Ödem), was zusätzlich zu dem sichtbaren Bild einer mehr oder weniger prominenten und am Rande noch gut abgrenzbaren Schwellung der Haut führt.

War die Hautunterblutung ausgedehnter, so entwickelt sich ein **subkutanes Hämatom**. Wurde die Haut zumindest oberflächlich penetrierend verletzt, zeigt sich nicht selten ein Hämatom mit einer zentral oder parazentral gelegenen Wunde mit vertrocknetem Wundschorf. Während die Organisation des die Blutung abdichtenden Fibrinschorfes fortschreitet, kann die im Gewebe aufgetretene Blutung noch mehr oder weniger weit in das umgebende Unterhautweichteilgewebe diffundieren. Dabei gibt es vor allem zwei mögliche Veränderungen:

- Die Blutung kann sich, der Schwerkraft folgend, im subkutanen Weichteilgewebe in eine Richtung ausdehnen, z. B. sog. „Absacken" des Blutes nach sturzbedingter Quetsch-Riss-Wunde der Augenbraue in das Weichteilgewebe der Augenhöhle mit Ausbildung eines oberlidbetonten häufig inkompletten Monokelhämatoms.
- Bei weniger intensiver Blutung ist eine nur wenige Millimeter umfassende Blutdiffusion in das Hautweichteilgewebe möglich. Dies führt dazu, dass die zunächst gut demarkierten Hämatomränder allmählich verwaschen wirken, zeitgleich hellt die ehemals blaulivide Hämatomfarbe auf und wird eher matt rotbraun.

Da die Durchlässigkeit des im Einzelfall gegebenen Weichteilgewebes, die Intensität der Einblutung, parallel stattfindende Organisationsprozesse der Blutung im Gewebe und wechselnde Schwerkrafteinflüsse sowie der zur Verfügung stehende Diffusionsraum (Dicke des Gewebes über einer knöchernen Unterlage) sehr unterschiedlich sein können, darf im Einzelfall nicht von einem chronologisch stabilen Prozess der Hämatomorganisation bzw. Wundheilung ausgegangen werden. Das bedeutet zugleich, dass Zeitschätzungen bzw. Angaben zum Alter einer Wunde bzw. eines Hämatoms mit großer Zurückhaltung erfolgen müssen.

Ist die Blutung zum Stillstand gekommen und ein stabiles abdichtendes Fibrinnetz bzw. ein sog. Wundschorf entstanden, so setzen weitere Wundheilungsprozesse ein: einerseits werden beschädigte Zellen bzw. zelluläre Eiweiße resorbiert bzw. abgebaut, andererseits beginnt von den Rändern der Blutung ausgehend deren Organisation durch Einsprossung von Zellen (Fibroblasten, Makrophagen), welche beginnen, ein kollagenes Fasergewebe zu etablieren. Da während dieses Prozesses auch kapilläre Blutgefäße sprossend in das gebildete Gerüst aus noch lockerem kollagenem Bindegewebe einwachsen, bildet sich – unter dem Blut- bzw. Fibrinschorf – ein rotes bis rosafarbenes gut durchblutetes Granulations- bzw. Narbengewebe. Nach dessen Entstehung kann der bedeckende Schorf nach und nach abgestoßen werden. Dieser Prozess nimmt – je nach Wundgröße – mehrere bis viele Tage in Anspruch. Sind die als Folge der gesetzten Wunde entstandenen Zelltrümmer etc. abgebaut, so kann im Laufe von Wochen ein Rückbau der Blutkapillaren einsetzen, einhergehend mit einer zunehmenden Verdichtung des kollagenen Faser- bzw. Narbengewebes, sodass nach Wochen bzw. Monaten nur noch eine sog. weiße Narbe als bleibende Folge zu sehen ist. Innerhalb des Narbengewebes auftauchende braune bis ockerfarbene Areale entsprechen meist dem aus Erythrozyten freigesetzten Eisenpigment.

Von der beschriebenen normalen Wundheilung abweichende Verläufe sind nicht selten, insbesondere wenn es sich um größere Wunden handelt, wenn Fremdkörper in die Wunde gelangt sind und/oder wenn es zu einer Infektion der Wunde gekommen ist. Diese Faktoren können ebenso wie Druck- bzw. Dehnungsverhältnisse zu einer später relativ breiten Narbe führen, sollte die Wunde nicht primär genäht worden sein. Im Einzelfall kann es zu einer „überschießenden" Ausbildung von Narbengewebe kommen, sog. Narbenkeloid.

Wurde die Wunde frühzeitig chirurgisch versorgt und genäht, dann bleiben unter Umständen (aber nicht zwingend) punktförmige in regelmäßigem Abstand zur Narbe gelegene, feine weiße Einstichnarben sichtbar. In einem solchen Fall bleibt später immer erkennbar, dass es sich um eine entweder chirurgisch gesetzte, jedenfalls aber chirurgisch versorgte Wunde gehandelt haben muss.

2.2 Wundaltersschätzung bei geschlossenen und offenen Verletzungen

Berücksichtigt man die o. g. Pathophysiologie der Wundheilung, dann wird verständlich, dass bei der makroskopischen Wundaltersschätzung Zurückhaltung geboten ist. Zur Wundaltersschätzung werden verschiedene Kriterien herangezogen, die möglichst kombiniert in eine abschließende Beurteilung einfließen sollten:

- Wunde noch (gering) blutend?
- Fibrinauflagerungen, eher weißgelb?
- komplett mit Wundschorf bedeckte Wunde mit rotbraunem Schorf?
- gut demarkiertes umgebendes blaulivides Hämatom?
- Hämatom mit verwaschenen Grenzen? Mehrfarbig?
- einseitig sich ausdehnendes Hämatom?
- Farbveränderungen des Hämatoms? (nur feststellbar bei zwei- oder mehrzeitiger Untersuchung)
- bereits abgelöste Blutkruste mit hellrotem Narbengewebe?
- überwiegend bereits weiß-graues Narbengewebe?
- braune bis ockerfarbene Pigmentflecken innerhalb des Narbengewebes?

Bei der Beschreibung eines Hämatoms ist nicht nur die Farbgebung zu beachten (zentral und peripher), sondern auch die Randbegrenzung des Hämatoms und eine mögliche einseitige Ausdehnung.

In der Literatur wird häufig auf eine gewisse Gesetzmäßigkeit bei der Entwicklung der Farbgebung von Hämatomen verwiesen. Dies ist im Grundsatz durchaus zutreffend, auch wenn die häufig genannten Zeitspannen tatsächlich nicht mit der Präzision zu benennen sind, die entsprechende Farbtabellen suggerieren. Im Grundsatz werden die in Tab. 2.1 genannten Angaben gemacht.

Wegen zahlreicher Einflussfaktoren im Einzelfall ist bei der Altersschätzung von Verletzungen – geht man allein von der Wundmorphologie aus und in Abgrenzung zu Hämatomen der Haut – eine noch zurückhaltendere Interpretation dringend zu empfehlen mit einer Beschränkung auf folgende Angaben:

1. Ganz frische Wunde = blutend, bei Schürfungen meist nur für wenige Minuten
2. Frische Wunde = dünner, frisch wirkender, kaum vertrockneter, weicher Wundschorf (schon nach ca. 1 h bei Schürfungen), evtl. angrenzendes gut demarkiertes Hämatom, noch deutlich sichtbare Hautweichteilschwellung (bis ca. 48 h alt)
3. Nicht mehr frische Wunde = gut ausgeprägter Wundschorf, umgebendes Hämatom mit verwaschenen Rändern, keine oder nur noch geringe Hautweichteilschwellung (ca. 24 h bis zu wenigen Tagen alt). Teilweise auch roter Saum am Wundrand als Ausdruck gefäßreichen jüngeren Narbengewebes (= Granulationsgewebe; nach mehreren Tagen)

Tab. 2.1 Veränderungen bei Hämatomen der Haut zur Altersschätzung. (Modifiziert nach Dettmeyer et al. 2019)

Farbe und Begrenzung	Hämatomalter
Graublau, gut demarkiert	Frisch
Blauviolett, etwas unscharf begrenzt	Maximal wenige Tage
Grün, unscharf begrenzt	Mind. 4–5 Tage, meist 6–8 Tage
Gelb, randständig deutlich verwaschen	Ca. 8 Tage und mehr
Braunrot	Keine Beurteilung möglich

4. Ältere Wunde = trockene, relativ dicke Wundkruste, evtl. bereits teilweise abgelöst oder ohne Auslösung einer Blutung ablösbar; bereits teilweise rotes Narbengewebe im Wundgrund (mehrere Tage alt bis zu 2–3 Wochen) nach Abfallen des Wundschorfes, teils nach 3 bis 5 Tagen, bei oberflächlichen Schürfungen nach ca. 7 bis 10 Tagen
5. Alte abgeheilte Wunde = sog. „weiße Narbe" (Altersangabe nicht mehr möglich, da Endzustand erreicht)

Angesichts der großen Variabilität im Wundheilungsprozess sollte bei der Wundaltersschätzung nicht von diesen „faustformelartig" angebbaren Zeitspannen abgewichen werden und im Einzelfall kann eine Wunde trotzdem einmal deutlich älter oder jünger sein. Zusätzlich ist immer auch an die Möglichkeit zweizeitig oder mehrzeitig beigebrachter Verletzungen zu denken.

Untersuchungsmethoden

C. G. Birngruber, G. Lasczkowski, R. B. Dettmeyer, *Forensische Verletzungskunde*,
https://doi.org/10.1007/978-3-642-54279-4_3

Vor Beginn der Untersuchung eines möglichen Gewaltopfers ist eine orientierende Befragung (Anamnese) zum vorangegangenen Geschehen sinnvoll, ohne dass der zu untersuchenden Person eine detaillierte Schilderung abverlangt werden muss. Zunächst kann die Kenntnis des Geschehens „im Großen und Ganzen" ausreichend sein, denn nach Erhebung aller Befunde ist eine Konkretisierung und detaillierte Begutachtung bzw. Kommentierung im Regelfall immer noch möglich.

Die eigentliche körperliche Untersuchung von Verletzungen kann je nach den Umständen „berührungsfrei" stattfinden. Im Vordergrund steht die bloße Inaugenscheinnahme bei guten Lichtverhältnissen (möglichst helles, weißes Licht). Im Regelfall ist – da auch aus dem Fehlen von eigentlich nach der mitgeteilten Vorgeschichte zu erwartenden Verletzungen Rückschlüsse auf ein Tatgeschehen möglich sind – eine Ganzkörperuntersuchung unverzichtbar.

3.1 Anamnese und Befragung

Die Erhebung der Anamnese bzw. die Befragung eines möglichen Gewaltopfers erfordert Ruhe, Zeit und Geduld. Im Einzelfall ist die besondere psychische Situation der betroffenen Person zu beachten. Während z. B. der Anwalt eines Tatverdächtigen kein Anwesenheitsrecht bei der Anamneseerhebung und Untersuchung der verletzten Person hat, soll die Anwesenheit einer Vertrauensperson – auf Wunsch – jederzeit ermöglicht werden. Gerade bei Sexualdelikten kann es im Einzelfall vorkommen, dass seitens des Gewaltopfers die Untersuchung durch eine ärztliche Person gleichen Geschlechts gewünscht wird. Diesem Wunsch sollte entsprochen werden.

Im Vordergrund steht bei der rechtsmedizinischen Begutachtung von Verletzungen zunächst die Frage, was die Verletzungen selbst über ihre Entstehungsursache verraten. Erst in einem zweiten Schritt wird die Frage zu beantworten sein, ob das Verletzungsmuster mit diesem oder jenem Tathergang in Übereinstimmung zu bringen ist bzw. ob einzelne behauptete Tathergänge ausgeschlossen werden können. Auch kommt es nicht selten vor, dass die Schilderung des Geschehens durch das Tatopfer, durch Tatverdächtige und durch vermeintlich oder tatsächlich neutrale Zeugen sehr unterschiedlich ausfällt. Um hier nicht vorschnell bestimmten Tathergängen den Vorzug zu geben, empfiehlt sich folgendes Verhalten:

- Am Anfang ist eine Beschränkung auf eine offene Fragestellung wichtig: Was ist denn passiert?
- Suggestivfragen sind zu vermeiden, z. B.: Haben Sie diese Messerstichverletzung unter Alkoholeinfluss bekommen?
- Sind einzelne Verletzungen als solche eindeutig charakterisierbar, dann darf nachgefragt werden, z. B. bei einem Monokelhämatom: Können Sie sich an eine Gewalt gegen ihr Auge erinnern?
- Ohne Nachfrage abgegebene Kommentare des Gewaltopfers sollten möglichst nicht kommentiert, aber wörtlich protokolliert werden, z. B.: „Diesmal ist mein Mann zu weit gegangen" oder „Das war der Papa, damit ich nicht so schreie".
- Ergeben sich anhand der Verletzungen Hinweise auf ein konkretes Tatwerkzeug, dann (aber auch erst dann!) sollte vorsichtig gefragt werden, z. B. „War da ein Gegenstand im Spiel?"
- Bestehen keine Zweifel am Einsatz eines bestimmten Tatwerkzeuges, dann darf auch gezielt gefragt werden: „Haben Sie ein Messer gesehen?"

Alle weiteren Fragen können nach der körperlichen Untersuchung immer noch geklärt werden, insbesondere wenn die Polizei informiert wurde und dann ohnehin eine eingehende polizeiliche Befragung stattfindet (von Zeugen, von Tatverdächtigen, des Gewaltopfers) möglicherweise verbunden mit einer Spurensicherung am Tatort.

Möchte allerdings die von Gewalt betroffene Person (wenn volljährig) die Polizei nicht informieren, dann sollte das Tatgeschehen aus der Sicht des Gewaltopfers jedenfalls in Grundzügen schriftlich fixiert werden. Dies kann vor oder im Anschluss an die körperliche Untersuchung erfolgen, damit für den Fall einer späteren Strafanzeige eine zeitnah abgegebene Aussage (des Gewaltopfers) vorliegt, die dann mit Einverständnis des Gewaltopfers in einem strafrechtlichen Ermittlungsverfahren verwendet werden kann.

3.2 Körperliche Untersuchung

Bei der körperlichen Untersuchung wird schrittweise vorgegangen, niemals sollte die von Gewalt betroffene Person vollständig entkleidet sein. Empfehlenswert ist, damit keine Befunde übersehen werden und damit auch das Fehlen von Befunden dokumentiert ist, eine körperliche Untersuchung „von Kopf bis Fuß". Es kann hilfreich sein, Schwellungen auf ihre Tastbarkeit zu prüfen und/oder einen Druck-/Klopfschmerz abzufragen. Folgende Regionen sollten in der Dokumentation gesondert erwähnt werden, unabhängig davon, ob dort Verletzungen/Narben vorhanden sind oder nicht, dies auch, um zu dokumentieren, dass die entsprechende Körperregion tatsächlich gesehen wurde:

- Behaarte Kopfhaut
- Haut des Gesichtes
- Ohren mit Vorder- und Hinterohrregion
- Mundregion mit Lippen, Schleimhaut des Mundvorhofes, Zähnen, Zunge
- Haut des Kinns, des Mundbodens und des Halses sowie des Nackens
- Brust- und Bauchhaut
- Haut der Schulterregion und Rückenhaut einschließlich Gesäßhaut
- Haut der Extremitäten einschließlich Finger und Zehen mit Zehen- und Fingerzwischenräumen sowie der Zehen- und Fingernägel
- Haut der Anogenitalregion

Im Verlauf der Untersuchung kann es sinnvoll sein, zum Zwecke der Dokumentation und Beweissicherung einige wenige Handlungen vorzunehmen:

- Anlegen eines Maßstabes bei der fotografischen Dokumentation von Verletzungen
- Einsatz eines Zahnarztspiegels falls Verletzungen der Zähne bzw. der Mundregion vorhanden sind oder angegeben werden
- Entnahme von Abstrichen von der Haut bei Verdacht auf biologische Antragungen (z. B. nach Angabe des Gewaltopfers, der Täter habe eine bestimmte Hautstelle geküsst oder beim Vorliegen von Bissverletzungen)
- Entnahme weiterer Abstriche bei begründetem Verdacht auf eine Sexualstraftat (oral, vaginal, penil, anal – ggf. in Abhängigkeit vom berichteten Tatgeschehen) und zeitnaher Vorstellung (< 48 h, selten bis 72 h nach dem angegebenen Geschehen)
- Auskämmen der Schambehaarung des Gewaltopfers (falls vorhanden) mit einem feinen Kamm zur Sicherung von Schamhaaren des Täters bei begründetem Verdacht auf eine Sexualstraftat mit vaginaler Penetration
- Durchführung einer Blutentnahme und Abgabe einer Urinprobe – je nach Zeitabstand zum Tatgeschehen und falls von einem Alkohol-, Drogen- oder Medikamentenkonsum berichtet wird
- Entnahme eines knapp bleistiftdicken Haarbündels, unmittelbar an der Kopfhaut abgesetzt, mit Markierung der in Richtung der Haarwurzel weisenden Enden – falls die Prüfung eines Langzeitkonsums von Alkohol, Drogen und/oder Medikamenten mittels einer Haaranalyse erfolgen soll bzw. eine Option ist
- die Asservierung von Gegenständen (Kleidung, Tatwerkzeug etc.) – je nach berichtetem Tatgeschehen und ggf. sichtbaren Spuren

Alle erhobenen Befunde, Dokumente, Bilder und Gegenstände sind zugriffs- bzw. manipulationssicher und identifizierbar beschriftet zu bewahren (Asservate insbesondere trocken und kühl lagern).

Je nach Fragestellung bzw. mitgeteilter Vorgeschichte kann – auch mit Rücksicht auf das Schamgefühl der zu untersuchenden Person – auf die Inspektion der Anogenitalregion verzichtet werden. Ist eine solche Inspektion erforderlich, dann sollte dies im Rahmen einer einmaligen gynäkologischen oder urologischen Untersuchung und damit verbundener Dokumentation sowie Spurensicherung erfolgen. Falls die zu untersuchende Person die Beschränkung der körperlichen Untersuchung auf einzelne Körperregionen wünscht, sollte dies dokumentiert werden.

Dokumentation

C. G. Birngruber, G. Lasczkowski, R. B. Dettmeyer, *Forensische Verletzungskunde*,
https://doi.org/10.1007/978-3-642-54279-4_4

Eine sorgfältige Befunddokumentation ist Voraussetzung einer gerichtsverwertbaren Verletzungsbegutachtung. Im Mittelpunkt steht dabei die Nachvollziehbarkeit und Objektivierbarkeit der zum (ebenfalls dokumentierten) Untersuchungszeitpunkt erhobenen Befunde zu einem späteren, ggf. Monate oder Jahre nach der Untersuchung liegenden Zeitpunkt. Die Dokumentation sollte frühzeitig, falls dies möglich und vertretbar ist, vor der medizinischen Versorgung der Verletzungen stattfinden, da jede Form der „Manipulation" die Ergebnisse der Befunderhebung verfälschen, erschweren oder gar unmöglich machen kann. Die medizinische Versorgung von Verletzungen hat jedoch, v. a. bei schwereren Verletzungen, immer Vorrang.

Die Erfahrung zeigt, dass eine frühzeitige Dokumentation nicht zuletzt aufgrund der bereits vor Ort erfolgten Primärversorgung oder der Therapie akut behandlungsbedürftiger Verletzungsbefunde oftmals nicht möglich ist. Doch auch in solchen Fällen kann eine zumindest orientierende fotografische Dokumentation hilfreich sein, die Rückschlüsse auf den Ursprungszustand der zum Zeitpunkt der Dokumentation bereits versorgten Wunden zulässt.

Nicht behandlungsbedürftige Verletzungsbefunde werden in der ärztlichen Praxis häufig nicht dokumentiert, können jedoch wichtige Anhaltspunkte bei der Rekonstruktion von Geschehensabläufen liefern. Deshalb sind auch medizinisch nicht behandlungsbedürftige Verletzungen zu dokumentieren.

In Fällen erfolgter stumpfer Gewalteinwirkung kann durchaus eine (weitere) Untersuchung zu einem späteren Zeitpunkt hilfreich sein, da sich Hautunterblutungen erst im Laufe der Zeit nach außen hin sichtbar demarkieren können.

4.1 Schriftliche Dokumentation

Bei der schriftlichen Befund- bzw. Verletzungsdokumentation ist auf eine objektive, beschreibende und nicht interpretierende Wortwahl zu achten.

Bei der Dokumentation der Vorgeschichte ist wichtig: Wer hat Wann Was Wie und Wo gesehen und/oder getan und/oder gesagt?

Angaben zur Vorgeschichte sollten im Konjunktiv aufgeschrieben werden, also z. B.:

Frau E. sagt, Herr X. habe ihr eine Verletzung gezeigt und diese sei als Folge eines Schlages entstanden, dies solle Frau Y gesagt haben.

Es sollte eine Beschreibung des Befundes und nicht nur eine „beschreibende Diagnosestellung" erfolgen. Zu berücksichtigen sind bei der Befundbeschreibung folgende Merkmale:

- **Lage am Körper**

Hierbei kann Bezug genommen werden auf anatomische Linien bzw. Ebenen (z. B. 4 cm rechts der Körpermittellinie), sichtbare (z. B. 3 cm unterhalb der rechten Brustwarze) oder tastbare (z. B. in Projektion auf die linke Schulterblattgräte) Körperteile. Bei der Beschreibung von Befunden an den Armen sollte eher auf die Streck- bzw. Beugeseite als auf die Rück- bzw. Vorderseite verwiesen werden, da sich letztere auf die anatomische Nullstellung bezieht und es bei pronierter Handstellung zu Verwechslungen kommen kann. Die Lage des Befundes entlang der Längsachse der Extremitäten kann sowohl durch Messung des Abstandes vom benachbarten Gelenk als auch durch Angaben wie z. B. „im schulternahen/mittleren/ellbogennahen Drittel des Oberarms" beschrieben werden.

- **Orientierung**

Die Angabe der Lage von Verletzungen sollte in Relation zur Körperlängs- bzw. -querachse erfolgen – längsgestellt/quergestellt. Bei nicht parallel zu einer Körperachse verlaufenden Befunden kann eine genauere Beschreibung erfolgen durch z. B. die Angabe „schräg von außen oben nach innen unten orientiert". Bei Verletzungen am Schädel kommt z. B. auch die Lage bzw. Orientierung in Relation zur Pfeilnaht oder einer gedachten, beide Ohren steigbügelartig verbindenden Linie in Betracht.

- **Verletzungsbefund**

Bei der Beschreibung der Größe von äußeren Verletzungen führt die Verwendung des Ausdrucks „ca. x cm groß" oftmals zu Unschärfen. Genauer sind Beschreibungen, wie z. B. „ca. x cm durchmessend", wenn es sich um einen annähernd runden Befund handelt, oder „ca. x cm lang und ca. y cm breit", wenn gleichzeitig die Orientierung bzw. Verlaufsrichtung des Befundes genannt wird. Im Zusammenhang mit etwaigen Größenangaben sollte auch immer daran gedacht werden, dass diese mitunter in Abhängigkeit vom Spannungszustand der Gewebe differieren können. Insoweit kann man den Größenangaben ein „etwa" bzw. „circa" voranstellen. Bei Hautverfärbungen im Sinne von Hautein- bzw. -unterblutungen sind die Farbe(n) und die Begrenzung (scharf/verwaschen) zu nennen. Bei abgeschobener Oberhaut gibt die Lage der „Oberhautmoränen" oder „Oberhautfähnchen" Hinweise auf die Schürfungsrichtung. Begleitende Hautrötungen sollten ebenso beschrieben werden wie Krustenbildungen und die Beschaffenheit des Wundgrundes bei tiefergehenden Verletzungen.

Hautdurchtrennungen können glattrandig oder unregelmäßig sein, in der Tiefe können Gewebebrücken vorhanden sein oder fehlen. Bei einer glattrandigen Hautverletzung kann es sich sowohl um eine Stich- als auch um eine Schnittverletzung oder eine Mischung aus beidem handeln. Eine Beschreibung der Wundwinkel bzw. Wundenden sollte bei glattrandigen Hautdurchtrennungen nicht vergessen werden – sie erlaubt in Zusammenschau mit der Tiefe der Verletzung auch bei erst im Nachhinein bekanntwerdendem Tatwerkzeug eine Differenzierung zwischen Stich und Schnitt. Auch Fremdkörper (Schmutz, Glas, …) in Wunden sollten beschrieben werden. Bei geformten Verletzungen ist auf eine möglichst genaue Vermessung derselben zu achten – dies betrifft sowohl geschürfte oder unterblutete Areale als auch dazwischenliegende unversehrte Hautabschnitte. Hintergrund ist der ggf. im Nachhinein mögliche Abgleich der Verletzung mit einem später bekanntwerdenden möglichen Tatwerkzeug.

Stehen Befunde zueinander in räumlicher Beziehung? Ohne der Beurteilung zu viel vorweg zu nehmen, können z. B. gruppiert stehende von isoliert stehenden Befunden unterschieden werden.

Selbstverständlich gehört zur Präzision der Beschreibung von Verletzungen auch anatomische Genauigkeit. Dies gilt vor allem für Verletzungen der Genitalregion. Dort vorhandene Verletzungen müssen anatomisch exakt beschrieben werden und in Bezug auf die Lokalisation eindeutig sein. Angaben zur Lokalisation einer Verletzung sollten bezogen auf die Lokalisation bei Steinschnittlage (SSL) erfolgen, also ausgehend von einer Rückenlage. Mit der Angabe 12 Uhr ist gemeint: in der KML zum Schamhügel hin gelegen. Mit Angabe 6 Uhr ist gemeint: zur Dammregion hin gelegen in der KML. So sind bei Rückenlage des weiblichen Opfers einer Sexualstraftat bei Penetration mit zum Beispiel einem oder zwei Fingern Verletzungen eher vorderseitig, d. h. zwischen 9 Uhr und 3 Uhr, d. h. vor allem um 12 Uhr zu erwarten, Verletzungen bei Penetration mit dem erigierten Penis sind eher zwischen 3 Uhr und 9 Uhr, d. h. vor allem um 6 Uhr zu erwarten. Das Hymen kann beschrieben werden je nach Entwicklungsstadium (anulär, semilunar, wulstig-östrogenisiert etc.), mit Normvarianten (septiert, perforiert, kragenförmig) und den Rändern (fimbrienartig, glatt). Daneben sollen evtl. vorliegende Spalten, Kerben, Mulden bzw. akute Einrisse oder chronische Unterbrechungen (Narben) beschrieben werden.

Die Verwendung einer irreführenden oder ungenauen Terminologie kann zu Missverständnissen führen. Begriffe wie „intakte Jungfrau“ oder „Virgo intacta anatomica“ sind unbedingt zu vermeiden, da sie bei Laien suggerieren können, bei intaktem Hymen könne es keine (penetrierende) Sexualstraftat gegeben haben.

4.2 Zeichnungen und Körperschemata

Körperschemata dienen in erster Linie der Visualisierung der anatomischen Verteilung von Verletzungsbefunden. Doch auch schwer zu beschreibende bzw. fotografisch schwer abbildbare Befunde können durch Skizzen verdeutlicht werden. Bei Eintragungen in vorgedruckte Schemata sollte das Datum der Eintragungen und die untersuchende bzw. das Schema nutzende Person vermerkt werden. Der Name der untersuchten Person oder eine Fall-Nr. sind ebenfalls anzugeben. Zusätzlich empfiehlt sich ein Hinweis, welche der Eintragungen auch fotografisch dokumentiert wurden. Schemata zur Dokumentation von Auffälligkeiten finden sich in unterschiedlichen Dokumentationsbögen. So gibt es Bögen zur Dokumentation von auffälligen Befunden bei Pflegebedürftigen, bei Kindern, nach sexualisierter Gewalt und für Zahnverletzungen. Beispiele finden sich im Anhang.

4.3 Fotografische Dokumentation

Zwar können Fotografien Verletzungsbefunde weitaus prägnanter, präziser und objektiver darstellen als bloße Beschreibungen, jedoch sind hierfür an die Qualität der Bilddokumentation hohe Anforderungen zu stellen.

Dies beginnt bei der Auswahl des Motivs und des Bildausschnittes. Von einem Verletzungsbefund sollten mindestens zwei Aufnahmen gefertigt werden – eine Übersichtsaufnahme, die Rückschlüsse auf die Lage am Körper und die Orientierung erlaubt und eine Detailaufnahme, die den Verletzungsbefund möglichst detailreich wiedergibt. Die Aufnahmen sollten idealerweise jeweils mit und ohne Maßstab gefertigt werden. Als Maßstab sollten Winkellineale, Lineale oder Maßbänder angelegt werden, in Einzelfällen können auch Objekte, deren Größen bekannt sind, als Hilfsmaßstab eingesetzt werden (z. B. Kugelschreiber, Feuerzeug, Spritzen, Kanülen, Steckverbindungen etc.). Steht keine geeignete Kamera zur Verfügung, so sind auch Aufnahmen mit dem Smartphone zur Dokumentation und Beurteilung hilfreich. Es gilt:

> **Ein Foto ist besser als kein Foto und eine Handykamera besser als keine Kamera.**

Wichtig ist, dass sich Maßstab und Befund in ein und derselben Ebene befinden, die parallel zur Abbildungsebene bzw. Bildebene liegt. Nur so sind verzerrungsfreie und maßstabsgerechte Aufnahmen möglich. Bespiele mit Gegenständen zur Demonstration der Ausdehnung einer Verletzung und Beispiele von technisch nicht hinreichend guten Bildern zeigen die ◘ Abb. 4.1, 4.2, 4.3, 4.4, 4.5 und 4.6.

Bei jeder Fotodokumentation ist zuvor das Einverständnis der betroffenen Person einzuholen. Mit Maßstab ist ein Übersichtsfoto und ein Detailfoto erforderlich, bei anogenitalen Verletzungen ist nur der Lokalbefund zu fotografieren. Alle Bilder müssen gesichert und kontrolliert aufbewahrt werden. Die Zahl der zugriffsberechtigten Personen sollte geregelt sein. Sind diese Voraussetzungen erfüllt und bezeugt die fotografierende Person die Authentizität der Bilder, so sind auch Digitalfotos in einem Gerichtsverfahren verwertbar.

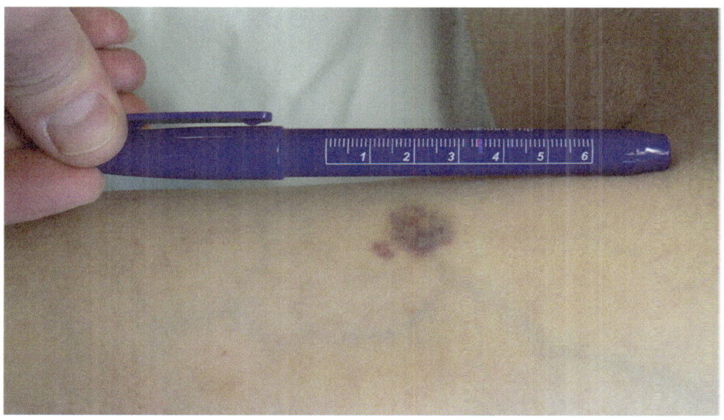

◘ **Abb. 4.1** Abbildung eines Hämatoms mit Maßstab, jedoch ohne eindeutig erkennbare Lokalisation am Körper

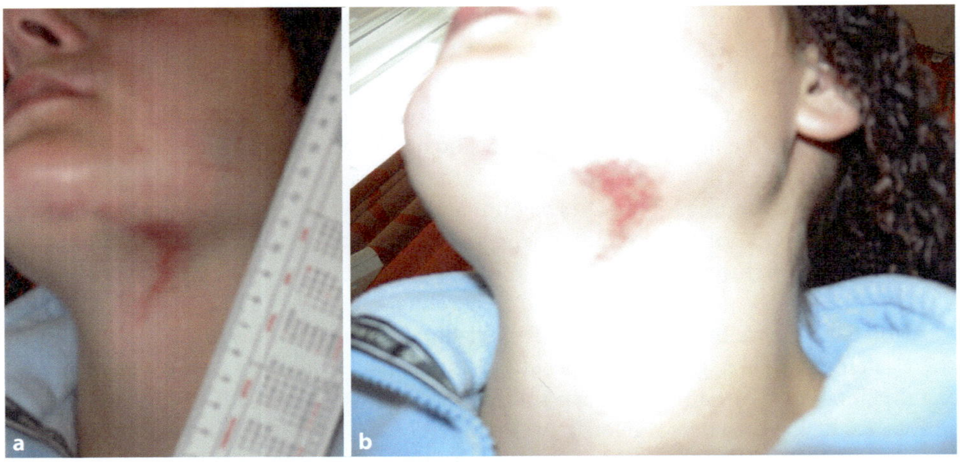

Abb. 4.2a,b Mögliche Fehler bei der Fotodokumentation entstehen häufig durch Unschärfe infolge falscher Fokussierung oder Verwackelung, Überbelichtung bei falschem Blitzeinsatz oder fehlender Farbtreue bei nicht angepasstem Weißabgleich. Hier: Links der Körpermittellinie in der Haut des Mundbodens in Höhe des mittleren Drittels des linken Unterkiefers und gering auf die angrenzende Halshaut übergreifend eine rotbraune Einblutung in die Haut mit relativ guter Demarkierung am Rand sowie offenbar weitere Hautverfärbungen Richtung KML am Unterrand des linken Unterkiefers. Eine weitere Beurteilung ist bei unzureichender Bildqualität nicht möglich

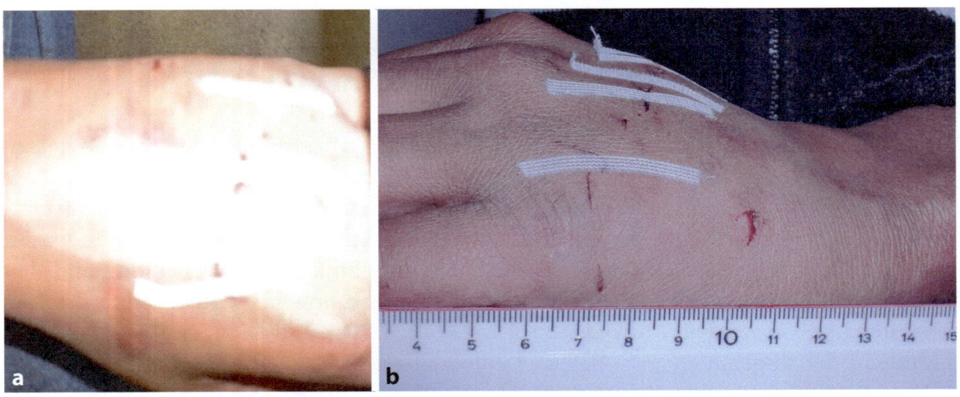

Abb. 4.3a,b Unzureichende fotografische Dokumentation von Verletzungen der Haut des offenbar rechten Handrückens bei Zustand nach ärztlicher Behandlung; es wäre eine Bildaufnahme des Handrückens von oben erforderlich gewesen mit angelegtem Maßstab und guter Bildqualität

Abb. 4.4a,b Streifig-bogige offenbar mehrfach unterbrochene Linie mit Hautein- und Hautunterblutungen der rechtsseitigen vorderen Ohrmuschelhaut, überbelichtete (**a**) und unterbelichtete (**b**) Abbildung, eine zuverlässige Beurteilung ist nur begrenzt möglich

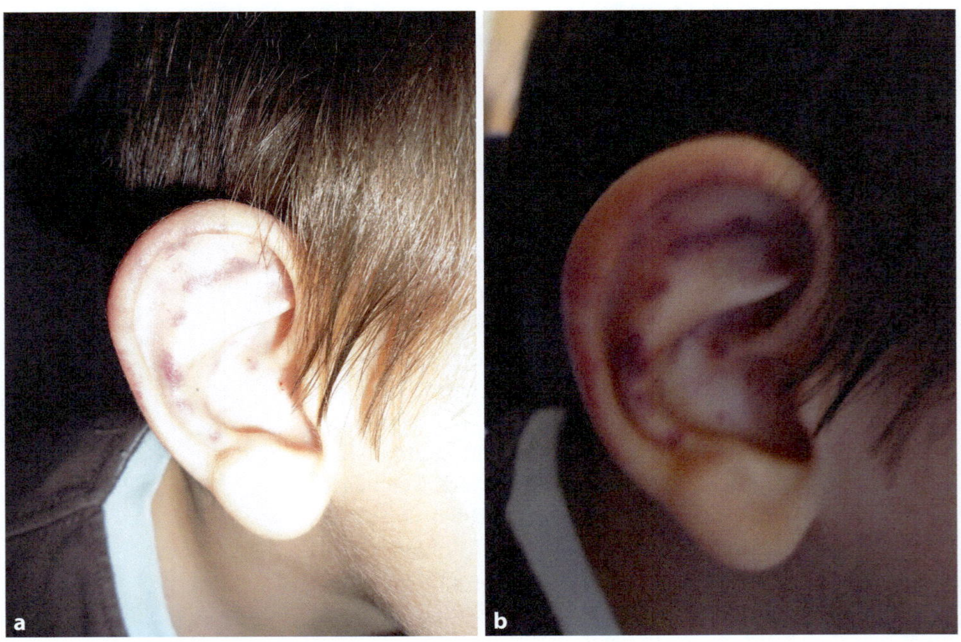

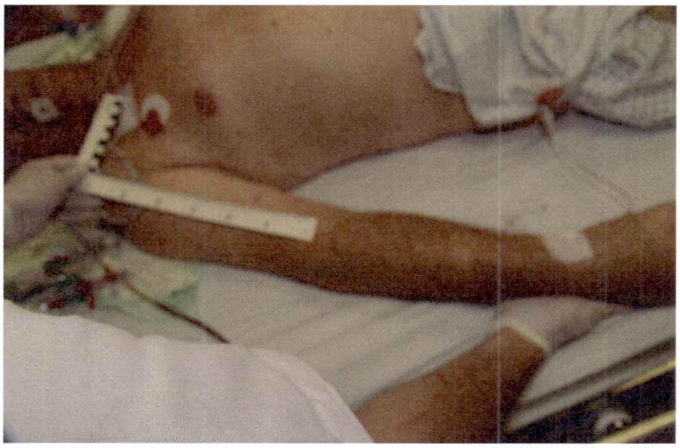

Abb. 4.5 Unscharfes Bild mit kaum lesbarem Maßstab, die kleinen Hämatome werden vom Maßstab überdeckt, tatsächlich lagen keine Hämatome im Sinne von sog. Griffspuren am Oberarm vor

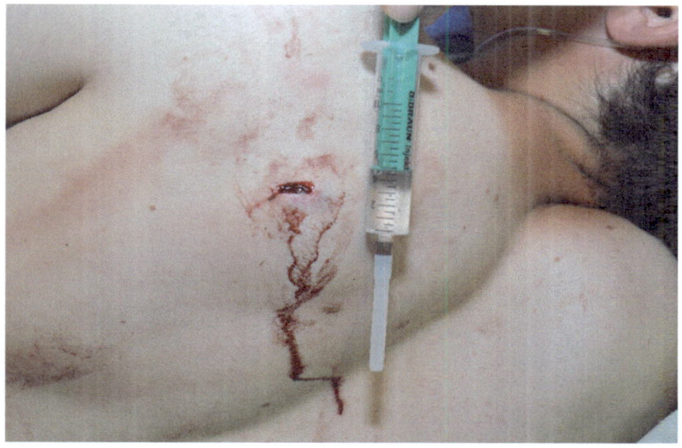

Abb. 4.6 Linke rückwärtige Schulterpartie mit (auf den ersten Blick) überwiegend glattrandiger Hautdurchtrennung. Deutlich beblutet. Die Verletzung schräg längs gestellt, das obere Wundende näher an der Wirbelsäule gelagert als das untere Wundende. Wundwinkel und Wundgrund nicht sicher beurteilbar. Das benachbarte Gewebe ist geschwollen, insbesondere in Richtung der Wirbelsäule. Angelegte skalierte Spritze als Maßstab. Die Verletzung ist etwa 1,8 cm lang und klafft auf ca. 0,5 cm. Diagnose: Isolierte frische Stichverletzung der Rückenhaut. Anamnese: 20-jähriger Mann. Pneumothorax links. Präoperative Fotografie. Sonst keine weiteren frischen Verletzungen

Bedeutung der Bekleidung

C. G. Birngruber, G. Lasczkowski, R. B. Dettmeyer, *Forensische Verletzungskunde*,
https://doi.org/10.1007/978-3-642-54279-4_5

Die Bekleidung kann bei der Klärung angegebener Geschehensabläufe eine wesentliche Rolle spielen, tritt sie doch, wenn vorhanden, zumeist unmittelbar mit der Außenwelt in Kontakt.

Einerseits kann die Kleidung Spurenträger für mannigfaltiges biologisches und unbelebtes Material sein und damit die Grundlage für weiterführende molekularbiologische (DNA) und andere spurenkundliche Untersuchungen (z. B. Faserspuren, Blutspurenverteilungsbild) liefern, andererseits hinterlässt sie bei Kontakt auch ihrerseits Spuren (z. B. Faserspuren, bei höheren Energien Anschmelzspuren, z. B. an Fahrzeugsitzen). Manchmal kann das Beschädigungsmuster der Bekleidung auch Beiträge zur Rekonstruktion von Verletzungshandlungen, Hinweise auf die Klärung einer Selbst- oder Fremdbeibringung, einen Unfall, eine Rangelei (ausgerissene Knöpfe, Nähte; ◻ Abb. 5.1) oder aber auch Hinweise auf das verwendete Werkzeug geben.

Bekleidungsstücke sollten so beschädigungsarm und spurenschonend wie möglich gesichert werden.

So sollte das Eröffnen von Bekleidung, wenn möglich, außerhalb vorbestehender Durchtrennungen oder Profilmarken erfolgen. Wenn medizinisch im Akutfall vertretbar, wären Lichtbildaufnahmen vom unveränderten Zustand der Kleidung wünschenswert. Die Erfüllung des klinischen Behandlungsauftrags und sorgsames Umgehen mit etwaigem Spurenmaterial müssen sich nicht gegenseitig ausschließen.

Gesicherte Bekleidung sollte sofort markiert werden, sodass später eine zweifelsfreie Zuordnung gelingen kann. Die Asservierung unterschiedlicher Kleidungsstücke sollte getrennt erfolgen (**Gefahr der Spurenübertragung**). Die Spur bzw. die Kleidung sind trocken zu lagern. Hierzu eignen sich Papiertüten zur Vermeidung von Pilzbefall (Schimmel) und der Zersetzung von DNA. Die Asservate sind zudem si-

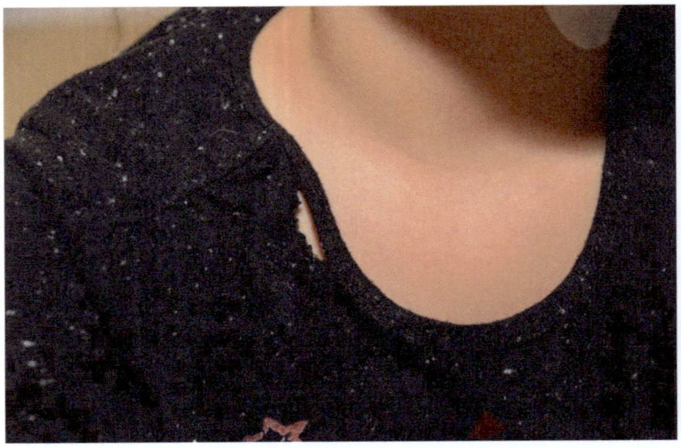

◻ **Abb. 5.1** Nahtabriss des vorderen Kragenbündchens auf der rechten Seite nach berichteter tätlicher Auseinandersetzung mit Reißen und Torquieren der Oberkörperbekleidung

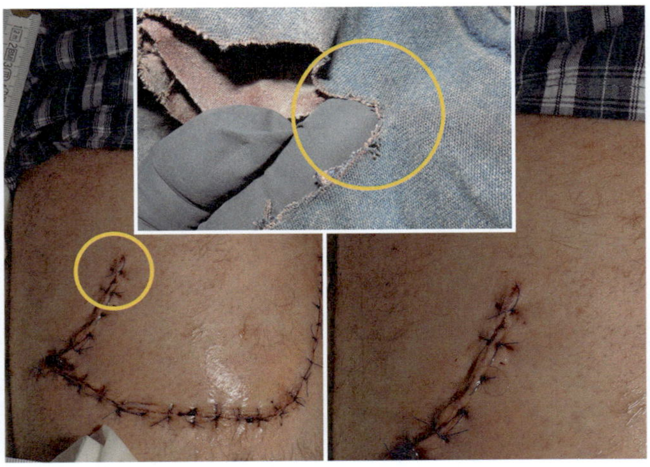

◻ **Abb. 5.2** Durchtrennung der Jeanshose mit stumpfen Winkel am rechten Hosenbein, wie von Messerrücken korrespondierende Wundregion mit nicht beurteilbarem Wundwinkel (siehe Fallbeispiel 1, S. 37)

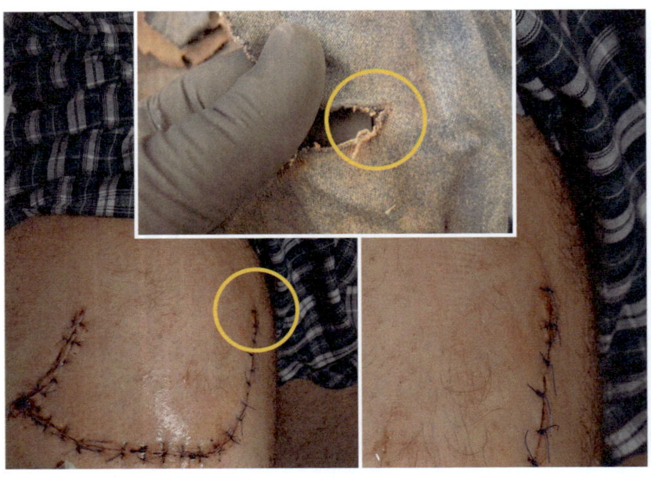

◻ **Abb. 5.3** Durchtrennung der Jeanshose mit spitzem Winkel, wie von Schneide eines Messers. Korrespondierende Wundregion mit nicht beurteilbarem Wundwinkel (siehe Fallbeispiel 1, S. 37)

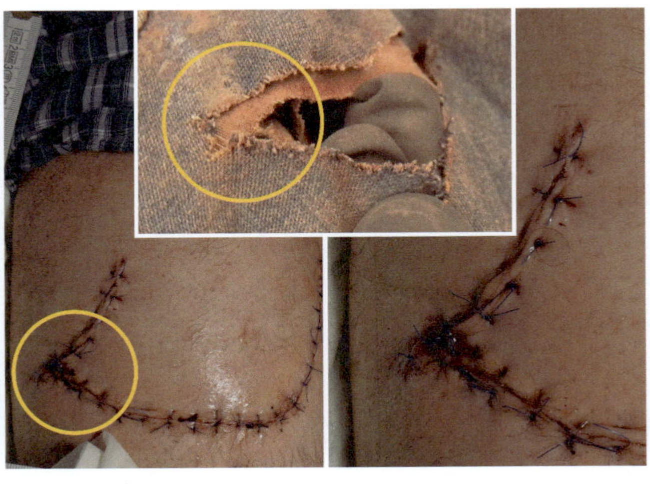

◻ **Abb. 5.4** Jeanshose mit angedeutet schwalbenschwanz-artigem Ende mit korrespondierender Wundregion. An der Haut die Wundbeschaffenheit nicht zu beurteilen (siehe Fallbeispiel 1, S. 37)

cher aufzubewahren (zugriffssicherer abschließbarer Raum, Schrank), der Name der asservierenden Person muss dokumentiert werden.

Textilgewebsbeschädigungen können im Hinblick auf eine vorangegangene tätliche Auseinandersetzung von Bedeutung sein, z. B. Knopflochausrisse, fehlende Knöpfe, Nahteinrisse (zum Beispiel in Höhe der Achselhöhlennähte).

In derartigen Fällen sollten Befunde auch an der Kleidung fotografisch dokumentiert werden. Wurden nur Teile der Bekleidung mit Beschädigungen asserviert, so muss eine Durchtrennung immer deutlich außerhalb der beschädigten Region erfolgen.

Fallbeispiel 1

Beschädigung der Bekleidung als Hinweis auf Art und Einsatz des schädigenden Werkzeugs:

Gewaltdelikt mit mehreren Verletzten. Verletzungen durch scharfe Gewalt. Keine Einlassung des Beschuldigten. Die Opfer geben an, sich nicht erinnern zu können. Eine Rekonstruktion des Tatgeschehens ist damit im Wesentlichen nur nach der Spurenlage möglich.

Tatortbefund mit einem sekundär überlagerten Blutspurenverteilungsmuster, Verletzungsbild durch medizinische Versorgung verändert, somit eingeschränkte Beurteilbarkeit. Eingeschränkte Kooperationsbereitschaft der geschädigten Person bei der Befunderhebung. Zusätzliche Anknüpfungstatsachen ergeben sich aus Beschädigungen der Kleidung. Solche Beschädigungen können zur Tatrekonstruktion herangezogen werden. Die fotografische Dokumentation zum Fallbeispiel ergibt die in den ◘ Abb. 5.2, 5.3, 5.4 gezeigten Befunde.

Die in den oben benannten Abbildungen erkennbaren Beschädigungen der Kleidung lassen den Rückschluss auf eine kraftvolle Stich-Schnitt-Einwirkung mit einem stabilen, einseitig geschliffenem Messer.

◘ **Abb. 5.5** Tuch-Hose mit geformter Marke, assoziativ wie Schuhprofil wirkend. Diagnose: Verdacht auf Tritt mit der Sohle des beschuhten Fußes. Sog. „Schmutzstempel" ohne Blutantragungen. Bei sonst stark beblutetem Tatort von rekonstruktiver Bedeutung für die Chronologie des Geschehens bzw. der Verletzungsentstehung (siehe Fallbeispiel 2)

Fallbeispiel 2

Zur zeitlichen Zuordnung von Verletzungshandlungen und von Handlungen zu Personen mithilfe von Spuren an der Kleidung, Verletzungen und Blutspuren am Ereignisort (◘ Abb. 5.5, 5.6, 5.7, 5.8, 5.9, 5.10)

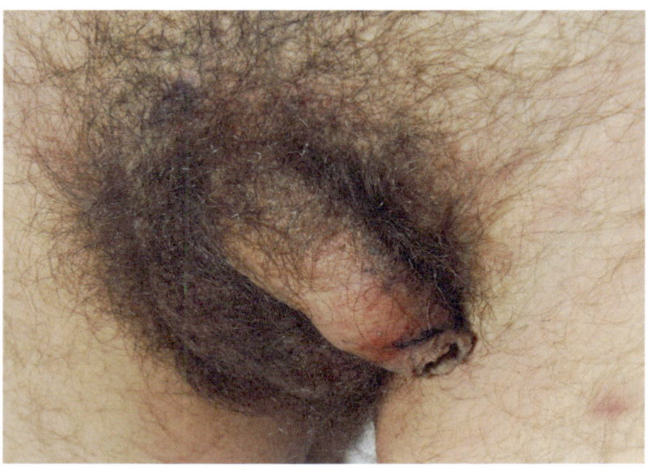

◘ **Abb. 5.6** Vorhaut über der Penisspitze mit streifiger Rötung und Schürfung. (siehe Fallbeispiel 2)

Diagnose: Diagnose: Verletzung durch stumpfe Gewalt. Rekonstruktion: Bei synoptischer Betrachtung mit dem Befund an der Hose (◘ Abb. 5.5) passend zu einem Tritt mit dem beschuhten Fuß

Abb. 5.7 Schuhsohlen eines Tatverdächtigen mit einem fischgrätenartigen Schuhsohlenprofil zum Abgleich mit einem Schuhsohlenprofilmuster am Tatort bzw. auf der Bekleidung (siehe Fallbeispiel 2)

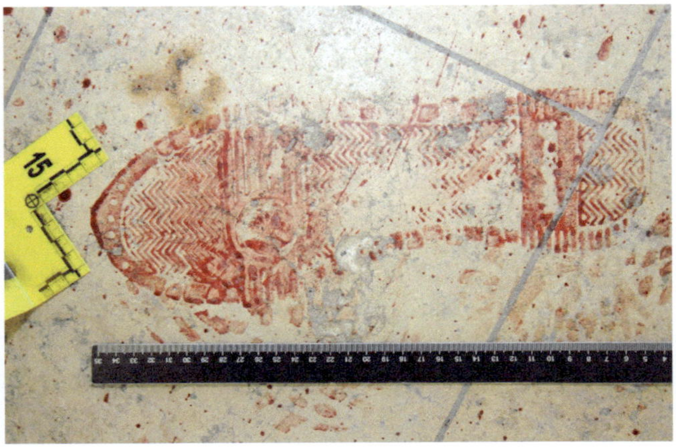

Abb. 5.8 Blutige Schuhprofilmarke an einem Tatort – hier als Leitstruktur ein fischgrätenartiges Schuhsohlenprofil (siehe Fallbeispiel 2)

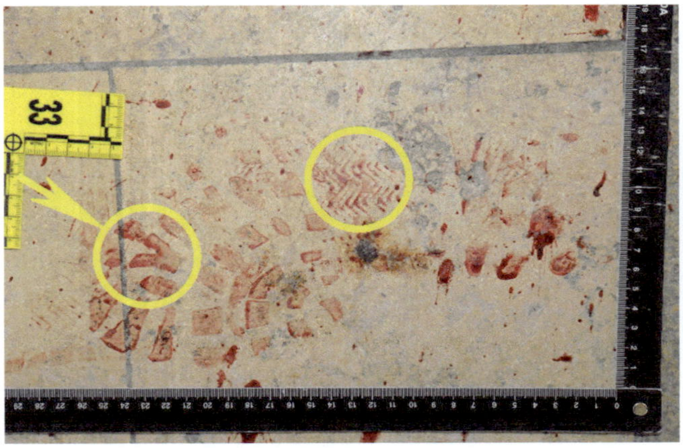

Abb. 5.9 Blutige Schuhprofilmarke an einem Tatort; neben Arealen mit fischgrätenartigem Muster sieht man ein groberes Muster mit y-förmiger Struktur und erkennbaren Schuhstollen (siehe Fallbeispiel 2)

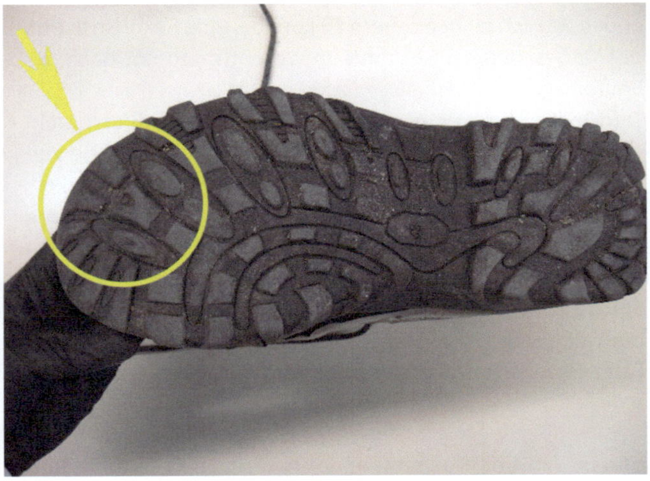

Abb. 5.10 Schuhsohle eines Tatverdächtigen mit sog. „Leitstrukturstellen", hier teilweise y-förmiges Profil (siehe Fallbeispiel 2)

Probenahme, Spurensicherung und Asservierung

C. G. Birngruber, G. Lasczkowski, R. B. Dettmeyer, *Forensische Verletzungskunde*,
https://doi.org/10.1007/978-3-642-54279-4_6

Neben Abstrichen bei Verdacht auf ein Sexualdelikt (anal, oral, vaginal) und Abstrichen von Körperstellen, an denen sich Zellen einer tatverdächtigen Person befinden können (angegebene Kusslokalisationen, Bissverletzungen), besteht die Möglichkeit, Schamhaare des Täters aus der Schambehaarung des Opfers auszukämmen.

Blut- und Urinprobe des Gewaltopfers können insbesondere bei zeitnaher Abnahme Rückschlüsse erlauben auf eine Einnahme bzw. Beibringung von Fremdsubstanzen (Alkohol, Drogen, Medikamente, sog. K.o.-Tropfen). Soll geprüft werden, ob Fremdsubstanzen regelmäßig aufgenommen wurden, kann eine Haarprobe – ca. bleistiftdick mit Markierung des kopfhautnahen Endes – hilfreich sein. Je nach Länge der entnommenen Haare und Intensität des Alkohol- bzw. Drogenkonsums lassen sich Fremdsubstanzaufnahmen in den Wochen bis Monaten vor der Haarprobennahme nachweisen. In selteneren Fällen lässt sich der nasale Konsum von Drogen, v. a. von Kokain, über einen Abstrich von der Nasenschleimhaut (beider Nasenlöcher) nachweisen.

Bei allen Asservaten ist zu prüfen, wie deren Lagerung erfolgen sollte. Im Regelfall ist eine trockene kühle Lagerung im Dunklen wünschenswert, ebenso eine Lagerung der Asservate in trockenen Papiertaschen, nicht in Plastiktüten.

Während bei einem Sexualdelikt die Abnahme von Abstrichen in den ersten 24 bis 48 h nach der Tat zu empfehlen ist, sind die Aussichten auf einen erfolgreichen Nachweis von Spermien mehr als 48 h nach der Tat sehr gering. Sind in der Abstrichlokalisation zusätzlich blutende Verletzungen entstanden, so sinkt die Wahrscheinlichkeit eines Nachweises von Zellen des Täters bzw. der Täterin zusätzlich. Nach mehr als ca. 12 h nach der Tat finden sich, wenn vorhanden, mehrheitlich schwanzlose Spermien in vaginalen, analen oder oralen Abstrichen. Bei Ejakulation außerhalb des Körpers, v. a. an Gegenstände wie Wäsche, Kleidung etc. kann ein Spermiennachweis deutlich länger gelingen. Wurde für die Tat ein Kondom benutzt, so können Abstriche unter Umständen über den Nachweis sog. Stärkekörner eine solche Angabe bestätigen.

Für Abstriche stehen entsprechende Untersuchungskits zur Verfügung, in jedem Fall sind DNA-freie Spurenträger für Abstriche zu verwenden (siehe ◘ Abb. 6.1 bis 6.8)

Die Spurensicherung wird i. d. R. durch die Erkennungsdienste der Polizei geleistet. Wenn die Probennahme mit der Verletzung der Integrität des Körpers, insbesondere auch mit einem Eindringen in Körperöffnungen verbunden ist, ist die Mitwirkung einer/s Ärztin/Arztes erforderlich.

Die betroffenen Personen, sei es das vermeintliche Opfer, sei es der/die vermeintliche Täter/-in, befinden sich häufig in einer psychischen Ausnahmesituation. Die Erfahrung lehrt, dass sich zunächst angenommene Sachverhalte, z. B. auch die Rolle Tatverdächtige(r)/Geschädigte(r) am Ende der Ermittlungen komplett anders darstellen können. Ein drangsaliertes Opfer kann sich z. B. in die Enge getrieben eines Werkzeugs bemächtigen und sich unter schwerer Verletzung des Peinigers seiner misslichen Lage entziehen und so im ersten Moment für den Aggressor gehalten werden.

Die Probennahme ist entsprechend den Vorgaben zur ärztlichen Sorgfaltspflicht zu gestalten und nur soweit medizinisch sinnvoll und vertretbar durchzuführen. Gegebenenfalls kann sozusagen im Team mit dem Probanden/der betroffenen Person gearbeitet werden.

Im Zusammenhang mit der Sicherung biologischer Spuren ist auf die Gefahr der Kontamination hinzuweisen. Untersuchungszimmer sind keine DNA-freien Räume. Gefährlich, weil oft nicht bedacht, ist die sog. sekundäre Kontamination. Einmalhandschuhe, entnommen aus einem Spender, sind nicht DNA-frei! Die behandschuhte Hand kann zur Übertragung von nicht sichtbaren Mikrospuren führen. Hieraus können Trugspuren erwachsen, die zur Verzögerung des Ermittlungserfolges führen können und unnötig Personal und Mittel binden.

Vor einer spurensichernden Maßnahme ist eine gehörige Vorbereitung erforderlich. Hierzu gehört gerade auch bei mutmaßlichen Gewaltdelikten die persönliche, professionelle

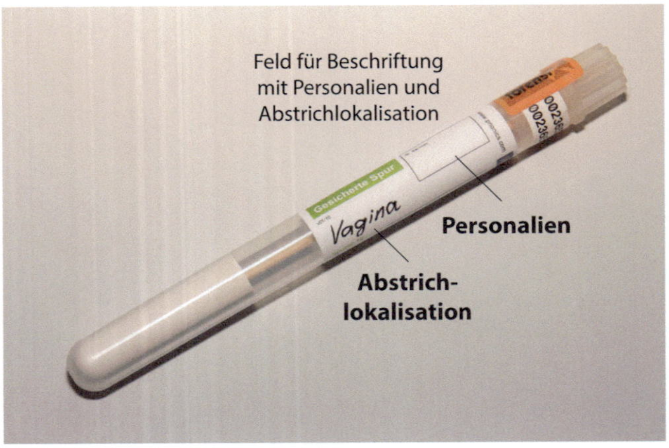

◘ **Abb. 6.1** Selbsttrocknender Tupfer, DNA-frei. Beschriftung mit Personalien und Abstrichlokalisation. Danach: Versiegelung des Abstrichröhrchens

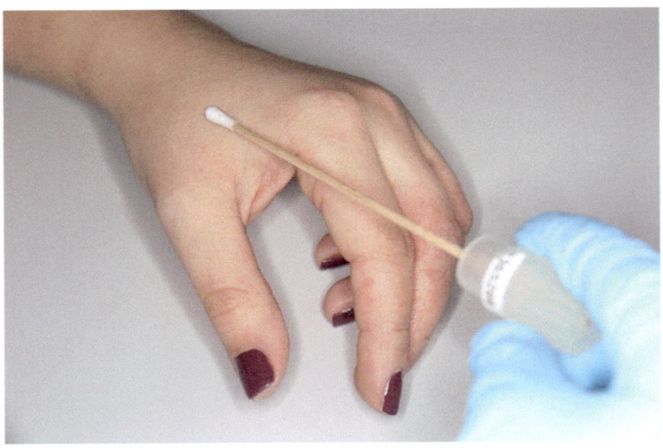

◘ **Abb. 6.2** Materialaufnahme entweder mit trockenem Tupfer oder mit angefeuchtetem Tupfer (Wasser oder physiologische NaCl-Lösung). Je nach Art der Antragung bzw. des Abnahmeortes – trockener Tupfer bei feuchter Spur und angefeuchteter Tupfer bei empfindlichem, trockenem Entnahmeort oder trockener Spur

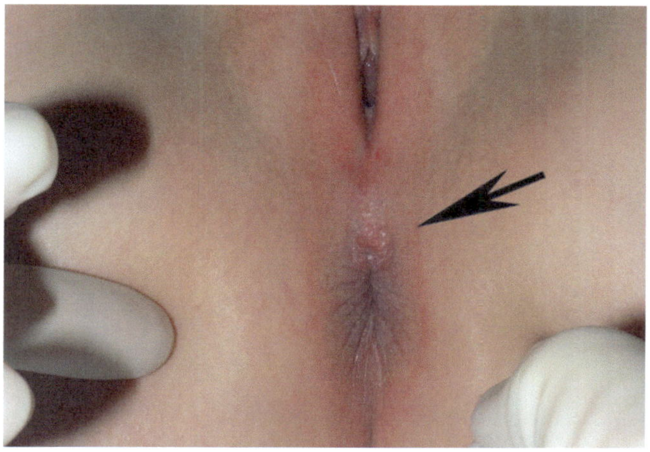

◘ **Abb. 6.3** Probennahme von außen nach innen unter Sicht zur Vermeidung von Materialverschleppung. Hier z. B. Anogenitalregion eines Kindes mit glänzender Sekretantragung (*Pfeil*) im Dammbereich. Zunächst Sichern der spiegelnden Feuchtigkeit, dann erst Abstrich von tieferen Strukturen mit gesondertem Tupfer

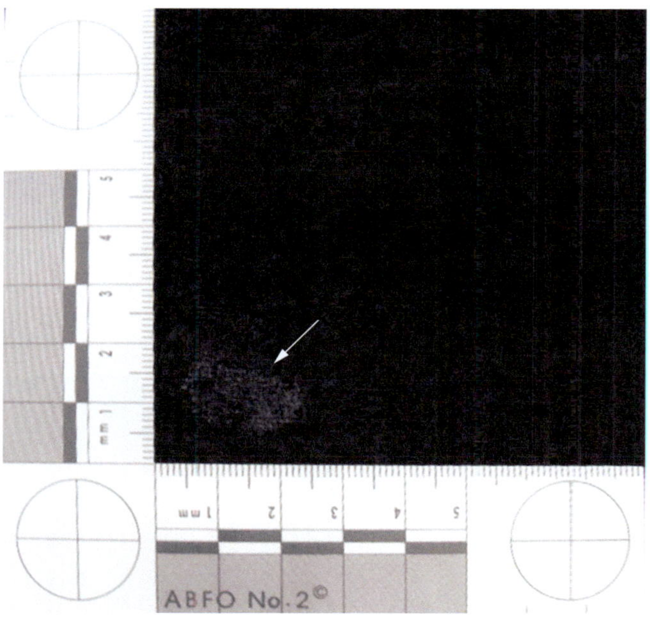

◘ **Abb. 6.5** Außenseite Hose, nahe Bund. Fingerkuppengroße, silbrigweiße Antrocknung. Hier: Verdacht auf angetrocknete Samenflüssigkeit (Ejakulat)

◘ **Abb. 6.4** Lagerung von größeren Asservaten in Papiertüten, trocken und zugriffssicher lagern. Zugehörigkeit zu einer Person protokollieren, Art des Asservats und Lokalisation angeben, gehöriger Verschluss der Papiertüte zur Asservierung z. B. von Bekleidungsstücken

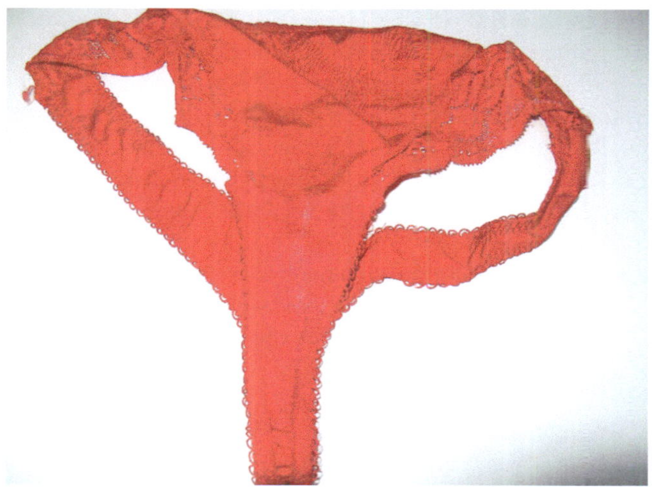

◘ **Abb. 6.6** Roter Tanga. Spindelförmige gelbweiße Antragung an der Innenseite des Schritts, vordere 2/3. Weitere Antragungen im hinteren Drittel und am Saum des rechten Beinausschnitts innen. Hier: wie Ausfluss, ggf. mit Beimengung fremder biologischer Spuren bzw. Fremd-DNA

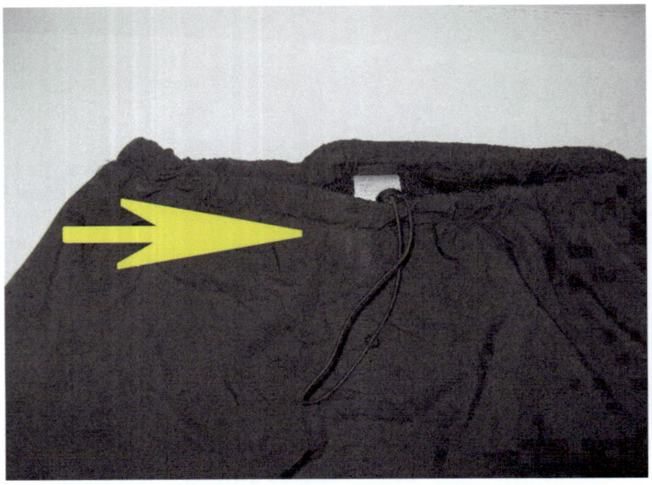

Abb. 6.7 Hosenbund vorne außen mit längsstreifigen, silbrig-weißen Antragungen (*Pfeil*). Verdacht auf angetrocknete Samenflüssigkeit (Ejakulat)

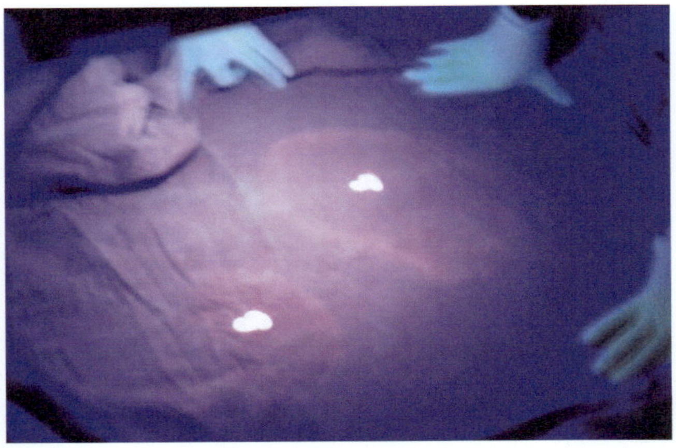

Abb. 6.8 Unter fluoreszierendem Licht Randbildungen infolge Durchtränkung mit Flüssigkeit, hier: Urin, d. h. bestätigter Urinabgang bei einem Gewaltopfer

Fokussierung des Untersuchers/der Untersucherin. Es sind daneben organisatorische und technische Belange, wie die Auswahl der Untersuchungssituation (Örtlichkeit/ggf. Zusammenarbeit mit anderen Fachdisziplinen), Vorbereitung von Instrumenten und Spurenträgern (DNA-frei, ggf. Untersuchungskits) zu bedenken und ggf. ist Entsprechendes anzubahnen.

Zur Klärung einer etwaigen fremdsubstanzlichen Beeinträchtigung (z. B. sog. K.o.-Tropfen) ist, soweit möglich, das Material (Blut, Urin, ggf. Haare) zu sichern, welches zeitnah zu einem Vorfall abgenommen bzw. abgegeben wurde. Ggf. sind die Maßnahmen mit dem betrauten Krankenhaus-Labor abzustimmen. Die Proben werden dort erfahrungsgemäß nur wenige Tage gelagert, dann sind sie unwiederbringlich verloren. Wichtig ist die Dokumentation des Zeitpunkts der Probennahme. Dies ist bedeutsam z. B. für eine etwaige Rückrechnung im Hinblick auf die Blutalkoholkonzentration und das Abschätzen von Abbauprozessen bzw. der Verstoffwechselung einer Fremdsubstanz.

Bei Verdacht auf angetragene Ejakulat-Flüssigkeit (Abb. 6.9) sollten Abstriche gefertigt werden. Die Technik der Abstrichnahme wird in Abb. 6.10 demonstriert.

> **Falls mehrere Tupfer aus einer präformierten Körperhöhle entnommen werden, immer der Reihe nach beschriften! Keinesfalls dürfen originäre Spurenträger verworfen werden!**

Die Untersuchung entnommener Abstriche kann zum Nachweis von Fremd-DNA bzw. von Spermien führen (Abb. 6.11), also Spermienköpfe mit und ohne Spermienschwänze. Auch der Nachweis sog. Stärkekörner von der Beschichtung eines Kondoms bei Kondombenutzung ist mikroskopisch möglich (Abb. 6.12). Zellen von der Außenseite eines Kondoms oder von Penisabstrichen können unter Umständen als vaginale Epithelzellen identifiziert und einer DNA-Analyse zugeführt werden (Abb. 6.13).

Spurenkundliche Untersuchungen mit Angaben zu Material und Lagerung bei gegebenem Verdacht auf ein Sexualdelikt, insbesondere auf eine Vergewaltigung, sind in Tab. 6.1 gelistet.

Mithilfe von Abstrichen sind Spermien nur für einen begrenzten Zeitraum nachweisbar: oral und anal u. U. nur wenige Minuten, vaginal bis zu ca. 2 Tage.

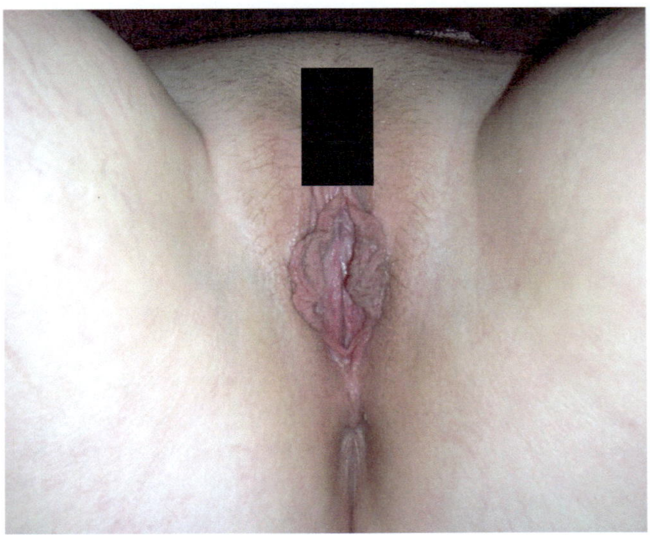

Abb. 6.9 Unverletztes äußeres weibliches Genitale einer erwachsenen Frau. Zwischen den kleinen Schamlippen, besonders auch in den hinteren Abschnitten Benetzung mit einer silbrig weißen, zäheren Flüssigkeit, solche auch hinter dem Scheideneingang. Verdacht auf Samenflüssigkeit (Ejakulat)

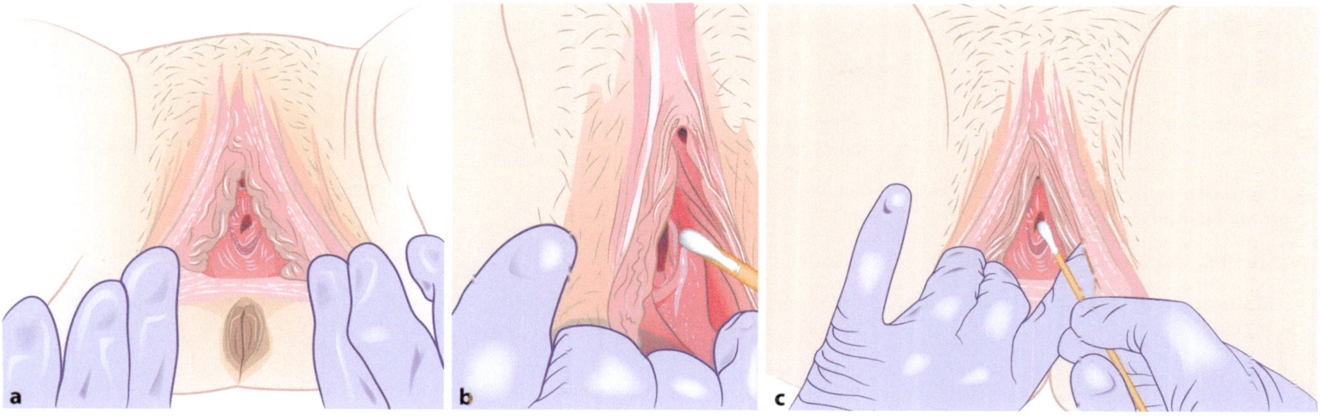

Abb. 6.10a–c Inspektion des äußeren weiblichen Genitale und Entnahme von Abstrichen mit angefeuchtetem Tupfer (phys. NaCl-Lösung, steriles Wasser oder notfalls auch Leitungswasser), wenn trockenes Material oder Material von empfindlichen Körperregionen (z. B. Rektalabstrich, Penisabstrich) entnommen wird (sonst trockener Tupfer) . Vorgehen von außen nach innen, immer unter Sicht zur Vermeidung von Materialverschleppung in die Tiefe der Körperöffnungen

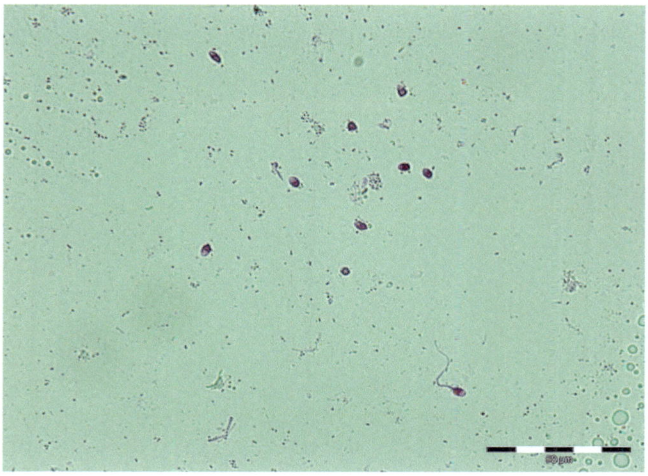

Abb. 6.11 Vaginalabstrich: zahlreiche locker verteilte Spermienköpfe, vereinzelt noch morphologisch intakte Spermien mit Spermienschwänzen

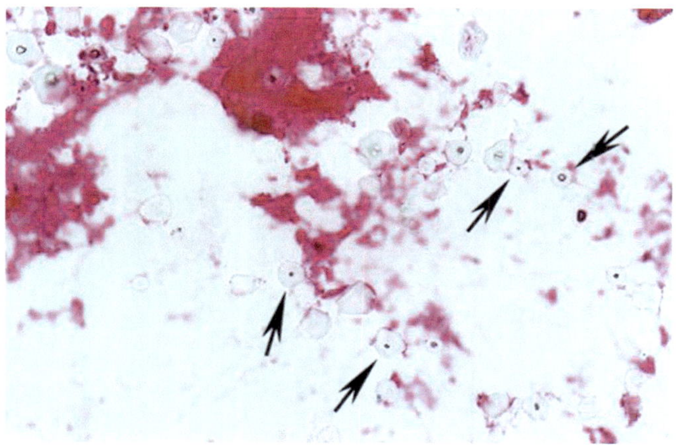

Abb. 6.12 Vaginalabstrich mit Nachweis sog. Stärkekörner (*Pfeile*) bei Geschlechtsverkehr mit Kondom. (Aus: Dettmeyer 2018)

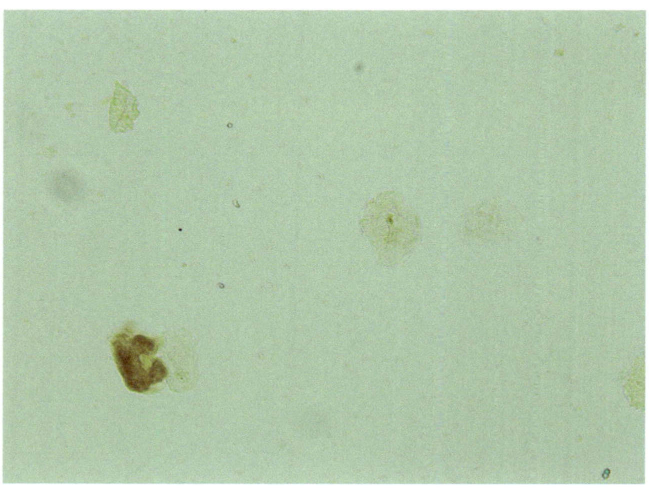

Abb. 6.13 Penisabstrich mit Verdacht auf anhaftende vaginale Epithelzelle, hier sog. schokoladenbraune Färbung mit Lugol'scher Lösung

Tab. 6.1 Spurenkundliche Untersuchungen nach einem Sexualdelikt (Vergewaltigung)

Material	Untersuchung auf	Asservierung
Kleidung (falls bei der Tat getragen)	Zerreißungen, Antragungen von Fremdmaterial (Blut, Sperma, Sekret)	Papiertüten, trocken; offene Plastiktüten bei feuchter Kleidung, besser Spezialtüten
Urinprobe (nicht zwingend Mittelstrahlurin) + Blutprobe (5 ml)	Alkohol, Drogen, Medikamente	Verschlossen, kühl
Speichel, evtl. Mundspülflüssigkeit	Sperma	Keine Zusätze, kühl
Abstriche: Haut, Mundschleimhaut, Vulva, Vagina	Speichel (vom Täter), Blut, Sperma, Gleitmittel	(Ggf. angefeuchteter) DNA-freier Wattetupfer, danach trocknen lassen; erst Vulva- dann Vaginalabstrich
Abstriche: Penis, perianal, anal, rektal	Speichel, Blut, Sperma, Vaginalepithelzellen, Gleitmittel	Ggf. feuchter Wattetupfer, danach trocknen lassen
Verklebte Haare: Kopf-, Rumpf-, Schamhaare	Sperma	Papiertüte
Lose Schamhaare, durch Kämmen gewonnene Schamhaare	Fremdhaare bzw. Identitätsdiagnostik	Papiertüte; Haare auf Kamm belassen; gesondert Vergleichshaare entnehmen
Fingernägel bzw. Material unter den Fingernägeln	Fremdmaterial (DNA) vom Täter	Papiertüte; für jeden Fingernagel eine eigene Tüte

Checkliste zum Vorgehen bei der Untersuchung verletzter Personen und bei der Spurensicherung

C. G. Birngruber, G. Lasczkowski, R. B. Dettmeyer, *Forensische Verletzungskunde*,
https://doi.org/10.1007/978-3-642-54279-4_7

Grundlagen

- **Wer:** Name, Alter, Geschlecht der untersuchten Person?
- **Wann:** Zeitpunkt/Zeitraum des Entstehens der Verletzungen?
- **Wo:** Ort/Orte an denen die Verletzung entstanden ist?
- **Wie:** Welches Geschehen wird mitgeteilt?
- **Warum:** Gibt es Angaben zum Grund bzw. zum Motiv der Beibringung von Verletzungen?
- **Wie viele:** Zahl der am Geschehen beteiligten Personen?
- **Wunden:** Welche Verletzungen sind vorhanden (Beschreibung)?

Dokumentation

- Chiffre bzw. Untersuchungsnummer
- Name der zu untersuchenden Person – Art der Identifikation (z. B. Vorlage eines Personalausweises, Aussage einer erwachsenen Begleitperson, eigene Angabe etc.)
- Ort, Datum und Uhrzeit der Untersuchung
- Name der untersuchenden Person
- Weitere anwesende Personen (Vertrauensperson, Amtsperson, Angehörige, Kinder, Dolmetscher, Pflegekraft etc.)
- Art der Dokumentation:
  - Vorgeschichte/Anamnese (empathisch, professionelle Distanz, keine Suggestivfragen, ggf. offene Fragen „Was ist passiert?“)
  - Dokumentation der Anamnese: stichwortartig, ggf. aber wörtliche Wiedergabe, falls von Relevanz für das Geschehen, die Verletzungen und/oder die Motivlage; wörtliche Wiedergabe der Angabe von Kindern, dazu kein eigener Kommentar gegenüber dem Kind
  - Alter, Geschlecht, Körpergröße, Körpergewicht (Konstitution)
  - Auftreten/psychischer Zustand (kurze Beschreibung)
  - Personenbezogene spezielle Angaben (Vorerkrankungen, Schwangerschaft, körperliche oder geistige Behinderungen)
  - Untersuchung aller Körperregionen mit Verletzungsbeschreibung – nur deskriptiv: Lokalisation/Größe/Form bzw. Morphologie/Farbe/Konsistenz/Tiefe/Randbegrenzung bzw. Randkonturen
  - Angaben zur Schmerzhaftigkeit von Verletzungen
  - Beschreibung von Spuren (z. B. Sekretspur, Erdantragungen etc.)
  - Diagnose – ggf. als Verdachtsdiagnose
  - Fotografische Dokumentation der Verletzungen (Übersicht, Detail – mit und ohne Maßstab; ggf. Beilegen einer Farbskala; bevorzugt digital gespeicherte Bilder)
  - Name der Bilddatei, Zahl der Bilder
  - Schemata mit eingezeichneten Verletzungen (Muster: siehe Anhang)
  - Sicherung der Spur mit Angabe der Art der Sicherung (z. B. Abstrich)
  - Gegebenenfalls: Veranlassung weiterer Diagnostik, Empfehlung weiterer Untersuchungen, Wiedervorstellungstermin
  - Gegebenenfalls: Vermittlung an eine unterstützende Institution (Klinik, Praxis, Heim, Frauenhaus, Beratungsstelle, Jugendamt usw.)

Asservierung

- Angabe von Zahl und Art der Asservate
- Beschriftung der Asservate (Art, Untersuchungsnummer)
- Entnahmeort
- Entnahmezeit
- entnehmende Person
- Versiegelung + Beschriftung des Behältnisses
- Lagerung: Trocken, kühl, dunkel. Sicher vor unautorisiertem Zugriff
- Bei Abholung: Übergabeprotokoll („Chain of custody“)

Beurteilung

Hier erfolgen Angaben zur Bedeutung der bei der körperlichen Untersuchung gefundenen und dokumentierten Verletzungen (z. B. Griffspuren, Schlagverletzung, Sturzverletzung, Verbrühung etc.). Zurückhaltend sind Aussagen zu rekonstruktiven Überlegungen möglich (z. B. mindestens 4 Stiche mit Abwehrverletzungen und mindestens eine Sturzverletzung). Die Zuverlässigkeit der Interpretation von Verletzungen hängt nicht nur allein von den Ergebnissen der körperlichen Untersuchung ab, hier müssen und dürfen weitere Informationen einbezogen werden (Zustand und Beschädigungen der Kleidung, Zeugenaussagen, Aufzeichnungen einer Videokamera etc.). Auch die Ergebnisse späterer spurenkundlicher Untersuchungen können bedeutsam sein.

Hinweis Im Einzelfall kann rechtsmedizinischer Rat eingeholt werden bei dem regional zuständigen Institut für Rechtsmedizin. Verletzungsbeschreibungen, Abbildungen und teilweise auch Asservate können mit Einverständnis der untersuchten Person ggf. der Rechtsmedizin vertraulich zur Stellungnahme und Untersuchung überlassen werden (siehe die entsprechenden Dokumentationsformulare im Anhang am Beispiel des Forensischen Konsils Gießen.

Spezieller Teil I – Verletzungsarten

Aus der Betrachtung unterschiedlicher Verletzungen erfolgte die Unterscheidung von Verletzungen als geschlossene oder offene Verletzungen und ihre Charakterisierung als Folge stumpfer Gewalt, scharfer Gewalt, halbscharfer Gewalt, thermischer oder elektrothermischer Einwirkungen oder Verletzungen durch Schuss. Hinzu kommen spezielle Gewaltformen, z. B. Verletzungen durch Säuren und Laugen.

Verletzungen als Folge stumpfer Gewalt

C. G. Birngruber, G. Laszczkowski, R. B. Dettmeyer, *Forensische Verletzungskunde*,
https://doi.org/10.1007/978-3-642-54279-4_8

Stumpfe Gewalt bedeutet, dass durch das Auftreffen stumpfer Gegenstände/Flächen auf den Körper oder des Körpers auf stumpfe Gegenstände/Flächen Verletzungen verursacht werden.

Je nach Lokalisation am Körper, Art und Form des stumpfen Gegenstandes mit Flächen und Kanten, Auftreffgeschwindigkeit und -winkel resultieren teils geschlossene, teils offene Verletzungen der Haut, des Unterhautweichteilgewebes und der Knochen, mit und ohne Eröffnung von Körperhöhlen (Kopf-, Brust- und Bauchhöhle) sowie Gelenkhöhlen. Darüber hinaus hängt die Morphologie einer Verletzung von weiteren Faktoren ab, z. B. von der Art und Dicke der Bekleidung sowie von der Dicke des Unterhautweichteilgewebes bis zum tiefer gelegenen Knochen. So werden im Einzelfall für rekonstruktive Zwecke Angaben benötigt zur Bekleidung (intakt, geordnet, beschädigt; ein-, zwei- oder dreilagig), zur Art der Bekleidung (z. B. dünnes Hemd oder Lederjacke). Auch Textilgewebsbeschädigungen bzw. Beschädigungen der Kleidung (z. B. Nahteinrisse, Knopflochausrisse, Durchtrennungen etc.) können für Aussagen zu einem möglichen verursachenden Tatgeschehen von Bedeutung sein.

Offene und geschlossene Verletzungen: Eine anerkannte Abgrenzung der geschlossenen Verletzung gegenüber der offenen Verletzung gibt es nicht. Man wird von offenen Verletzungen sprechen können, wenn nicht nur die Oberhaut (Epidermis), sondern auch die darunterliegende Lederhaut (Korium) durchtrennt und das Unterhautfettgewebe (subkutanes Fettgewebe) verletzungsbedingt erreicht wurde.

Für die Beschreibung von Verletzungen nach stumpfer Gewalt werden unterschiedliche und häufig nicht klar definierte Begriffe verwendet. Nachfolgend gelten die in ◘ Tab. 8.1 genannten Beschreibungen.

8.1 Geschlossene Verletzungen nach stumpfer Gewalt

Die Einwirkung stumpfer Gewalt kann zu Verletzungen im Hautniveau führen und zu tiefer gelegenen Verletzungen, bei denen die darübergelegene Haut intakt bleibt = geschlossene Verletzungen.

◘ **Tab. 8.1** Verwendete Begriffe zur Beschreibung von Verletzungen nach stumpfer Gewalt. (Modifiziert nach Dettmeyer et al. 2019)

Begriff	Verletzung
Hautrötung (Hyperämie)	Immer temporär bei intakter Haut, am Rande einer tiefer reichenden Hautverletzung als reaktive Hautrötung
Anämische oder hypämische Spur	Die Oberhaut bleibt intakt, eine Abblassung kann länger bestehen (sog. anämische Aufschlagspur), z. B. nach Aufschlagen auf Wasser
Oberhautablösung (Hautabschilferung)	Abtrennung nur der Epidermis (Oberhaut), häufig mit einer sog. Hautfähnchenbildung verbunden, bei tangential einwirkender Gewalt
Intrakutane Hämatome („Suggillationen")	Blutung im Hautniveau mit Dehnung und Zerreißung kapillärer Blutgefäße in der oberen Lederhaut; Blutungen im Hautniveau können die Form des einwirkenden stumpfen Gegenstandes abbilden (sog. konturierte Einblutung bzw. geformte oder profilierte Marke)
Hautablederung (Hautabscherung; Hautabschälung)	Ablösung der Haut in Höhe der Lederhaut vom Unterhautfettgewebe (subkutanem Fettgewebe)
Schürfwunde	Bei tangentialer Einwirkung der Gewalt; auch bei rauer Oberfläche und schrägem Auftreffen oder stempelartigem Druck direkt auf die Haut oder bei dünner Bekleidung; Schürfwunden können auch an den Wundrändern von Quetsch-Riss-Wunden auftreten
Dehnungsrisse	Einrisse der Haut (Epidermis und/oder Korium) nach Dehnung bzw. Zerrung; bevorzugt über Knochenvorsprüngen. Auch weiter entfernt von der eigentlichen Traumalokalisation möglich, z. B. in den Leistenregionen
Quetsch-Riss-Wunde	Gewalteinwirkung v. a. über dem knöchernen Schädeldach und über Knochenvorsprüngen des Gesichtsschädels oder der Extremitäten: Knochen fungieren als Widerlager, gleichzeitiges Quetschen und Verschieben der Haut bis zu deren Einreißen. Form und Ausgestaltung einer Quetsch-Riss-Wunde werden bestimmt durch die Größe der Auftrefffläche und die Richtung der einwirkenden Gewalt (Quetsch-Riss-Wunden werden im Klinikalltag häufig als „Platzwunden" bezeichnet)
Hämatom in tieferen Geweben (je nach Alter mit unterschiedlicher Farbgebung)	Gewalt in meist orthogonaler Richtung zur Haut auftreffend: Dehnung und Zerreißung von Blutgefäßen, die Blutung kann sich nach der Verletzungsentstehung im Gewebe ausbreiten, aber auch der Schwerkraft folgend „absenken" unter der intakten Haut (z. B. von der Augenbraue in das Unterhautweichteilgewebe des Augenoberlides); es kann sich eine Schwellung darstellen, gelegentlich wird das Wort „Prellung" benutzt
Décollement	Erhebliche tangential wirkende Gewalt mit Verschiebung der intakt bleibenden Haut gegen das Unterhautweichteilgewebe bzw. gegen Knochen: Zerreißung von Blutgefäßen und Blutung, teilweise mit Höhlenbildung, sekundär ist eine große Blutungshöhle im Unterhautweichteilgewebe möglich, auch kann das Unterhautfettgewebe erheblich gequetscht werden, was eine Fettembolie begünstigen kann

Schwellungen

Der Begriff „Schwellung" meint eine prominente Vorwölbung über das vorherige Hautniveau mit einer Einlagerung von Flüssigkeit oder einer Blutung im oberen oder tieferen Unterhautweichteilgewebe. Gelegentlich wird auch der Ausdruck „Prellung" oder „Prellmarke" benutzt. Schwellungen können derb sein, prall-elastisch, teigig, weich oder auch fluktuierend. Vor allem Schwellungen mit einer Blutung unter der intakten Haut zeigen eine Verfärbung, abhängig von der Beschaffenheit der Haut, der Dicke der Blutung und dem Blutungsalter. Farblose Schwellungen kommen vor, z. B. über (kleinen) Tumoren der Kopfhaut (häufig sog. Atherome) oder als Folge einer Blutung in der Tiefe in Umgebung einer Fraktur. So können Frakturen der großen Röhrenknochen (Oberschenkel-, Oberarm-, Unterschenkel- und Unterarmknochen) mit frakturumgebender Blutung zu farblosen Schwellungen führen, im Regelfall jedoch dann mit deutlicher Schmerzreaktion auf Druck und Bewegung.

Verletzungen im Hautniveau

Im Hautniveau gelegene Verletzungen können sich darstellen als

- Ablösung der Oberhaut, u. U. mit sog. Hautfähnchenbildung (Abb. 8.1) und
- als intrakutane Einblutungen (sog. „Suggillationen"; Abb. 8.2 und 8.3)

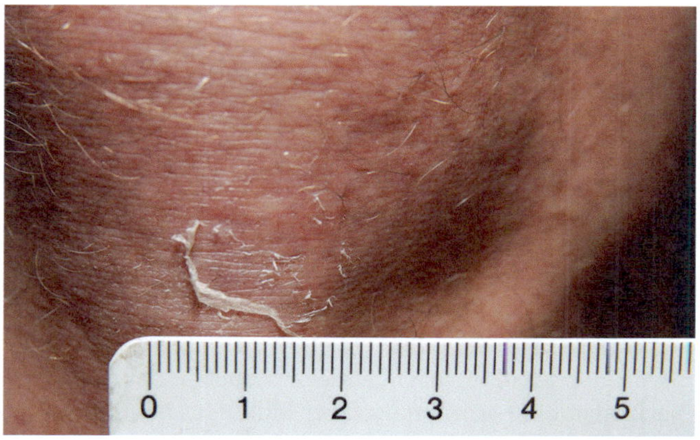

Abb. 8.1 **Befund:** Feine, 1,8 cm in Beinquerrichtung messende Oberhautablösung streckseitig über dem Kniegelenk, mit nach fußwärts umklappbarem Hautfähnchen

Diagnose: Oberhautabschilferung streckseitig über dem Kniegelenk mit Abschilferungsrichtung von oben nach unten, passend zur mitgeteilten Anamnese

Anamnese: Sturz auf die Knie

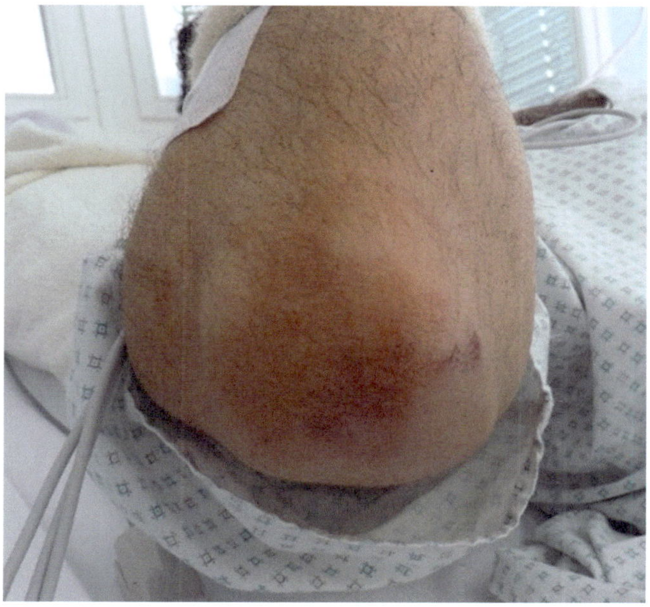

Abb. 8.2 **Befund:** Grobfleckige blass rotbraune Verfärbung der Haut über dem rechten Ellenbogengelenk mit randständig leicht ockergelber Verfärbung und ohne begleitende Schwellung

Diagnose: Grobfleckige, nicht mehr ganz frische intrakutane Blutung über dem Ellenbogen, vereinbar mit einem Sturzgeschehen

Anamnese: Sturz auf das rechte Ellenbogengelenk

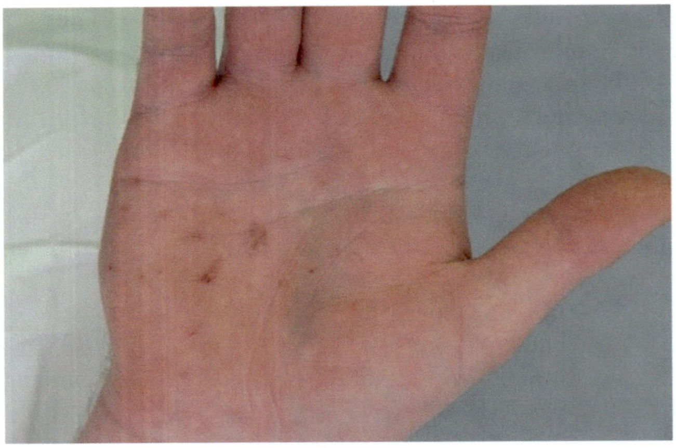

■ **Abb. 8.3** **Befund:** Handinnenfläche, jeweils mit diffus verteilten fein- und grobfleckigen, überwiegend blass rotbraunen Hautverfärbungen und winzigen Oberhautablösungen

Diagnose: Feine Hämatome und feine Oberhautablösungen der Handinnenfläche, vereinbar mit sog. Abstützverletzungen

Anamnese: Sturz und „Abfangen" mit den Händen bei unebenem Boden

Die unterhalb der Oberhaut, also unterhalb der Epidermis gelegenen Verletzungen des Weichteilgewebes und tiefer gelegener Strukturen können einhergehen mit einer Blutung in das Unterhautweichteilgewebe mit reaktiver Schwellung (Weichteilhämatom) unterschiedlicher Intensität.

Isolierte Einblutungen in die Haut, also intrakutane Blutungen, werden als „Suggillationen" bezeichnet und können uncharakteristisch oder geformt sein bzw. ein Muster reflektieren. So finden sich z. B. sog. Doppelstriemen bei einem Schlag mit einem länglichen Gegenstand (■ Abb. 8.4 und 8.5), streifige Hautrötungen beim Schlag mit der flachen Hand (■ Abb. 8.6) oder es wird der Abdruck eines geformten Schmuckstückes sichtbar (■ Abb. 8.7).

Vor allem bei der Gewalt gegen den Hals kommt es gelegentlich vor, dass die getragene Kleidung der Kragenregion gepackt und gedreht (verdrillt, torquiert) bzw. als Drosselwerkzeug eingesetzt wird. Dabei kann sich die Textur der getragenen Kleidung nach heftigem Druck in der Hals- bzw. Nackenhaut in Form intrakutaner Blutungen abbilden.

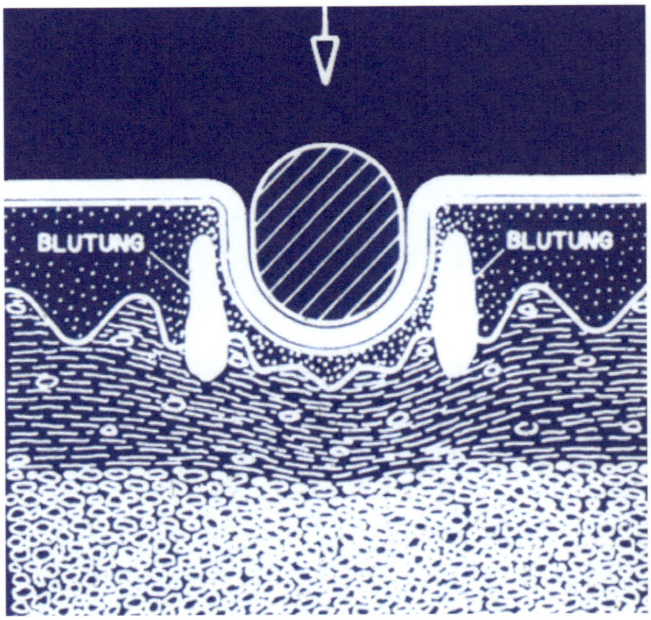

■ **Abb. 8.4** Entstehungsmechanismus sog. Doppelstriemen: Jenseits der Auftrefffläche kommt es im Hautniveau und im unmittelbar angrenzenden Unterhautweichteilgewebe zu Einrissen kapillärer Blutgefäße mit der Folge zweier parallelstreifiger Blutungen. (Modifiziert nach Dettmeyer et al. 2019)

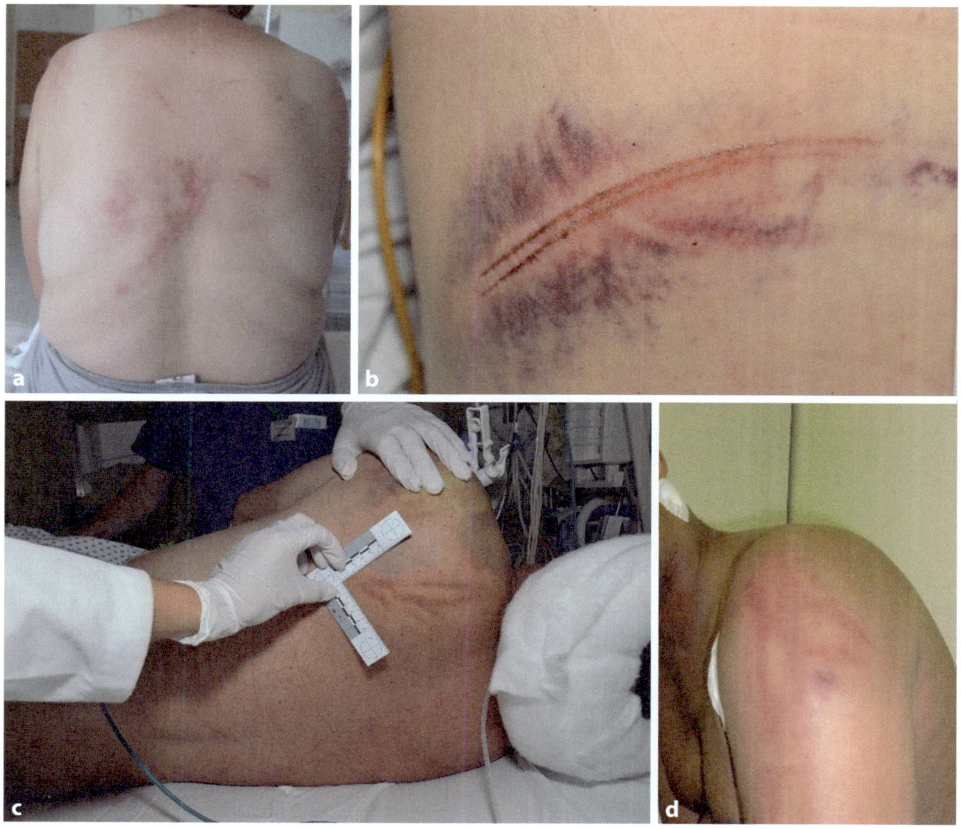

Abb. 8.5a–d **Befunde:** **a** Beidseits der Körpermittellinie angeordnete teils diffuse, teils streifige Rötungen der Rückenhaut in Höhe der mittleren bis unteren Brustwirbelsäule, darin von außen unten nach mittig oben orientierte streifige Hautrötungen mit dazwischen liegender Abblassung. **b** Parallelstreifige Hautschürfungen mit zentraler Aussparung und ober- sowie unterhalb davon gelegener fleckiger Blaulividverfärbung, darin ebenfalls parallelstreifige Aufhellungen. **c** In der oberen linksseitigen Rückenhaut finden sich parallelstreifige Hauteinblutungen mit dazwischenliegender Aufhellung in V-förmiger Konfiguration. **d** Außenseitig über dem linken Schultergelenk und mit Ausdehnung auf die Außenseite des oberen Drittels des linken Oberarmes parallelstreifige, etwas verwaschene Hautrötungen mit zentraler Aufhellung.

Diagnosen: Parallelstreifige Einblutungen und Hautschürfungen der Rückenhaut bzw. Oberarmhaut im Sinne sog. Doppelstriemen.

Anamnese: Jeweils Schläge auf die Rückenhaut, mindestens 1 Mal mit einem länglichen (Schlag-)Gegenstand, in **c** und **d** mit einem Baseballschläger als Schlagwerkzeug

8

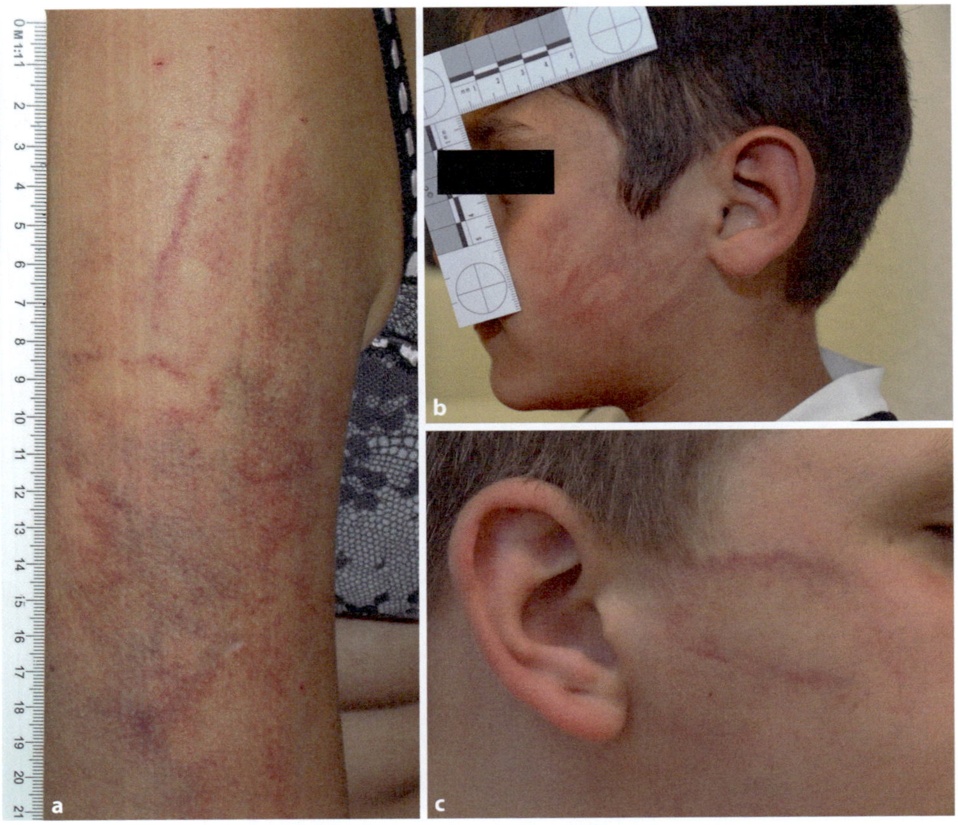

Abb. 8.6a–c **Befunde:** **a** Flächenhaft-streifige Blaulividverfärbung der Haut des rechten Oberarmes mit kopfwärts sichtbaren, parallelstreifigen Aufhellungen in gleichmäßiger Anordnung. **b** Streifige Rötungen der linksseitigen Wangenhaut mit dazwischenliegenden Aufhellungen, von oben hinten nach unten vorne verlaufend. **c** Zwischen rechtem Ohr und rechtem Auge, teilweise in Projektion auf den Jochbogen gelegene, streifige Hautrötungen: angedeutet querstreifig-paralleler Verlauf mit dazwischen liegender unauffälliger Haut, Abstand zueinander etwa 2 cm. Zwischen den Enden der beiden streifigen Hautveränderungen diskrete feinfleckige Hautrötungen (Untersuchung 1 Tag nach dem Vorfall).

Diagnose: **a** und **b** jeweils konturiertes Hämatom (= profilierte Marke) nach Schlag mit der flachen Hand mit streifigen Fingerabdruckkonturen; **c** eher Schlag mit einem breiteren Schlagwerkzeug (Gürtel mit Profil?).

Anamnese: **a** und **b** Jeweils heftiger Schlag mit der flachen Hand gegen den rechten Oberarm bzw. gegen die linke Wange; **c** Schlag mit unbekanntem Schlagwerkzeug

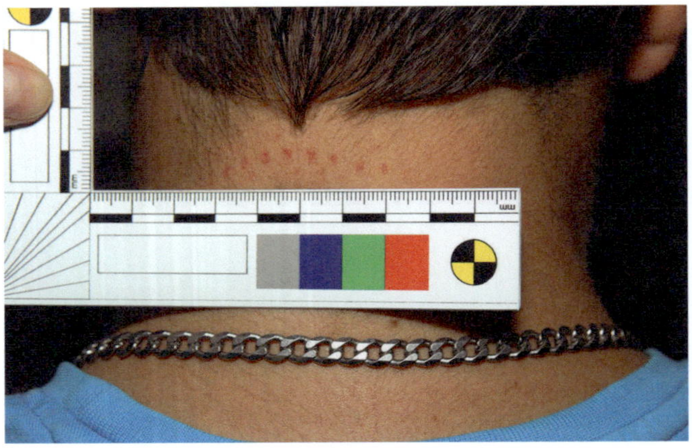

Abb. 8.7 **Befund:** In der Nackenhaut, unmittelbar unterhalb der Haaransatzgrenze sind nebeneinander neun einzelne, feine, bis 0,2 cm durchmessende Hautrötungen zu sehen. Sie sind scharf begrenzt, leicht quer-bogenförmig in einer 4,5 cm langen Linie angeordnet und in regelmäßigen Abständen zueinander gelegen

Diagnose: Linienartig angeordnete, geformte Einblutungen der Nackenhaut (intrakutane „Suggillationen"), wie Negativabdruck einer feingliedrigen Halskette

Anamnese: Zug nach vorne an der zum Verletzungszeitpunkt (zwei Tage zuvor) und zum Untersuchungszeitpunkt getragenen Halskette

Auch nach Schlägen mit z. B. der Schlagfläche eines Hammers (◘ Abb. 8.8) können entsprechende Abdruckkonturen entstehen, verbunden mit Hautunterblutungen, die anschließend einseitig „absacken" können. Je nach Intensität und Auftreffwinkel kann es bei geschlossenen Verletzungen bleiben, insbesondere beim Auftreffen mit der Kante eines Hammers ergeben sich jedoch häufig offene Verletzungen, die sich als Quetsch-Riss-Wunden darstellen, v. a. wenn ein knöchernes Widerlager gegeben ist. Andere Hämatome können je nach Lokalisation an bestimmte Tathandlungen denken lassen,

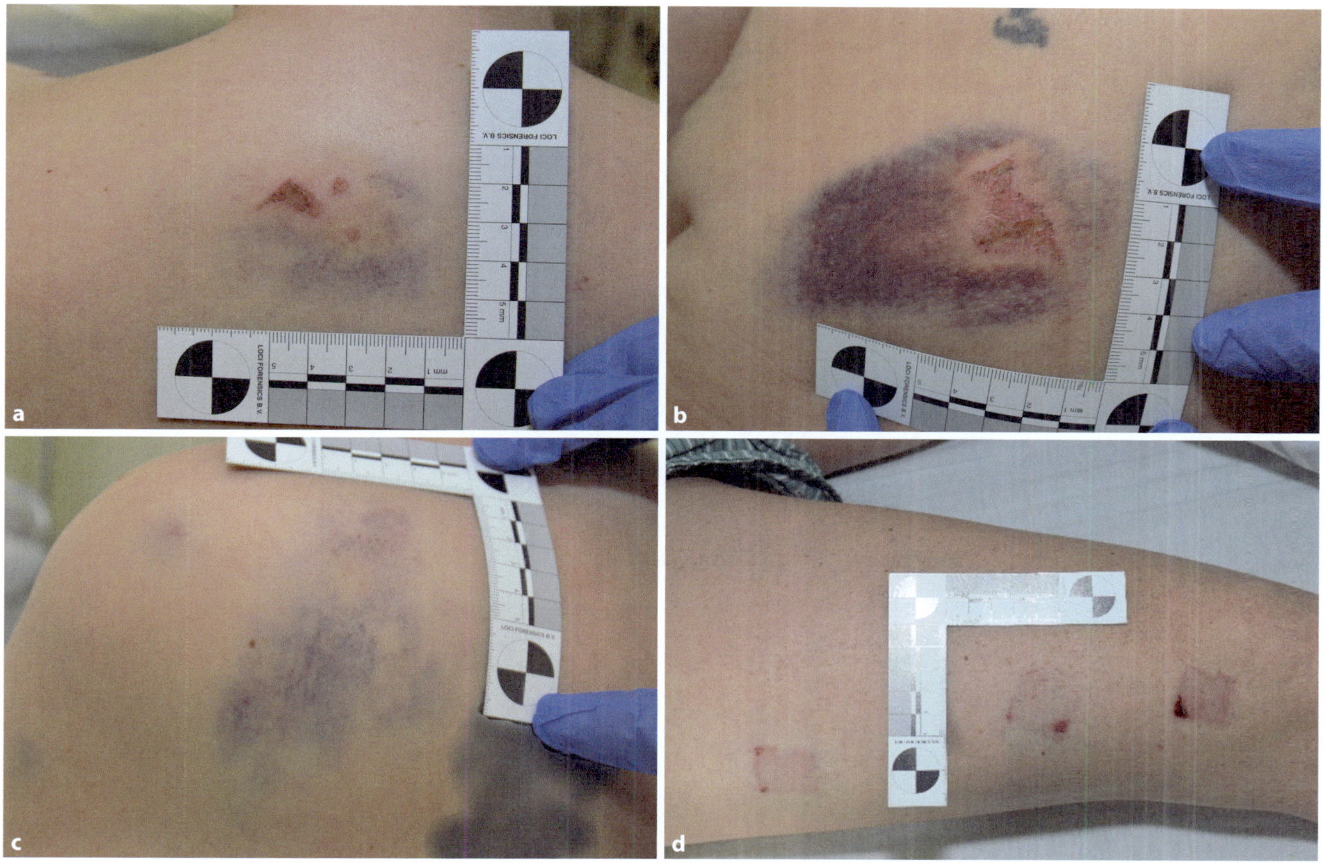

◘ **Abb. 8.8a–d** **Befunde:** **a** In der oberen Rückenhaut in der KML eine assoziativ rechteckig imponierende Blaulividverfärbung mit zentraler ebenfalls rechteckig anmutender Aufhellung. Am linksseitigen Oberrand eine rechtwinklige rotbraune Hautschürfung. **b** Mehr rechteckige bis ovale Blaulividverfärbung der Haut, darin eine grobstreifige Hautschürfung und Rötung, umgeben von einer unverfärbten Hautzone. **c** In Projektion auf das linke Schulterblatt in der Rückenhaut eine flächenhafte, etwas unscharf begrenzte Blaulividverfärbung, zur KML hin mit mehreren grobfleckigen Aufhellungen. **d** Rechteckig bis quadratisch geformte und randständig teilweise betonte Hautrötung bei weitgehend intakter Haut

Diagnosen: Geformte, eckige bis leicht ovale Hämatome mit zentraler leicht eckig wirkender Aufhellung, einmal mit rechtwinkliger Hautschürfung, einmal (**d**) mit quadratischem Muster – insgesamt sprechen die Verletzungen für die Verwendung eines stumpfen Gegenstandes, hier für einen Hammer als Schlagwerkzeug

Anamnese: Schläge mit einem Hammer im Rahmen einer körperlichen Auseinandersetzung. Zu Abb. **a–c**: Tatgeschehen ca. 2 Tage zuvor, offenbar seither teilweises „Absacken" der Unterhautblutungen entsprechend der Schwerkraft. Zu **d**: am ehesten orthogonales Auftreffen des Schlagwerkzeuges mit einem Winkel um 90°

z. B. Ziehen oder Reißen am Ohr oder Schlag auf das Ohr (◘ Abb. 8.9 und 8.10). Schläge auf die Lippen bzw. auf die Mundregion können zu Unterblutungen der Schleimhaut des Mundvorhofes oder zu umbluteten Zahnhälsen führen (◘ Abb. 8.11).

Ein Monokel- oder Brillenhämatom findet sich in der Praxis am häufigsten als Folge einer von vorne auf das Auge bzw. die Augen einwirkenden Gewalt (z. B. Faustschlag; ◘ Abb. 8.12 ◘ Abb. 8.13). Im Einzelfall ist aber auch eine sturzbedingte Verletzung der Augenbraue möglich mit späterem „Absacken" einer verletzungsbedingten Blutung in das Unterhautweichteilgewebe v. a. der Augenoberlider, teilweise der Augenunterlider, sodass sich ebenfalls das Bild eines (häufiger inkompletten) Monokel- oder Brillenhämatoms ergibt. Schließlich muss bei einem Sturz auf den Hinterkopf mit dort anzutreffender Verletzung (Schwellung und/oder Quetsch-Riss-Wunde, evtl. Fraktur des Schädelknochens) an eine sturzbedingte Druckveränderung im Schädelinneren gedacht werden mit dadurch verursachter feiner Fraktur eines oder beider knöcherner Augenhöhlendächer. [*Fortsetzung auf S. 58*]

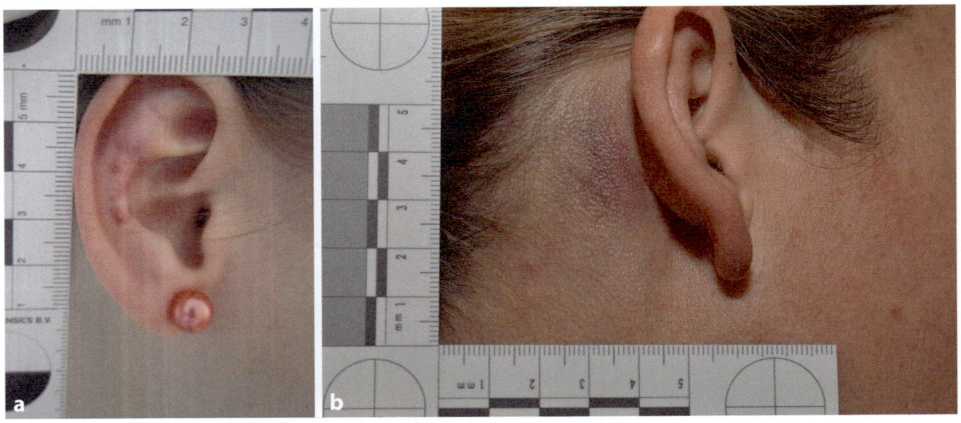

◘ **Abb. 8.9a,b** **Befunde:** **a** Ohrmuschelvorderseite, im mittleren Drittel mit fein- und grobfleckigen Hautrötungen. **b** Ca. 2,5 cm hohe und 2 cm breite rotblaue Hautverfärbung, scharf begrenzt, hinter dem rechten Ohr in Höhe des mittleren Drittels der Ohrmuschel

Diagnosen: **a** Fleckige Hauteinblutungen der Ohrmuschelvorderseite und **b** frischer erscheinendes Hämatom in der Kopfhaut hinter dem rechten Ohr

Anamnese: **a** Festes Zupackens mit dem Daumen an der Ohrrückseite und Fingern an der Ohrmuschelvorderseite. **b** Faustschlag gegen die rechte Hinterohrregion

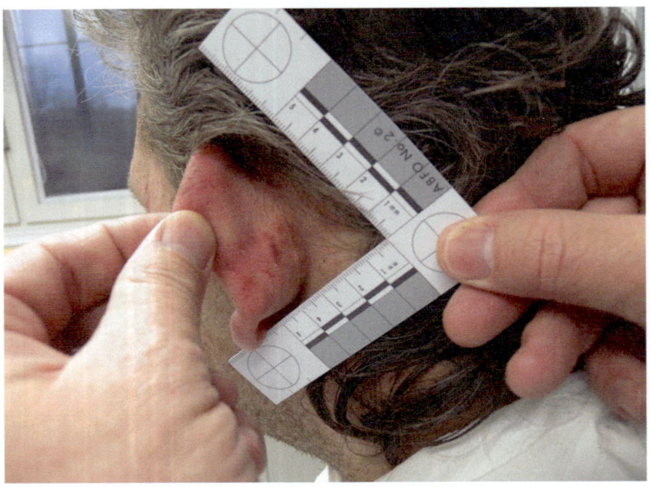

◘ **Abb. 8.10** **Befund:** Rotblaue, streifige und kleinfleckige Hautverfärbungen an der Rückseite des linken Ohrs. Diskrete Oberhautschürfungen

Diagnose: Uncharakteristische streifige Unterblutungen der rückseitigen Ohrhaut links in Höhe des mittleren Ohrmuscheldrittels mit diskreten Oberhautschürfungen

Anamnese: Körperliche Auseinandersetzung mit Reißen am Ohr. Untersuchung etwa 12 h nach dem Vorfall

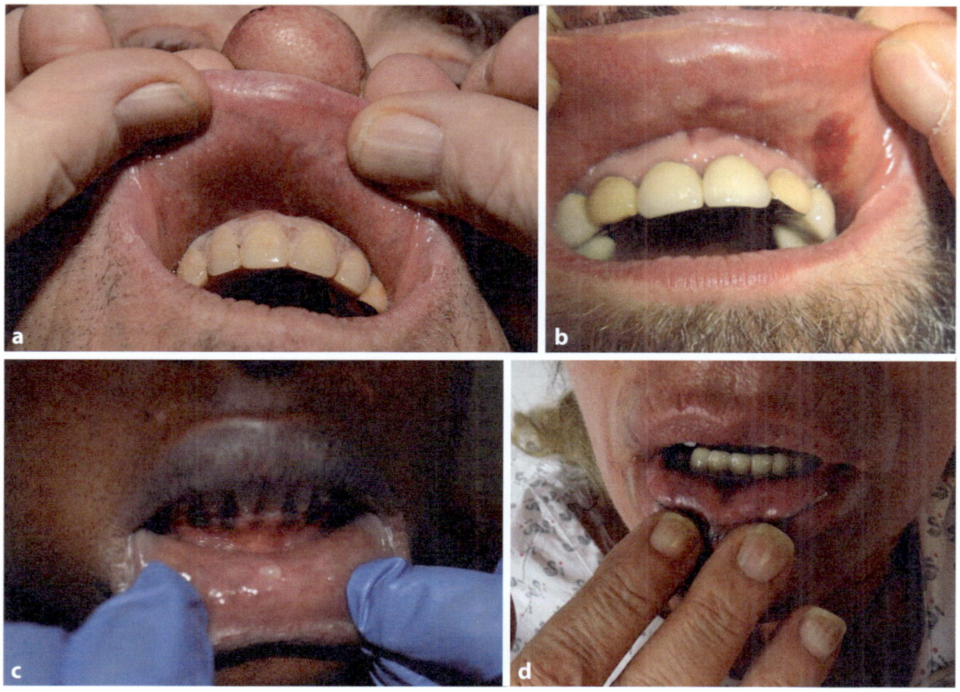

Abb. 8.11a–d **Befunde:** **a** Kleinflächige Rotverfärbung der Schleimhaut des Mundvorhofes an der Oberlippe mit umgebender vermehrter Gefäßzeichnung. Lage etwa in Projektion auf die Zähne 11, 12 und 21 nahe der Umschlagsfalte. Intakte Oberkieferprothese. **b** In Projektion auf den Zahn 23 eine eher längsstreifige rotbraune Unterblutung der Schleimhaut des Mundvorhofes. **c** In Projektion auf die Zahnhälse der Zähne im Frontzahnbereich jeweils lokalisierte schwarzrote Unterblutungen der Mundvorhofschleimhaut. **d** Teils streifige, schwarzrote Unterblutung in Höhe der Zahnhälse des Unterkiefers im Frontzahnbereich beidseits der KML, in der KML eine in Längsrichtung gestellte Unterblutung der Schleimhaut des Mundvorhofes

Diagnosen: **a** und **b** Mundschleimhautunterblutungen im Sinne sog. Zahnabdruckkonturen mit den Zähnen als Widerlager **c** und **d** Umblutete Zahnhälse der Frontzähne des Unterkiefers, in **d** mit singulärer Zahnabdruckkontur

Anamnese: Jeweils Schlag mit der Faust gegen die Oberlippe bzw. Unterlippe bei tätlicher Auseinandersetzung

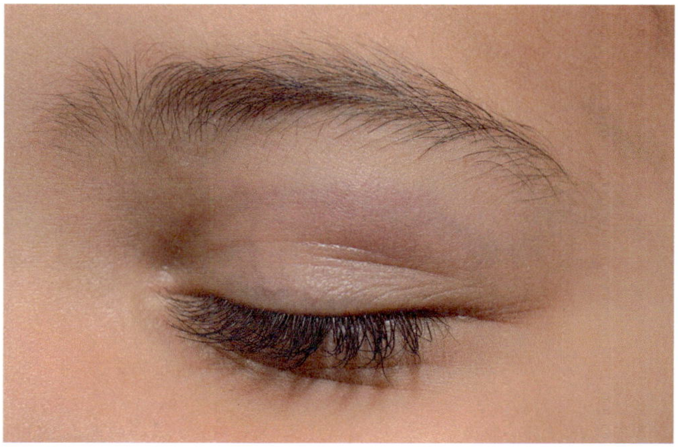

Abb. 8.12 **Befund:** Diskrete Schwellung und diskrete rotblaue Verfärbung der Haut des linken Augenoberlids. Keine penetrierende Verletzung der Oberhaut. Keine weiteren Verletzungen

Diagnose: Frischer erscheinendes, diskretes Oberlidhämatom links

Anamnese: Das 5 Jahre alte Kind sei am Vortag beim Spielen gegen die abgerundete Ecke eines aufgeklappten Wäscheständers gelaufen

Auch in diesem Fall kommt es zu einem Monokel- oder Brillenhämatom (◘ Abb. 8.14 und 8.15). Bei den beiden zuletzt genannten Varianten finden sich jedoch im Regelfall keine begleitenden Verletzungen der Lider, v. a. finden sich keine Durchtrennungen der Lidhäute selbst oder in der unmittelbarer Nachbarschaft. Deren Oberfläche ist häufig schwellungsbedingt gespannt, glatt und intakt. Bei Monokel- und/oder Brillenhämatomen als Folge einer Gewalt von vorne muss somit auf begleitende Verletzungen geachtet werden, vor allem auf oberflächliche Verletzungen der Lidhäute oder der Haut über den Jochbögen, Schwellung des benachbarten Nasenflügels, eine Nasenbeinfraktur oder eine Fraktur der knöchernen Augenhöhle.

Sowohl Einblutungen im Hautniveau als auch unter der Haut gelegene Blutungen (Hämatome) können das Profil, die Form bzw. Konturen des aufgetroffenen Gegenstandes abbilden. Finden sich derartige „konturierte" Hämatome, so kommt einer fotografischen Dokumentation mit Maßstab besondere Bedeutung zu, um die Verletzung ggf. einem konkreten Gegenstand zuordnen zu können. Konturierte Verletzungen, die das Profil eines Gegenstandes abbilden, werden auch als „geformte", „profilierte" oder „konturierte" Marken bezeichnet (◘ Abb. 8.16 und 8.17).

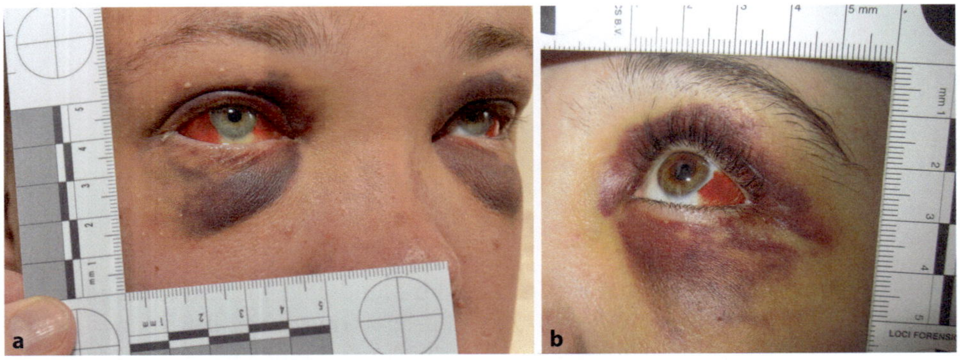

◘ **Abb. 8.13a,b** **Befunde:** **a** Schwellung und kräftige, dunkelrotblaue am Rande verwaschene und leicht ockerfarbene Verfärbung beider Augenober- und -unterlider. Teils Aussparung der seitlichen Anteile. Leicht unscharfe Begrenzung, die Randbereiche gelbbraun. **b** Umblutung des linken Auges mit blau-livider Verfärbung der Haut des Augenober- und Augenunterlides sowie randständig ein buntes Bild mit ocker-gelb-grüner Verfärbung; grobfleckige Einblutung im sog. Augenweiß

Diagnose: Nicht mehr frisches inkomplettes bzw. komplettes sog. Brillenhämatom (**a**) bzw. Monokelhämatom (**b**)

Anamnese: Jeweils Faustschläge auf die Augen/das Auge ca. 3 Tage zuvor

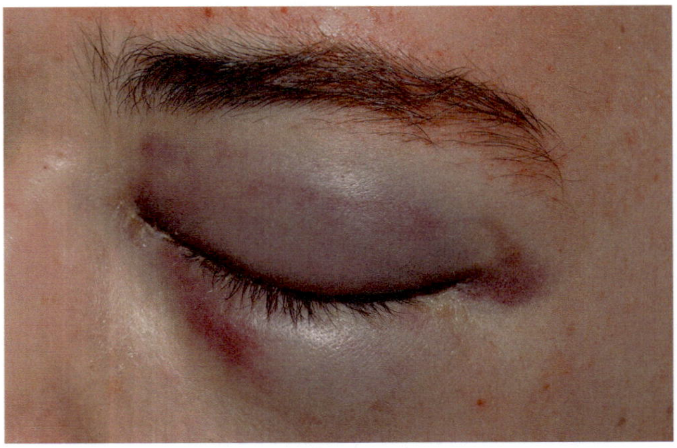

◘ **Abb. 8.14** **Befund:** Deutliche Schwellung des linken Augenober- und Augenunterlids mit flächiger rotblauer Hautverfärbung

Diagnose: Frischeres Monokelhämatom links

Anamnese: Junger Mann, Sturz in alkoholisiertem Zustand auf die linke Schädelseite

Radiologisch: Schädelfraktur mit Frakturausläufern in das linke Augenhöhlendach. Nachfolgende Einblutung in das Unterhautweichteilgewebe des linken Augenober- und Augenunterlides

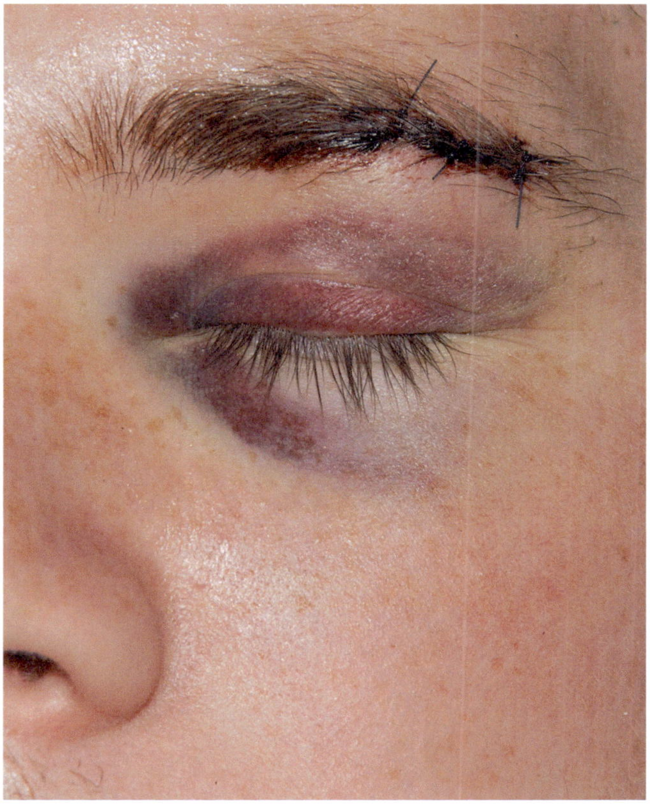

Abb. 8.15 **Befund:** Gut demarkierte, blaulivide Verfärbung und leichte Schwellung der Haut des linken Augenober- und Augenunterlides. Querverlaufende, jetzt chirurgisch versorgte Wunde (präoperativ: Quetsch-Riss-Wunde) im mittleren und äußeren Drittel der linken Augenbraue

Diagnose: Monokelhämatom links mit Quetsch-Riss-Wunde im Verlauf der linken Augenbraue

Anamnese: Berichteter Faustschlag auf das linke Auge und anschließend Sturz auf die linke Gesichtshälfte mit Verletzung der linken Augenbraue

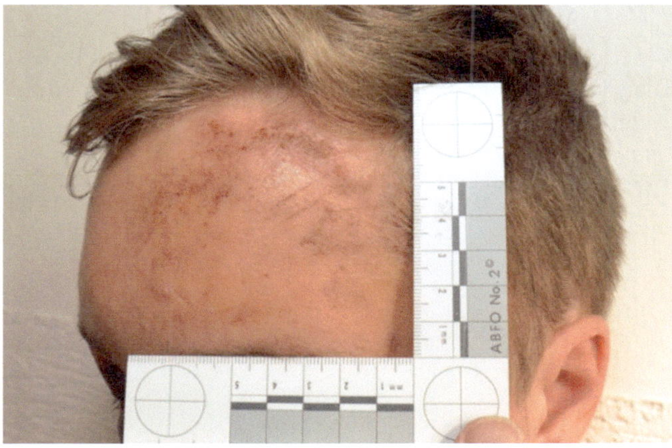

Abb. 8.16 **Befund:** Mit winzigen orangefarbenen Krusten belegte, fleckige rotbraune Verfärbungen der linken Stirnhaut. Teils grobstreifige und teils feinstreifige, kratzerartige Hautverletzungen, teils parallel zueinander verlaufend. Zur Stirnmitte hin streifig-geformt erscheinende Hautrötungen

Diagnose: Streifig-geformte und ungeformte Schürfungsverletzungen der Stirnhaut mit konturiert erscheinenden Hauteinblutungen („profilierte Marke"). Allenfalls assoziativ an ein Schuhprofil erinnernd

Anamnese: Schläge und Tritte, u. a. gegen den Kopf. Untersuchung drei Tage nach körperlicher Auseinandersetzung

Musterartig angeordnete hell- oder dunkelrote intrakutane Blutungen werden als Negativabdruck u. a. bei Schlägen gefunden, aber auch bei Tritten mit profilierten Schuhsohlen. Im Moment des Zutretens wird die Haut in die schmalen Vertiefungen des Profils der Schuhsohle gepresst, was bei ausreichend hohem Anpressdruck zu Hauteinblutungen führt. Prominent hervorstehende Partien der Schuhsohle mit kantigen Begrenzungen können als Positivabdruck zu geformten Hautschürfungen führen (sog. „pattern abrasions"), vor allem bei annähernd orthogonalem Auftreffen. Idealerweise steht ein in Betracht kommender Schuh mit Vergleichssohle zur Verfügung. Gelegentlich ist ein Schuhprofilabdruck so deutlich, dass anhand des Abdrucks nach einer entsprechenden Schuhmarke mit passendem Schuhsohlenprofil gesucht werden kann.

▪ Hautschürfungen

Verletzungen der Haut unter Beteiligung der Lederhaut (Hautschürfungen) können je nach Untersuchungszeitpunkt noch eine feucht-glänzende oder eine bereits trockene Oberfläche aufweisen. Nicht immer müssen am Rande sog. Hautfähnchen nachweisbar sein (◘ Abb. 8.18). Hautschürfungen

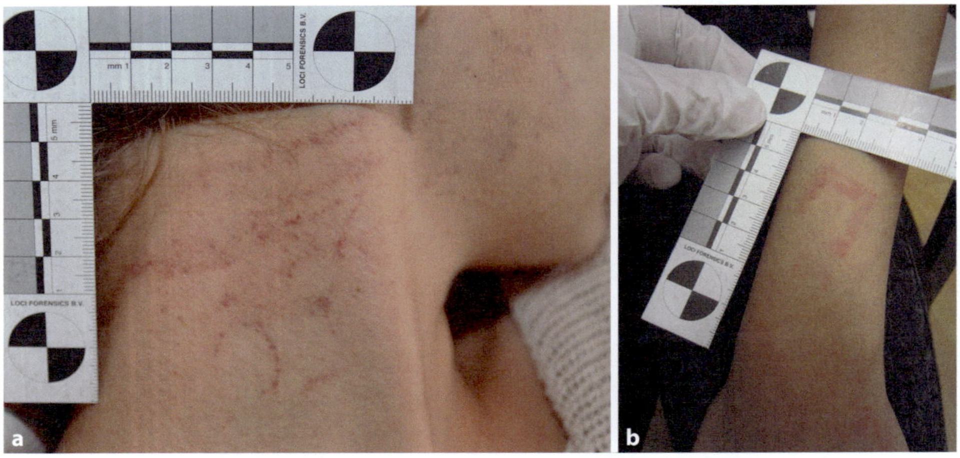

◘ **Abb. 8.17a,b** **Befund:** **a** Streifige und rund konfigurierte Hauteinblutungen in der rechtsseitigen Halshaut mit winzigen Oberhautablösungen und **b** annhähernd quadratisch-rahmenartig geformte Hautmarke am Unterarm

Diagnose: Unklares Verletzungsmuster bei Gewalt gegen den Hals und geformte Schlagabdruckkontur in der Unterarmhaut, z. B. Gürtelschnalle

Anamnese: Tätliche Auseinandersetzung mit dem Freund

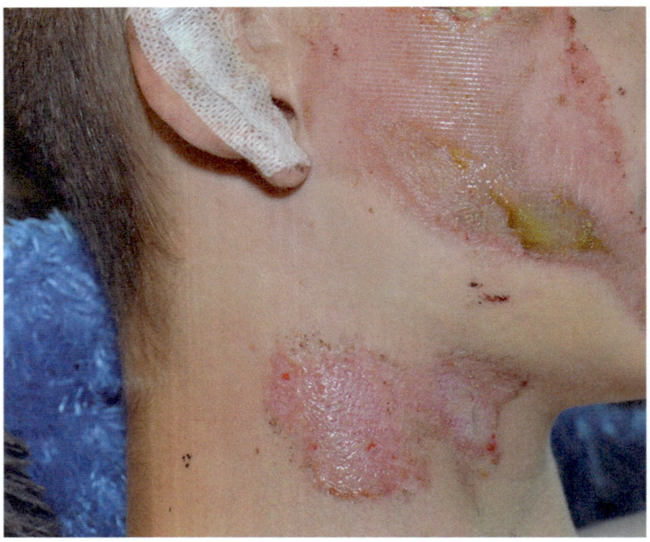

◘ **Abb. 8.18** **Befund:** Grobfleckig-landkartenartige überwiegend blass-rote Oberhautabschilferung und Hautschürfung, stellenweise ockergelber Wundgrund und feucht-glänzende Lederhaut, der rechten Wange sowie der rechten Halshaut im oberen Drittel am Übergang zur Haut des Mundbodens

Diagnose: flächenhafte Hautschürfung mit feuchtem Wundgrund

Anamnese: Von einem Fahrzeug über den Asphalt geschleift sind relativ häufig, wenn möglich sollten Angaben zur Schürfrichtung gemacht werden.

Fingernagelabbrüche

Sowohl im Rahmen einer tätlichen Auseinandersetzung als auch bei Sturzgeschehen kann es bei längeren oder künstlichen Fingernägeln zu Fingelnagelabbrüchen kommen (■ Abb. 8.19). Derartige Abbrüche haben für sich allein eine eher geringe rekonstruktive Aussagekraft, können jedoch das Bild im Kontext eines berichteten Geschehens abrunden.

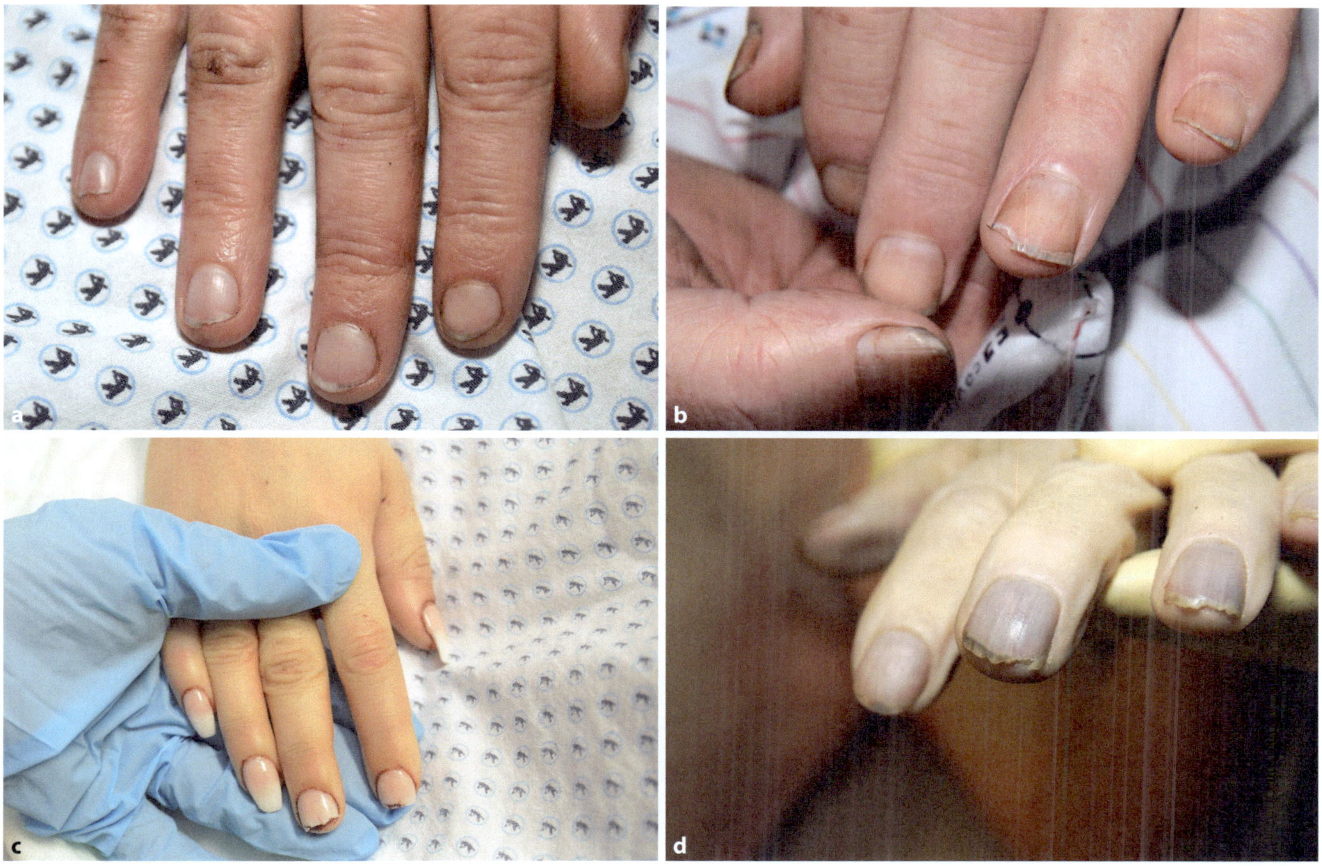

■ **Abb. 8.19a–d** Abbrüche der Kanten körpereigener sowie künstlicher Fingernägel. **a–c** Jeweils im Rahmen der Gegenwehr bei tätlicher Auseinandersetzung. **d** Fingernagelabbrüche im Rahmen eines reaktionsarmen Sturzgeschehens

Zahnabbrüche

Bei der groben stumpfen Gewalt gegen die Mundregion können sich in der Schleimhaut des Mundvorhofes schlagbedingt sog. Zahnabdruckkonturen darstellen. Diese imponieren teils als streifige Unterblutungen, teils als Quetsch-Riss-Wunden der Schleimhaut korrespondierend zum Sitz eines Zahnes oder mehrerer Zähne. Dabei kann es zu Abbrüchen von Zahnspitzen, Zahnteilen oder zu komplett ausgeschlagenen Zähnen kommen (Abb. 8.20). Im Einzelfall kann bei zeitnaher Untersuchung ein blutiges Zahnfach vorgefunden werden. Auch Verletzungen der Lippen in der Körpermittellinie im Rahmen eines Sturzgeschehens können grundsätzlich mit Zahnverletzungen einhergehen.

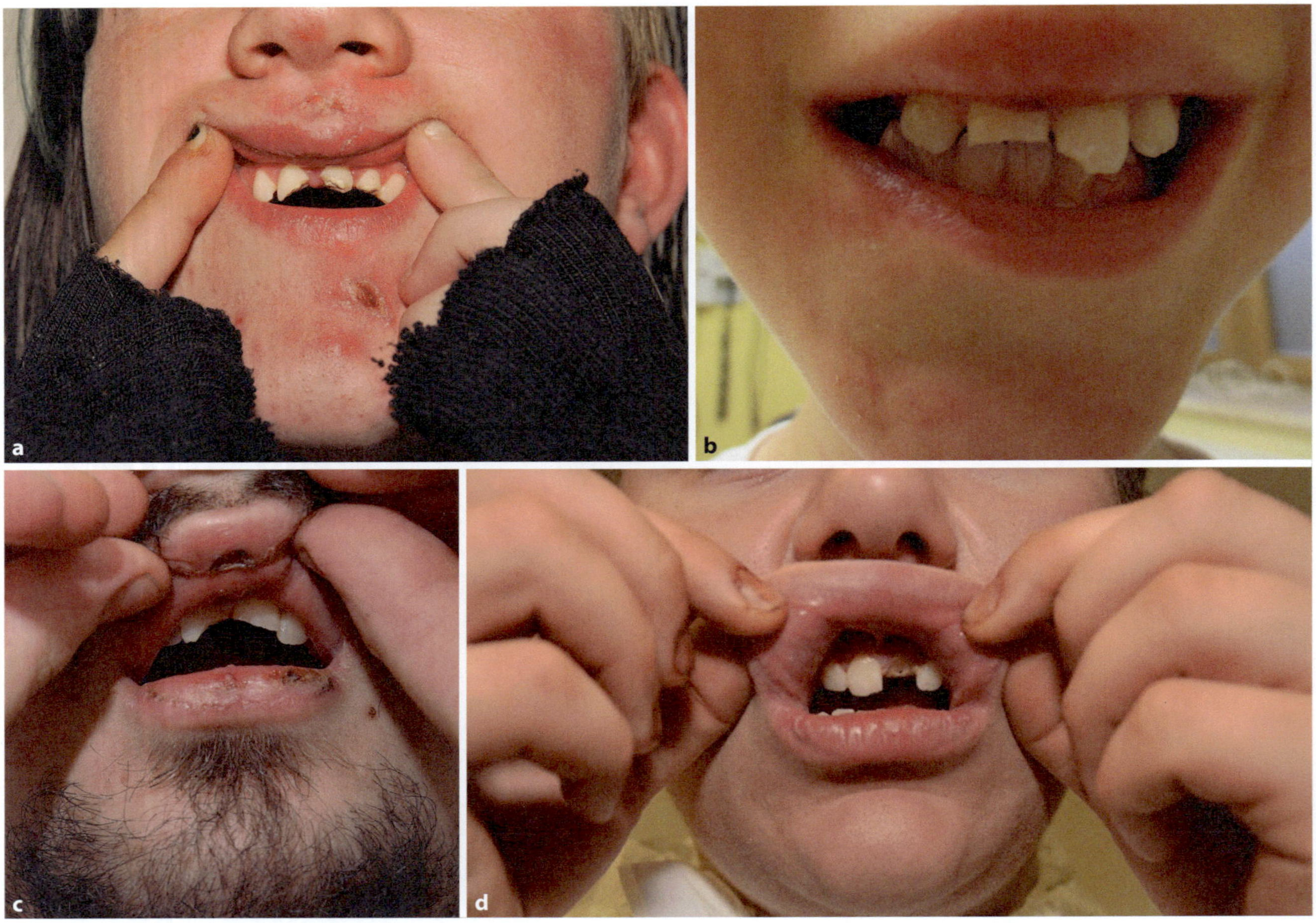

Abb. 8.20a–d **Befund:** Abbrüche der Zahnspitzen (**a**, **b**, **c**) bzw. eines nahezu kompletten Zahnes (**d**) und grobfleckige rotbraune Verfärbungen der Schleimhaut des Zahnkammes des Oberkiefers im Frontzahnbereich

Diagnosen: Zahn(spitzen)abbrüche (**a**, **b**, **c**, **d**), Unterblutung in Höhe des Frontzahnbereiches des Oberkiefers bei fehlenden Frontzähnen beidseits der KML

Anamnese: Jeweils Faustschläge gegen die Oberlippe

8.2 Offene Verletzungen nach stumpfer Gewalt

Kommt es infolge stumpfer Gewalteinwirkung zu einer Durchtrennung der Oberhaut (Epidermis) und der Lederhaut (Korium), so kann von offenen Verletzungen gesprochen werden. Dabei können begrifflich folgende Verletzungen unterschieden werden:

- Durchtrennung bzw. Abtrennung der Haut (Epidermis und Korium) vom subkutanen Fettgewebe im Sinne einer sog. Ablederung der Haut (▣ Abb. 8.21 und 8.22) und
- Quetsch-Riss-Wunden nach stumpfer Gewalt, bei denen die Hautdurchtrennung in die Tiefe reicht, mit quetsch- und rissartigen Anteilen.

Die insgesamt nicht einheitliche Terminologie bei der Beschreibung von Verletzungen und bei der Graduierung der Intensität der stattgehabten Gewalteinwirkung führt dazu, dass die Grenzen zwischen geringfügiger, leichter, mittelstarker, starker und grober stumpfer äußerer Gewalteinwirkung fließend sind. Liegen größere penetrierende Verletzungen oder Frakturen vor, so findet die Einstufung solcher Verletzungen als Folge einer „groben" stumpfen Gewalt allgemein Akzep-

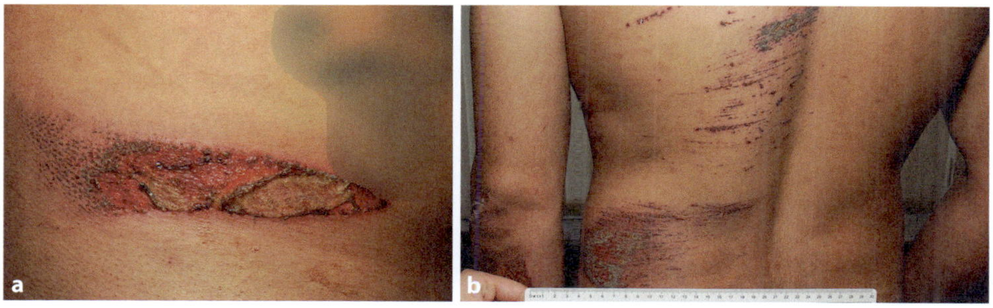

▣ **Abb. 8.21a,b** **Befunde:** **a** In Körperquerrichtung verlaufende Ablederung von Epidermis und Korium (Hautablederung) mit zusammengeschobenen Hautanteilen und rotgrauem Wundgrund sowie seitlich angrenzender feinstreifiger und vielfach unterbrochener rotbrauner Hautvertrocknung. **b** Flächenhafte parallel- und querstreifige rotbraune Vertrocknungen der linksseitigen Rückenhaut von der KML bis in Hüftknochenhöhe zur mittleren Axillarlinie reichend

Diagnosen: Querstreifige Hautablederung mit angrenzender Hautschürfung (**a**) und flächenhafte Hautschürfungen der linksseitigen Rückenhaut (**b**)

Anamnese: Verkehrsunfall eines Motorradfahrers ohne ausreichende Schutzkleidung mit Rutschen über die Fahrbahn tanz. In Abgrenzung zur scharfen Gewalt sieht man bei Verletzungen nach sog. stumpfer Gewalt in der offenen Quetsch-Riss-Wunde meist feine Gewebebrücken (◘ Abb. 8.23; siehe auch ◘ Abb. 8.24).

Die Gestalt einer offenen Wunde nach stumpfer Gewalt mit teils glatter, teils kantiger Auftrefffläche kann variabel sein. Bei Auftreffen einer Fläche kann sich, v. a. über einem knöchernen Widerlager, eine sternförmige Wunde mit etwas unregelmäßigen Wundrändern und Gewebebrücken ergeben. Bei Auftreffen der kantigen Seite eines Schlagwerkzeuges finden sich streifige, eventuell am Ende leicht verzweigte oder angedeutet gebogen verlaufende Verletzungen der Haut und des Unterhautweichteilgewebes (◘ Abb. 8.24; siehe auch ◘ Abb. 8.8).

Offene Verletzungen sind zudem als sog. Durchspießungsverletzungen nach Frakturen anzutreffen. Auch derartige Verletzungen sind zu berücksichtigen, wenn eine Aussage zu einem möglichen Tatgeschehen mit gutachterlicher Bewertung abgegeben werden soll. Erforderlich sind dann weitere Informationen zur Lokalisation und zur Art der Frakturen unter Heranziehung radiologischer Befunde.

8

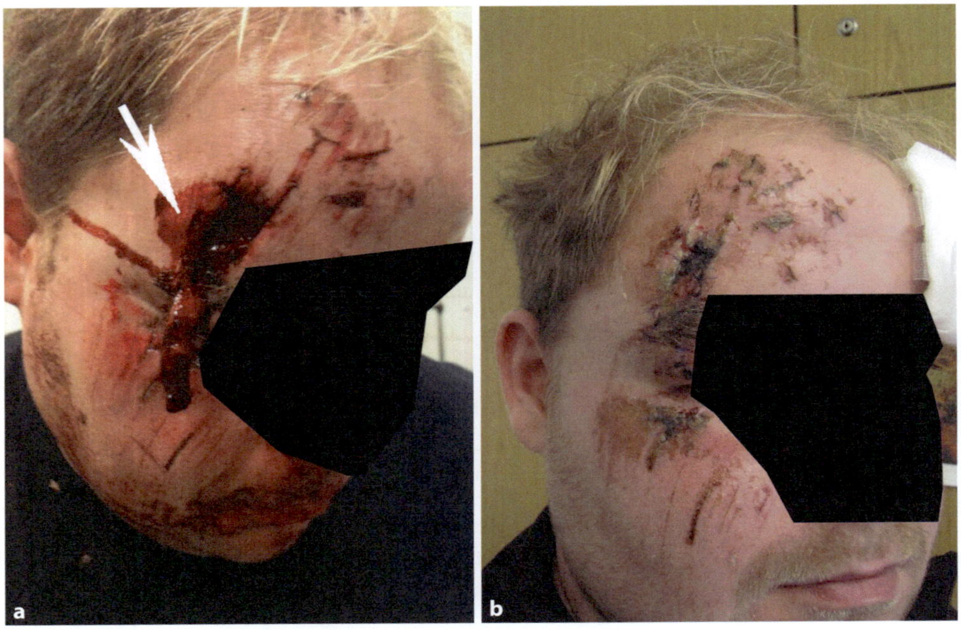

◘ **Abb. 8.22a,b** **Befunde:** **a** Relativ glattrandig, nahezu ausgestanzt geformt erscheinende breitstreifige Haut-Hautweichgewebsdurchtrennung mit Ausbildung eines Hautlappens mit anhängendem Unterhautweichteilgewebe (*Pfeil*) seitlich unterhalb des rechten Stirnhöckers und bis an das äußere Drittel der rechten Augenbraue heranreichend. Unterer Abschluss durch intakte Haut, Haut- und Unterhautgewebe nach unten in Körperlängsrichtung umklappbar. Darüber hinaus in der rechtsseitigen Stirnhaut, der Haut über dem rechten Jochbein und der Wange ein Areal mit überwiegend in Längsrichtung, über dem rechten Stirnhöcker auch in Körperquerrichtung orientierten streifigen Hautschürfungen. Aufnahme zeitnah nach dem Vorfall. **b** Gleicher Fall wie **a**, Aufnahme 4 Tage nach dem Vorfall, jetzt Wunden mit rotbraunem Krustenbelag

Diagnose: Schürfungsfeld im rechten seitlichen Gesicht. Geformter, ausgestanzt erscheinender nach fußwärts umklappbarer schmaler Hautlappen (Hautablederung)

Anamnese: Der Geschädigte gab an, von einem Unbekannten mit einem Gegenstand auf den Kopf geschlagen worden zu sein. Bei den Ermittlungen wurde vor Ort ein Metalltrog aufgefunden. Differentialdiagnostisch kommt ein alleiniges Sturzgeschehen in alkoholisiertem Zustand auf den Metalltrog in Betracht

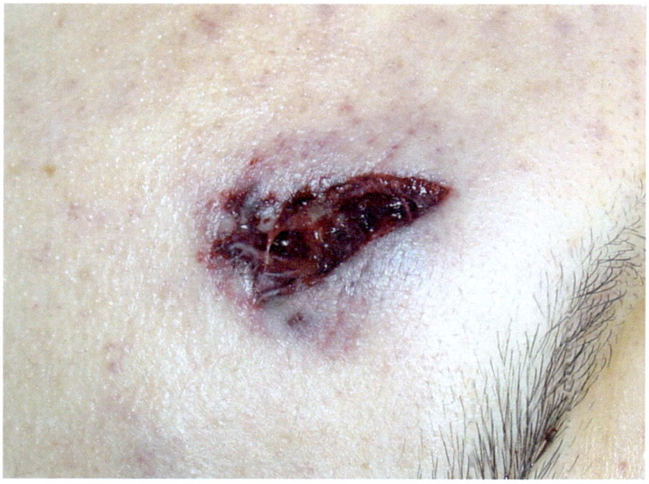

Abb. 8.23 **Befund:** Teilweise feingezähnelte Wundränder, spangenartige sog. Gewebebrücken im Wundgrund und in den Wundwinkeln und angrenzende blass-blaulivide Verfärbung

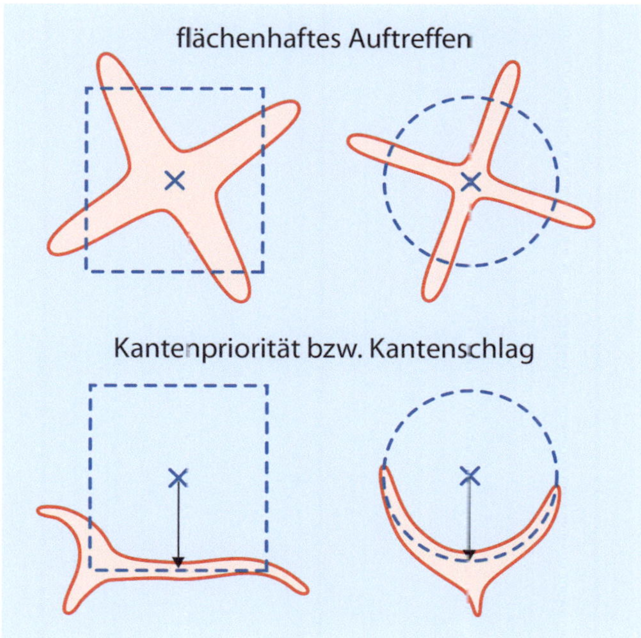

Abb. 8.24 Wundmorphologie bei flächenhaftem und bei kantigem Auftreffen des Schlagwerkzeuges auf die Haut. (Modifiziert nach Dettmeyer et al. 2019)

Diagnose: Quetsch-Riss-Wunde nach stumpfer Gewalt

Anamnese: Verletzung nach Schlag mit der Kante eines stumpfen Gegenstandes, hier eines Pistolenknaufs

Verletzungen als Folge scharfer Gewalt

C. G. Birngruber, G. Lasczkowski, R. B. Dettmeyer, *Forensische Verletzungskunde*,
https://doi.org/10.1007/978-3-642-54279-4_9

Anerkannt ist die Unterscheidung von Verletzungen durch scharfe Gewalt in Schnitt- und Stichverletzungen:

- **Schnittverletzung** = die Verletzung ist im Hautniveau breiter bzw. länger als die in die Tiefe reichende Verletzungskomponente.
- **Stichverletzung** = die Verletzung ist tiefer als die Breite der Verletzung im Hautniveau.

Bei genauerer Betrachtung der offenen Wunde finden sich in Abgrenzung zu der Einwirkung stumpfer Gewalt charakteristische Befunde, die mit sehr hoher Wahrscheinlichkeit den Rückschluss auf einen scharfrandigen Gegenstand zulassen.

Charakteristikum der scharfen Gewalt sind glatte Durchtrennungen der Haut und der Gewebe. Die Wunde lässt sich im Regelfall adaptieren, d. h. die Wundränder der äußerlich sichtbaren Wunde lassen sich ebenso wie die Wände des Wundkanals in der Tiefe aneinanderlegen. Es bleibt dann, anders als z. B. bei einer Einschussverletzung, keine Substanzlücke im Zentrum der Wunde. Zugleich fehlen die für eine Einwirkung stumpfer Gewalt typischen Gewebebrücken in den Wundwinkeln und im Wundgrund (◘ Abb. 9.1).

9

Bei der Befundbeschreibung sind neben der reinen Wundmorphologie auch die Lokalisation, ggf. auch Bezüge von Einzelverletzungen zueinander (z. B. gruppierte Anordnung mit paralleler Ausrichtung der Verletzungen, sich überkreuzende Verletzungen etc.) und etwaige Begleitverletzungen zu dokumentieren. Nur so kann die Verletzungsbeschreibung später als Grundlage rekonstruktiver Schlussfolgerungen (Rückschluss auf Werkzeug, Tatrekonstruktion, Zahl der Akte eines Tatgeschehens: einaktig, zweiaktig, mehraktig) herangezogen werden. Wenn sich allein aus der fotografischen Dokumentation die Lokalisation einer Verletzung nicht ableiten lässt, dann wird die Lokalisationsbeschreibung umso bedeutsamer (◘ Abb. 9.2).

Gerade bei tiefreichenden Stich- und Stichschnittverletzungen muss die lebensrettende medizinische Versorgung des Patienten Vorrang haben. Soweit dennoch nach den Umständen des Einzelfalls möglich und medizinisch vertretbar, sollten die nachfolgend genannten Punkte zur Beschreibung beachtet werden:

- **Lokalisation**: Körperregion, Zentrum der Verletzung oberhalb der Fußsohlenebene und Entfernung der Wundwinkel bzw. des Zentrums der Verletzung von der Körpermittellinie oder einer anderen Orientierungslinie (gemessen mittels Lineal oder Maßband).
- **Zahl**: Einzelne Schnitt- bzw. Stichverletzung oder mehrere Schnitt- bzw. Stichverletzungen (Gesamtzahl?), gegebenenfalls mit welcher Ausrichtung zueinander (parallel zueinander, diffus, einander überkreuzend, teilweise in einer Linie gelegen, mit identischer Ausrichtung in Längs- oder Querrichtung)
- **Größe der Hautdurchtrennung**: Länge, Breite (nicht adaptiert mit klaffendem Durchmesser)
- **Wundwinkel**: spitzbogenartig (= passend zu geschliffener Messerklinge) oder stumpf-rechteckig (= passend zu einem Messerrücken); schwalbenschwanzartige Konfiguration (= Beleg für eine Bewegung des Tatmessers im Stichkanal oder Bewegung der verletzten Person während der Stichbeibringung). Von den Wundwinkeln ausgehende, meist seicht auslaufende Oberhautanritzungen.
- **Wundränder**: Im Hautniveau glatt oder gewellt, Wundrand in der Tiefe angeschrägt; Wundränder unterminiert
- **Stichkanal**: Tiefe, soweit sondierbar; Stichkanalrichtung (fußwärts, kopfwärts, horizontal, Richtung Körpermittellinie, Richtung Brust- oder Bauchhöhle etc.). Evtl. Angaben zum Stichkanalverlauf erst nach bildgebender Diagnostik, bzw. postoperativ
- **Verletzte und/oder eröffnete Strukturen im Wund- bzw. Stichkanal**: durchtrennte Arterie, Vene, Sehne, Eröffnung der Brust- oder Bauchhöhle, Stichkanalende in der Muskulatur, in einem Organ, einem Hohlraum oder auf einem Knochen, bei Halsverletzungen auch z. B. in der Lichtung der Luftröhre
- **Anstichelung**: Kleine, mehr stich- als schnittartige Verletzung, im Regelfall verursacht allein durch z. B. eine Messerspitze oder die Spitzen einer Schere
- **Begleitverletzungen bzw. Begleitbefunde**: Angaben zu weiteren nicht-scharfen Verletzungen am Körper (geformte Marken, Schürfungen, Hämatome); Angaben zum Ausmaß des Blutverlustes (zumindest Hb-Wert bei Aufnahme, evtl. Kontrollwerte)

Soweit beurteilbar, können Stiche (tiefer als breit) von Schnitten (breiter als tief) unterschieden werden. Die Wundbeschreibung von Stichen und Schnitten weist Ähnlichkeiten auf, aber auch Unterschiede.

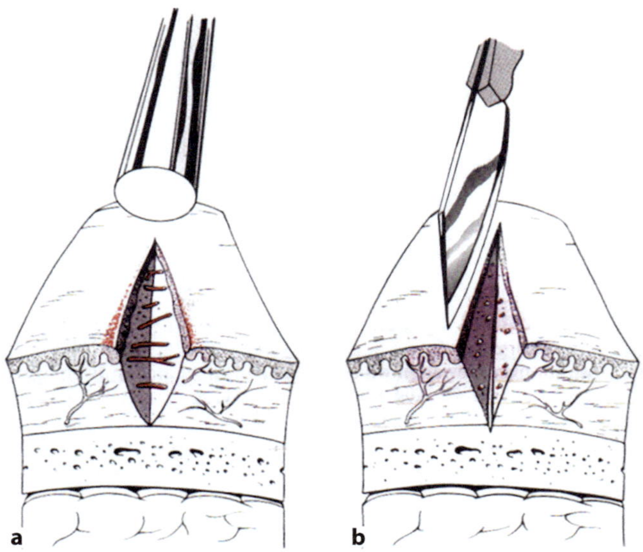

◘ **Abb. 9.1a,b** Vergleich der Wundmorphologie bei stumpfer (**a**) und bei scharfer Gewalt (**b**). Bei stumpfer Gewalt finden sich Gewebebrücken in der Wunde und eher gezähnelte Wundränder, bei scharfer Gewalt fehlen Gewebebrücken in der Tiefe, die Wundränder sind glatt (◘ Abb. 8.23). (Modifiziert nach Dettmeyer et al. 2019)

9.1 Schnittverletzungen

Schnittverletzungen entstehen, wenn ein schneidendes Werkzeug unter Druck mehr oder weniger tangential über die Kontaktfläche bzw. Haut am Körper geführt wird. Die Tiefenausdehnung ist geringer als die Ausdehnung an der Haut, kann im Extremfall aber trotzdem, z. B. am Hals unter Durchschneidung von Muskeln wie dem M. sternocleidomastoideus, der Gefäßnervenstraße und den Luftwegen bis auf die Wirbelsäule reichen.

Die Wundenden sind meist spitz, unterschiedlich steil auslaufend und unterschiedlich lang ausgezogen, manchmal reicht die Verletzung abrupt in die Tiefe, manchmal finden sich Durchtrennungen mit einem abgeschrägtem und einem unterminiertem Wundrand. Die Hautdurchtrennungen klaffen in Abhängigkeit von den Spaltbarkeitslinien der Haut, sie wirken bei der Aufsicht meist schlitz- bis spindelförmig. Der Querschnitt imponiert keilförmig bis schräg. Bei Faltenbildung, z. B. an der Hand im Handschluss bei „aktiver" Abwehr, bei an sich faltiger Haut oder bei knöchern profilierten Körperregionen, wenn das Werkzeug vom Knochen abgelenkt wird, können sich auch unregelmäßigere Wunden ausprägen, gelegentlich mit meist kleineren umklappbaren Oberhaut- bzw. Hautlappen. Eine Schnittverletzung kann weitergehend beschrieben werden, z. B.:

- **Tiefe einer Schnittverletzung:** Oberhautanritzung, kratzerartig, ritzartig, Beteiligung der Lederhaut, Beteiligung des Unterhautfettgewebes, der Muskulatur, von Knochen.
- **Wundränder einer Schnittverletzung:** glatt, gewellt, unterminiert, angeschrägt.
- **Wundenden einer Schnittverletzung:** abrupt in die Tiefe reichend, seicht auslaufend.

Nachfolgend sind exemplarische Schnittverletzungen dargestellt mit adäquater Befundbeschreibung, der Diagnose und Angaben zur Anamnese (Abb. 9.3, 9.4, 9.5, 9.6, 9.7, 9.8, 9.9, 9.10, 9.11).

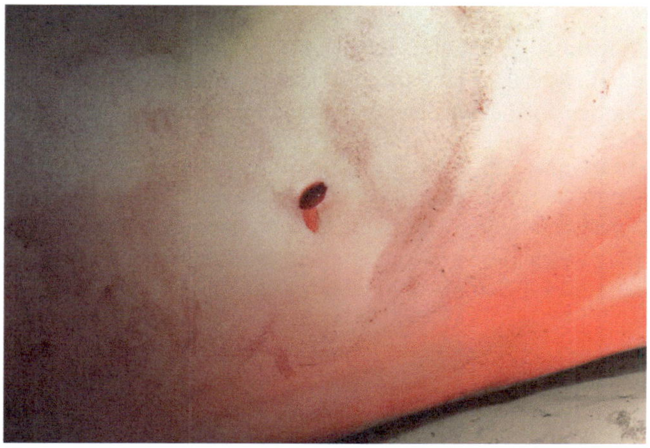

Abb. 9.2 **Befund:** 2 cm links der KML, 152 cm oberhalb der Fußsohlenebene eine 3 cm lange und bis 0,7 cm klaffence leicht schräglängs verlaufende glattrandige Haut- und Hautweichteildurchtrennung: der obere Wundwinkel ist spitzbogenartig, der untere Wundwinkel angedeutet rechteckig. Körpergröße: 187 cm (hier: Laienfotografie)

Diagnose: Messerstichverletzung, am ehesten durch ein Messer mit einschneidiger Klinge und schmalem Messerrücken

Anamnese: Messerstich von hinten bei liegender Position der verletzten Person

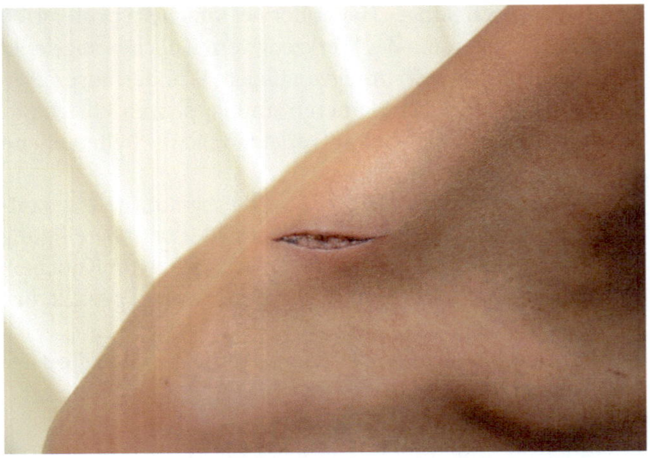

Abb. 9.3 **Befund:** Ca. 2,5 cm lange, auf ca. 0,4 cm klaffende glattrandige Durchtrennung der Haut, Oberhaut und Lederhaut, schräg über dem Wulst des M. trapezius der rechten Schulter, von hinten seitlich nach vorne zur Mittellinie verlaufend. Wundgrund trocken, feinkörnig und sauber. Wundenden hinten spitz, vorne kratzerartig seicht auslaufend

Diagnose: Nicht mehr ganz frische Schnittverletzung

Anamnese: 31 Jahre alter Mann, Raubüberfall ca. 2 Tage zuvor. Verletzung unversorgt

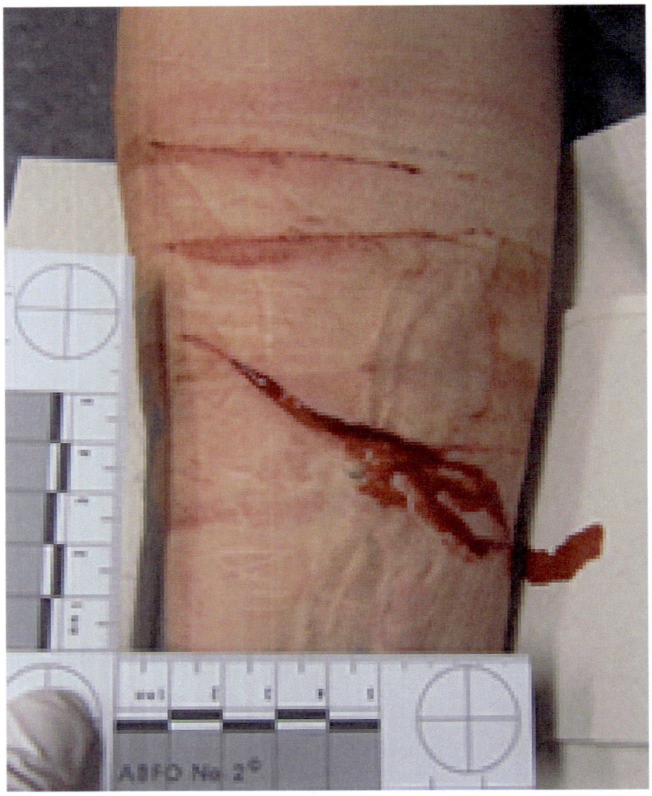

Abb. 9.4 **Befund:** Beugeseite des rechten Unterarms mit teils linienförmigen, teils wulstartigen Narben von unterschiedlichem, z. T. längs gestelltem Verlauf, stellenweise sich überschneidend. Hierin zwei querverlaufende, verkrustete und kratzerartige, ellenbogennah eher glattrandige Hautdurchtrennungen. Eine schräg verlaufende Hautdurchtrennung von ca. 6,5 cm Länge, nach Entfernung von Verbandmaterial blutend. Daumenseitiges, körpernahes Wundende mit 1,1 cm langem kratzerartigem offenbar seicht auslaufendem Ende. Kleinfingerseitiges unteres Wundende ebenfalls seicht auf ca. 1,7 cm auslaufend

Diagnose: Frischere, oberflächliche, mitunter annähernd parallelstreifige Hautschnittverletzungen in einem Areal alter Narben wie bei wiederholtem selbstschädigenden Verhalten

Anamnese: 28 Jahre alter Mann. Bekannte depressive Verstimmung bei Fremdsubstanzgebrauch. Z. n. bekannter Selbstschädigung. Nunmehr Selbstverletzung nach Inhaftierung wegen des Verdachts auf ein Gewaltdelikt. Untersuchung kurz nach Bekanntwerden der Verletzung

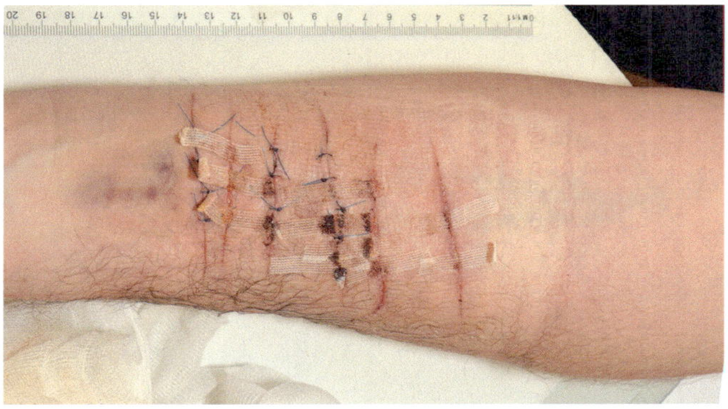

Abb. 9.5 **Befund:** Beugeseite des linken Unterarms mit multiplen, meist oberflächlichen, glattrandigen, bis zu 11 cm langen Hautdurchtrennungen von annähernd parallelem, teils quer, teils querschrägem Verlauf. Nunmehr Zustand nach Versorgung mit Steristrips und Naht

Diagnose: Multiple, frischere, überwiegend oberflächliche Schnittverletzungen am linken Unterarm – wie bei Selbstbeibringung

Anamnese: 50 Jahre alter Mann. Verletzung des linken Unterarms in der Badewanne. Untersuchung 2 Tage nach Verletzung

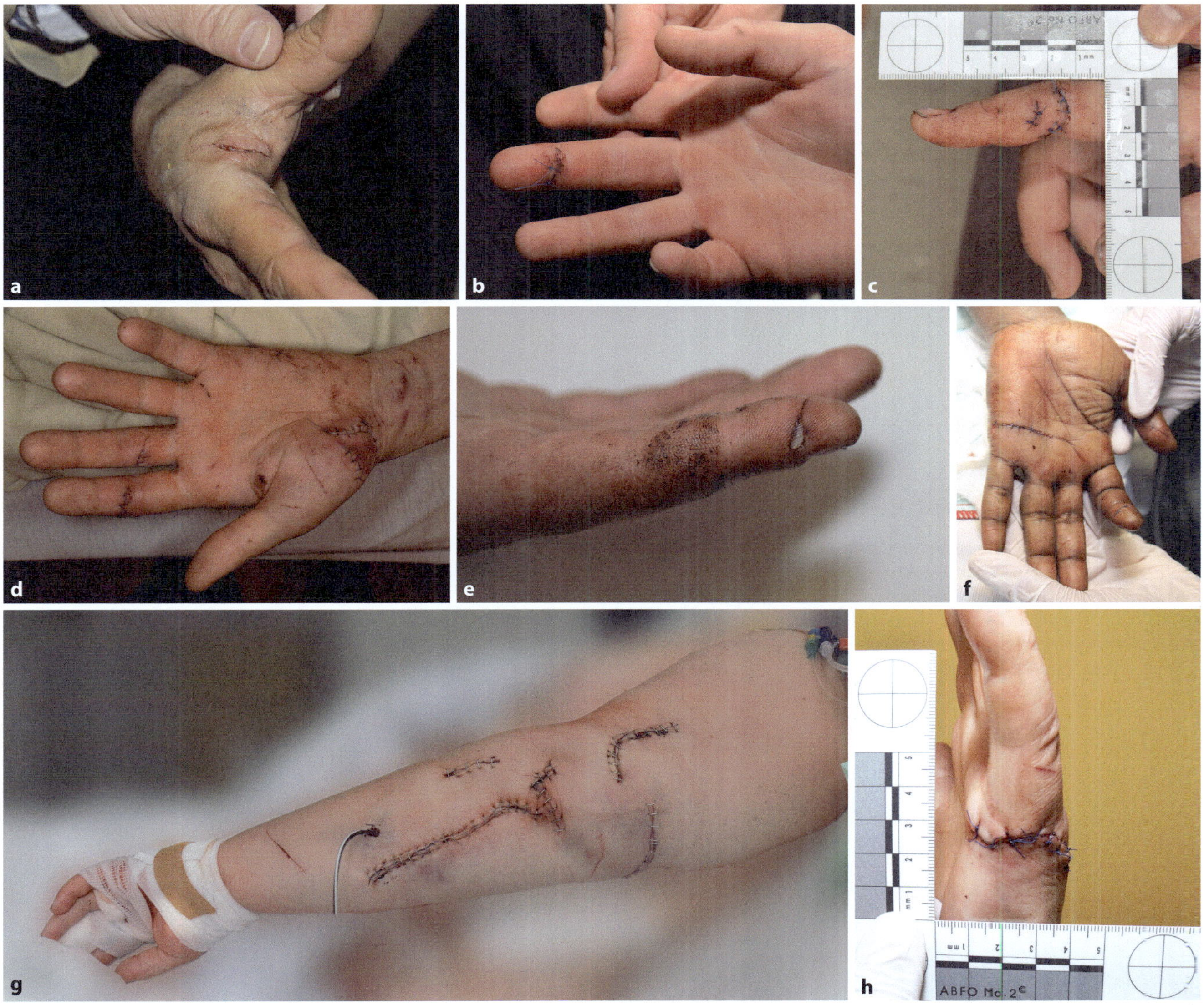

Abb. 9.6a–h Abwehr gegen einen Messerangriff durch entweder aktives Greifen in das Messer als Verteidigungshandlung oder schützendes Hochhalten des Unterarms bzw. der Hand mit der Parierfläche zur angreifenden Person: Schnittverletzungen v. a. in der Hautfalte zwischen Daumen und Zeigefinger, beugeseitig in der Fingerhaut, in der Fingerbeeren, an der Kleinfingeraußenkante und/oder in der Handinnenfläche einschließlich Daumenballen. Nicht selten sind, wie hier, mehrere Finger beugeseitig von Schnitten betroffen, die zusammen eine Schnittlinie bilden als Verletzung durch einen „aktiven" Griff in die Messerklinge

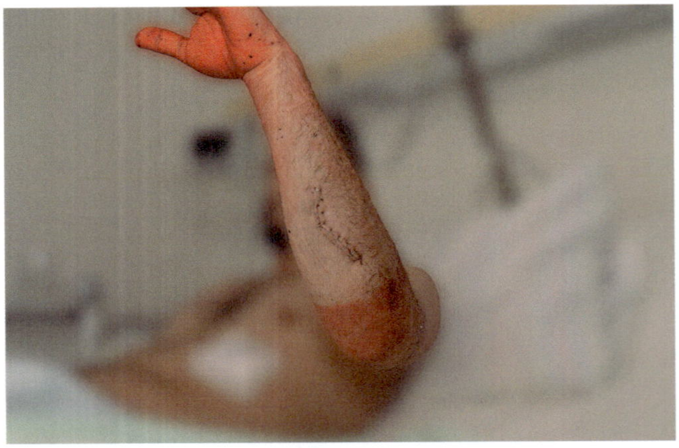

Abb. 9.7 **Befund:** Beispiel einer Abwehrverletzung gegen eine Messerattacke mit Hochhalten des Unterarmes zum Schutz und zur Abwehr: in Armlängsrichtung verlaufende streckseitig im mittleren bis ellenbogennahen Drittel des linken Unterarmes gelegene und jetzt chirurgisch versorgte Schnittverletzung

Diagnose: Hautschnittwunde streckseitig am Unterarm im Sinne einer sog. Abwehrverletzung

Anamnese: Zustand nach tätlicher Auseinandersetzung mit Messerangriff

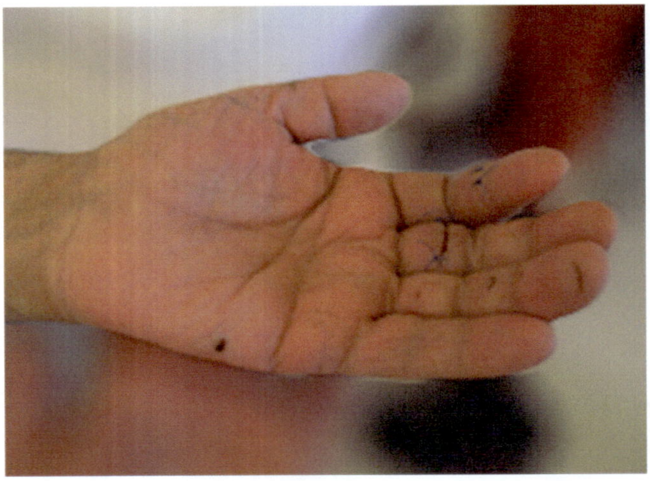

Abb. 9.8 **Befund:** Beugeseiten der Finger der linken Hand mit mehreren, mit Nahtfadenmaterial versorgten glattrandigen meist querverlaufenden Hautdurchtrennungen (Länge: D II ca. 2,5 cm, D III ca. 1,5 cm). Oberflächliche, verkrustete Verletzungen (D IV mittleres und oberes Fingerglied auf ca. 0,5 bzw. 0,8 cm mit einer Oberhautanritzung). Untersuchung 7 Tage nach dem Vorfall

Diagnose: Schnittverletzungen der Fingerbeugeseiten im Sinne sog. „aktiver" Abwehrverletzungen

Anamnese: 74 Jahre alter Mann, sei mit einem Küchenmesser angegriffen worden

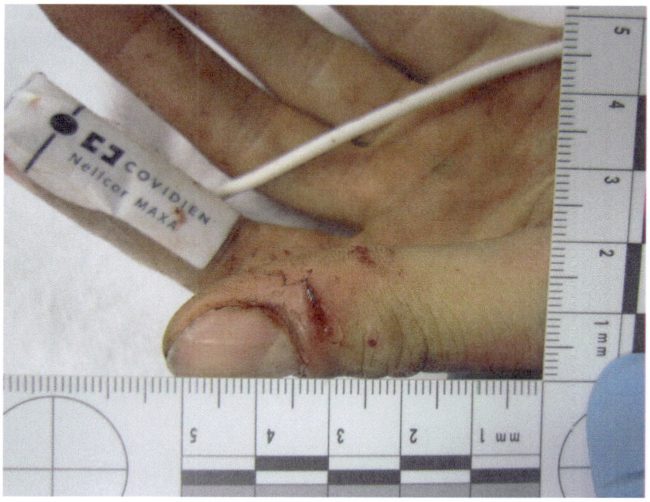

Abb. 9.9 **Befund:** Unmittelbar unterhalb des linken Daumennagels eine oberflächliche, tangentiale Hautabscherung auf ca. 1 cm Länge, eher glatte Wundränder, keilförmig nach vorne zu breiter, bis auf ca. 2 mm. Handgelenkwärts ca. 7 mm davon entfernt eine feine punktartige rotbraune Hautläsion über der Streckseite des Daumengrundgelenks

Diagnose: Schnittverletzung bei Abwehr gegen scharfe oder halbscharfe Gewalt, wie z. B. Glas (DD: unfallbedingte Selbstverletzung beim Hantieren mit einem scharfrandigen Werkzeug)

Anamnese: 20 Jahre alter Mann. Auseinandersetzung in alkoholisiertem Zustand. Abgeschlagene Bierflasche als Tatwaffe

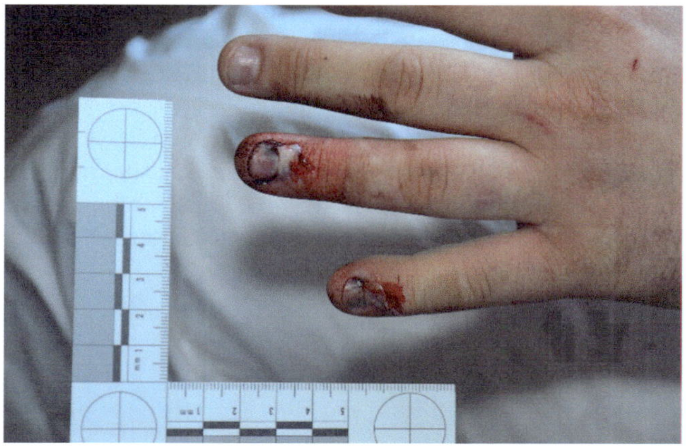

Abb. 9.10 **Befund:** Den Nagelfalz einbeziehende Verletzung steckseitig an der Kuppe des Fingers D IV der linken Hand mit einer ca. 1,3 × 1 cm messenden partiellen Hautlappenbildung, glatte Wundränder und glatte Wundfläche. Oberhautabschälung streckseitig am Endglied D V links, fingerkuppenwärts umklappbar

Diagnose: Hautabschälung. Vereinbar mit Verletzung durch scharfkantige Scherben eines zerbrechenden Keramikmessers bei Angriff

Anamnese: 23 Jahre alter Mann, Auseinandersetzung mit einem Messer

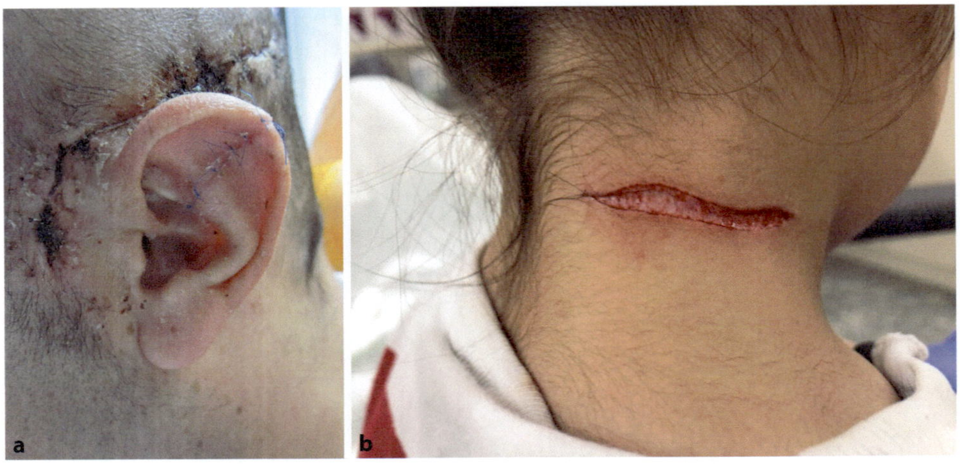

▣ **Abb. 9.11a,b** **Befunde:** **a** Chirurgisch versorgte glattrandige Durchtrennung von ca. 3,5 cm Länge am Übergang vom mittleren zum oberen Drittel der linken Ohrmuschel. Oberhalb des Ohres jetzt verschorfte neurochirurgische Naht nach OP wegen eines subduralen Hämatoms. **b** In Querrichtung verlaufende glattrandige Durchtrennung der Nackenhaut, klaffend auf mehrere Millimeter, mehr rechts der KML gelegen mit jetzt vertrockneten Wundrändern und trockenem Wundgrund

Diagnose: **a** Ehemals glattrandige Ohrmuscheldurchtrennung, **b** Quergestellte, klaffende Schnittverletzung der Nackenhaut

Anamnese: Jeweils tätliche Auseinandersetzung mit Messerattacke und Schnitt durch die linke Ohrmuschel bzw. Schnittverletzung der Nackenhaut

9.2 Stichverletzungen

In der ganz überwiegenden Zahl der Fälle werden Stichverletzungen mit einem Messer beigebracht. Ein Messer als Tatwerkzeug kann unterschiedliche Merkmale aufweisen, die zu unterschiedlichen Verletzungen führen können. Es variieren Klingenlänge, Klingenbreite, einschneidige (▣ Abb. 9.12) oder zweischneidige Klingen, Klingen mit einem zur Messerspitze hin schneidig auslaufenden Messerrücken, Messerklingen mit und ohne grobem oder feinem Wellenschliff.

Schematisch dargestellt, können bei einer Messer- oder Körperbewegung während des Stiches die in der ▣ Abb. 9.13 gezeigten Verletzungsmuster entstehen.

Bei der Stichverletzung ist die penetrierende Gewalt in die Tiefe des Körpers gerichtet. Die Tiefenausdehnung ist größer als die Durchtrennung an der Hautoberfläche. Messer oder messerähnliche Werkzeuge (Scheren, Gartengeräte etc.)

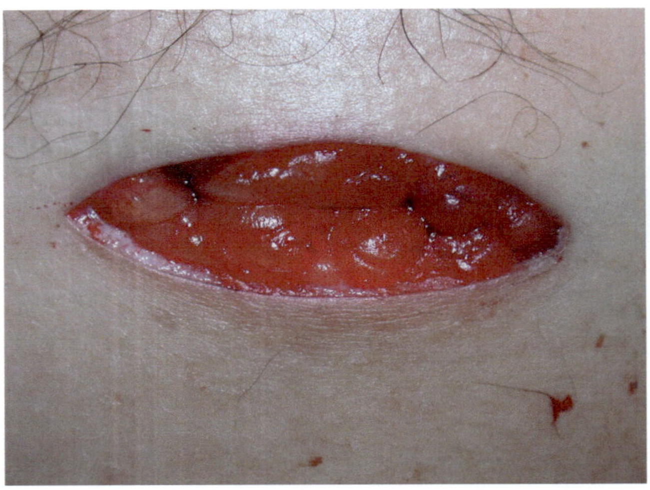

▣ **Abb. 9.12** Messerstichverletzung mit einem spitzbogenartigen Wundwinkel (*links*) und einem eher stumpfen bis angedeutet eckigen Wundwinkel (*rechts*) bei offenbar einschneidiger breiter Messerklinge. Die Wundwinkel sind besser beurteilbar, wenn die Wundränder manuell adaptiert werden

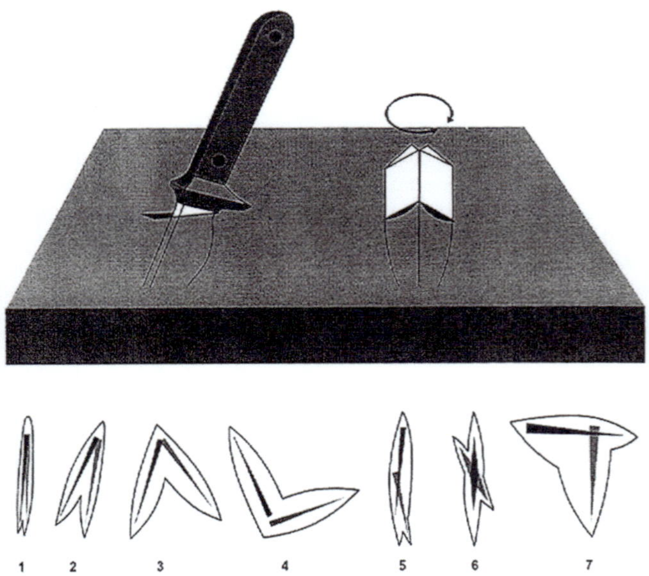

▣ **Abb. 9.13** Entstehungsmechanismus und verschiedene Formen schwalbenschwanzartiger Hautverletzungen: *1–4* Drehen des Messers oder Ausweichbewegungen des Tatopfers, *5–7* gleichzeitige grobere Schnittbewegung, *6* Wundform mit zwei Schwalbenschwänzen, nur möglich bei zweischneidigen Messerklingen. (Modifiziert nach: Dettmeyer et al. 2019)

verursachen schlitz- bis spindelförmige Wunden, teilweise auch unregelmäßigere Wundränder. Je nach Beschaffenheit der getroffenen Körperregion kann sich die Schneide eines Werkzeugs als spitzbogenartiger Wundwinkel abbilden, der Messerrücken als stumpfer Winkel mit mehr oder minder ausgeprägten Endchen (feine auslaufende Ausziehungen). Wellenschliff oder zackige Strukturen am Werkzeug können sich als Wellen am Wundrand darstellen, allerdings ist die Textur der Haut mit in die Überlegungen einzubeziehen. Anhand der Hautwunde können ggf. Rückschlüsse auf die Form des Werkzeugs gezogen werden.

In dynamischen Handlungssituationen kann es zu Veränderungen der Achse des Werkzeugs kommen, sodass sich abweichende Wundformen z. B. im Sinne eines sog. Schwalbenschwanzes mit unterschiedlich steilgestellten Schenkeln ergeben können. Die ◘ Abb. 9.14 bis 9.19 zeigen Varianten von Stichverletzungen. Die Tiefe einer Stichverletzung ist nicht immer erkennbar und erfordert gegebenenfalls eine weitergehende Diagnostik. Aus der Dynamik eines gewalttätigen Übergriffs können zudem Verletzungen resultieren, die Stich- und Schnittkomponenten in sich vereinen.

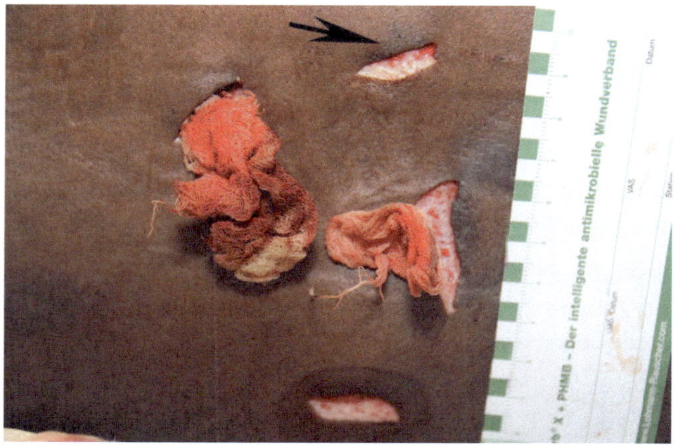

◘ **Abb. 9.14** **Befund:** In der Haut des Rückens hier abgebildet vier glattrandige Durchtrennungen der Haut und des Unterhautweichteilgewebes, im oberen Bildrand mit einem spitzbogenartigen Winkel und einem Winkel mit sog. kleinen Schwalbenschwanz (*Pfeil*) (Abb. aus der Notaufnahme nach Erstversorgung mittels Tamponade)

Diagnose: Messerstichverletzungen der Rückenhaut

Anamnese: Multiple Messerstiche in die Rückenhaut nach mitgeteilter, überfallartiger tätlicher Auseinandersetzung

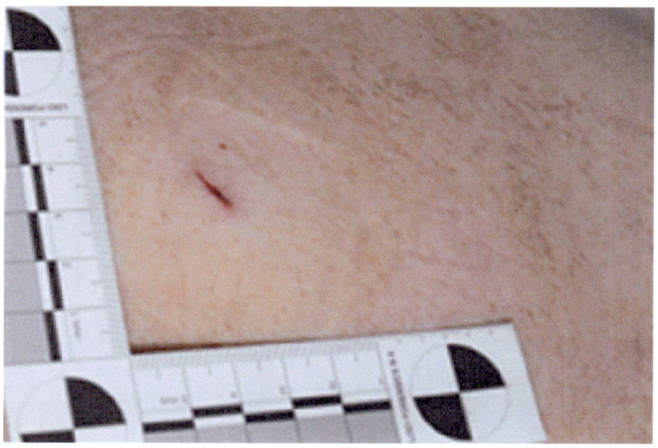

◘ **Abb. 9.15** **Befund:** Rückenhaut links der KML, etwa in Höhe einer Linie durch die Schulterblattspitze eine schräg-quer gestellte ca. 1,3 cm lange glattrandige Hautdurchtrennung. Untersuchung ca. 7 h nach der Tat. Fotografische Dokumentation in der Klinik, Bettaufnahme, keine optimale Zielaufnahme möglich wegen Schmerzsymptomatik. Keine Angaben zur Tiefe der Verletzung

Diagnose: Verdacht auf Stichverletzung mit einem Messer

Anamnese: Tätliche Auseinandersetzung unter Einsatz eines Taschenmessers

Die Dynamik der Situation kann die Wundmorphologie zudem so verändern, dass aus der Wunde/den Wunden keine Aussagen zu Breite und Länge der Messerklinge abgeleitet werden können.

Wenn das Messer mit hoher Energie vollständig bis zum Heft in den Körper vorgetrieben wird, oder wenn das Werkzeug eine besondere Form oder besondere Applikationen aufweist, entstehen in der Nachbarschaft der glattrandigen Verletzung z. B. Abschürfungen und Schwellungen („Prellungen"). Aus Gruppierung und Lokalisation lassen sich mitunter rekonstruktive Aspekte ableiten, häufig sind präzisere Aussagen zum eingesetzten Tatwerkzeug bzw. Messer nicht möglich.

Bei der Beurteilung von Stichverletzungen anhand von Fotografien ist Zurückhaltung geboten bei Aussagen zur Beschaffenheit der Klinge eines Messers. Häufig sind die Wundwinkel bei klaffender Wunde nicht so gut beurteilbar wie nach Adaptierung der Wundränder, wo sich eine eher rechteckige Konfiguration des Wundwinkels mit Rückschluss auf einen Messerrücken zeigen kann. Dann können zwei Aufnahmen, einmal ohne und einmal mit Adaptierung der Wundränder, und Zielaufnahmen von den Wundwinkeln hilfreich sein.

▪ Scherenverletzungen

Sog. Anstichelungen und Stichverletzungen der Haut und des nachfolgenden Unterhautweichteilgewebes können unterschiedlich tief sein. Sieht man an der Hautoberfläche eine (angedeutet) dreieckige Form der Wundränder und finden sich paarige, jeweils in einem ähnlichen Abstand zueinander gelegene derartige „Anstichelungen" bzw. Stichverletzungen, dann sollte an die Verwendung einer mehr oder weniger weit geöffneten Schere als Stichwerkzeug gedacht werden.

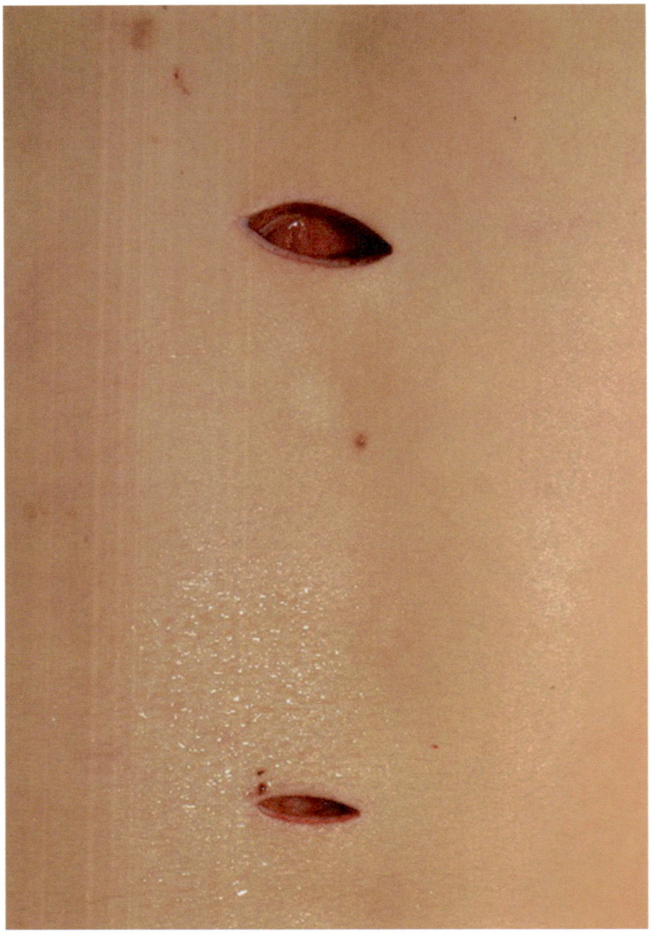

Abb. 9.16 Befund: Über den Dornfortsätzen der Wirbelkörper in Höhe der unteren Brustwirbelsäule bis oberen Lendenwirbelsäule zwei nahezu parallel zueinander verlaufende, quergestellte glattrandige Hautdurchtrennungen mit spitzbogenartigen Wundwinkeln. Zuoberst: Glattrandige Verletzung, ca. 2,5 cm lang und auf ca. 1 cm klaffend. Der untere Wundrand leicht angeschrägt, man blickt auf das subkutane Fettgewebe. Zuunterst: Glattrandige Hautdurchtrennung, ca. 1,5 cm lang, auf 0,5 cm klaffend

Diagnose: Stichverletzungen, am ehesten durch ein Messer mit ein- oder beidseitig geschliffener Klinge

Anamnese: 29 Jahre alte Frau, multiple Stichverletzungen. Lt. Zeugen zweiaktiges Geschehen, zwei verschiedene Tatwerkzeuge

9

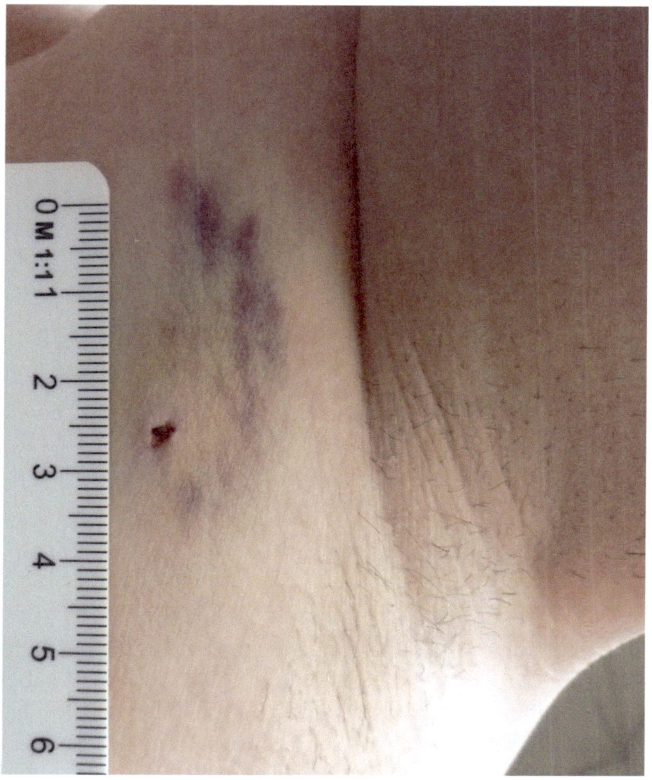

Abb. 9.17 **Befund:** Glattrandige Hautdurchtrennung bis ins Unterhautweichteilgewebe in Höhe der vorderen Axillarlinie und streifige Hämatome in der unmittelbaren Nachbarschaft

Diagnose: Glattrandige Verletzung, am ehesten sog. „Anstichelung" mit einem spitzen Gegenstand (Messer, Schere, Nagelfeile etc.)

Anamnese: Messerstichverletzung bei tätlicher Auseinandersetzung, jetzt nach „Absacken" der Unterhautblutung bei längerer Linksseitenlage; Untersuchung 3,5 Tage nach der Verletzungsentstehung

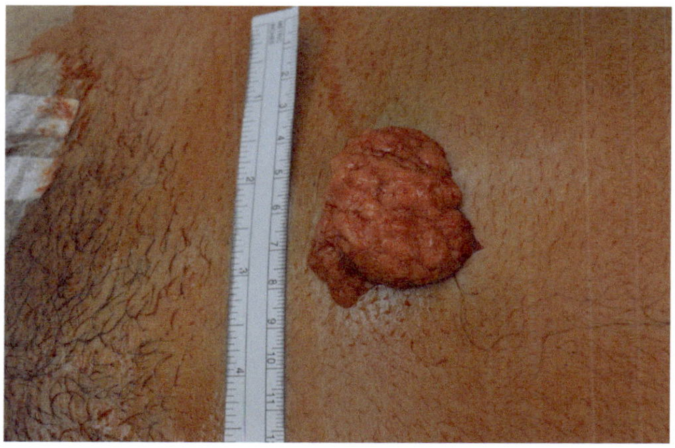

Abb. 9.18 **Befund:** Scharfrandige Durchtrennung der Bauchdecke (hier nicht erkennbar) mit Hervorquellen von gelblich gelapptem Fettgewebe

Diagnose: Nach intraabdominal penetrierende Bauchstichverletzung mit Austritt von Anteilen des sog. großen Netzes (Omentum majus)

Anamnese: Tätliche Auseinandersetzung mit Messerstich durch die Bauchdecke

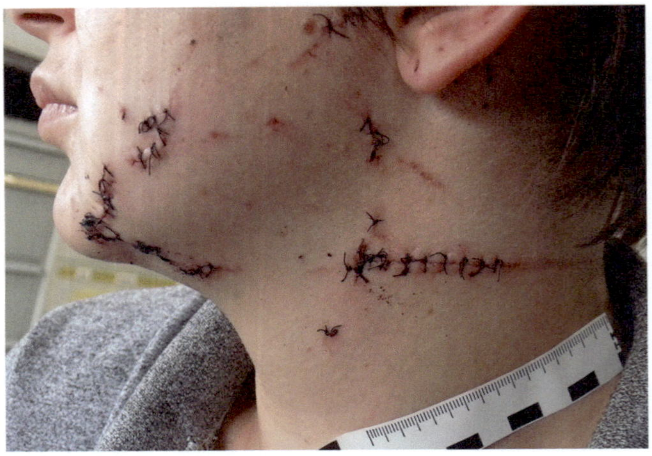

Abb. 9.19 **Befund:** Linksseitig gelegene, regellos angeordnete unterschiedlich lange scharfrandige Durchtrennungen der Haut, jetzt chirurgisch versorgt, mit unterschiedlichen Verlaufsrichtungen: teils in Pfeilrichtung, teils in Quer- und teils in Längsrichtung

Diagnose: Regellos angeordnete scharfrandige Haut(weichteil)durchtrennungen der linksseitigen Gesichts- und Halshaut

Anamnese: Verletzung durch umherfliegende Glassplitter einer zersplitterten Glasscheibe

9

9.3 Glassplitterverletzungen

Verletzungen durch Glassplitter finden sich vor allem, wenn größere Glasscheiben zu Bruch gehen, z. B. Fensterscheiben oder – je nach Glasart – Front- oder Seitenscheiben von Kraftfahrzeugen. Dabei dominieren Glasspitterverletzungen an den unbekleideten Hautpartien, also in der Gesichtshaut und in der Haut der Hände bzw. Unterarme (Abb. 9.19). Im Regelfall zeigen sich diffus verteilte und meist auf die Haut und das unmittelbar angrenzende Unterhautweichteilgewebe begrenzte Verletzungen.

9.4 Verletzungen durch abgeschlagene Glasflaschen

Bei tätlichen Auseinandersetzungen werden, häufig in alkoholisiertem Zustand, Flaschen als Waffe eingesetzt. Einerseits kann es sich um eine intakte Flasche handeln, die als Schlagwerkzeug benutzt wird und beim Aufprall auf den Körper, v. a. auf Regionen mit wenig Unterhautweichteilgewebe und knöchernem Widerlager, eine Quetsch-Riss-Wunde hinterlassen. Es kommt aber auch vor, dass eine Flasche beim Aufprall zersplittert.

Andererseits werden Flaschen am Flaschenhals gepackt, der Flaschenkörper wird über einer harten Kante abgeschlagen und mit Griff an den Flaschenhals gegen eine andere Person gerichtet. Dabei kann die Bruchseite mit teilweise prominenten, spitzen und sehr scharfen Enden in den Körper einer Person gestoßen werden wie bei einem Messer. Nicht selten finden sich Angriffe mit einer abgeschlagenen Flasche gegen den Hals. Meist entstehen **gebogen oder auch gezackt verlaufende glattrandige Verletzungen** und davon abgesetzt durch spitze hervorstehende Enden in der Nachbarschaft Stich-/Schnittverletzungen **unterschiedlicher Tiefe** (Abb. 9.20 bis 9.23). Das Verletzungsausmaß wird dabei auch bestimmt durch die Dynamik der Handlung und etwaige Widerstandshandlungen. In solchen Fällen muss auch an Abwehrverletzungen gegen scharfe Gewalt streckseitig an den Unterarmen und besonders der Handinnenflächen gedacht werden, auch an Verletzungen des Handrückens. Kleinere Oberhaut- oder Hautverletzungen sind zusätzlich möglich, wenn die Flasche oder auch einmal ein Glas beim Aufprall zersplittert.

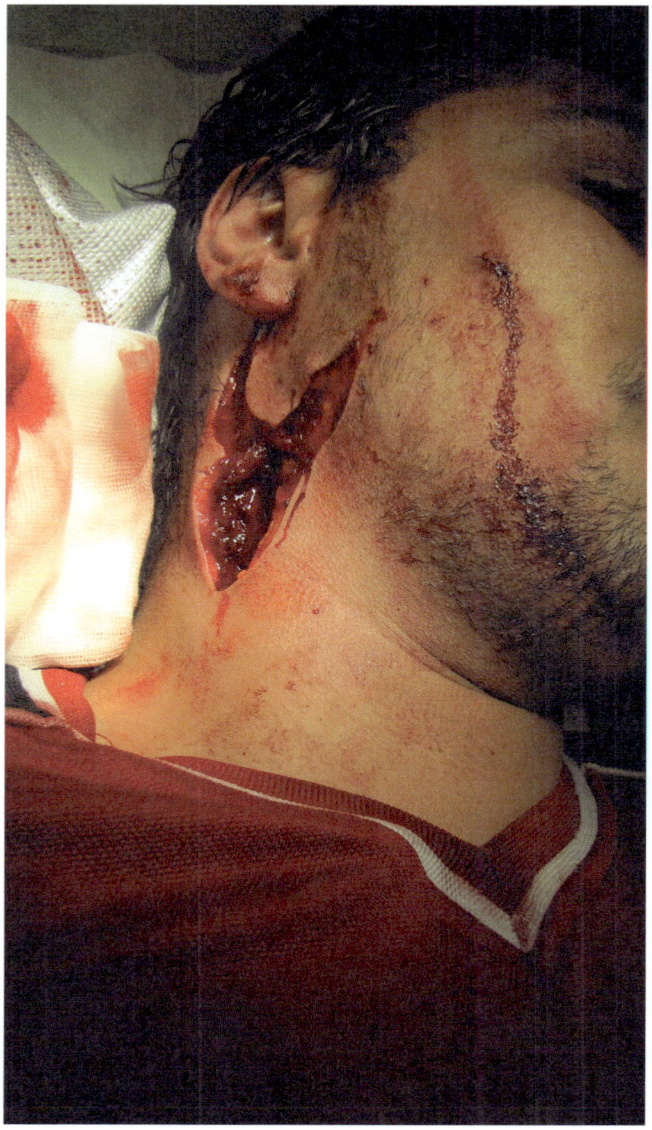

Abb. 9.20 **Befund:** Klaffende, y-förmige glattrandige Durchtrennung der Haut und des Unterhautweichteilgewebes: vorderer Wundschenkel bis zum rechten Kieferwinkel auf ca. 5 cm Länge reichend. Vorderes oberes Wundende mit auslaufender kleiner Hautabschürfung. Hinterer oberer Wundschenkel in Richtung Warzenfortsatz ziehend in leichtem Bogen hinter dem Ohr auf ca. 6 cm Länge verlaufend. Ohrläppchen und Hautlappen zwischen den Wundschenkeln mit feineren, teils streifigen, teils feinst-fleckigen Oberhautverletzungen. In der Tiefe partielle Durchtrennung des M. sternocleidomastoideus (sog. Kopfwendermuskel) (Laienfotografie mit dem Handy)

Diagnose: Schnittverletzung durch scharfe/halbscharfe Gewalt, vereinbar mit der Beibringung durch eine abgeschlagene Flasche

Anamnese: 21 Jahre alter Mann. Tätlichkeit mit mehreren Beteiligten nach verbalem Streit in einer Gastwirtschaft. Patient berichtet im Krankenhaus, er sei vom Fahrrad in eine Glasscherbe gestürzt

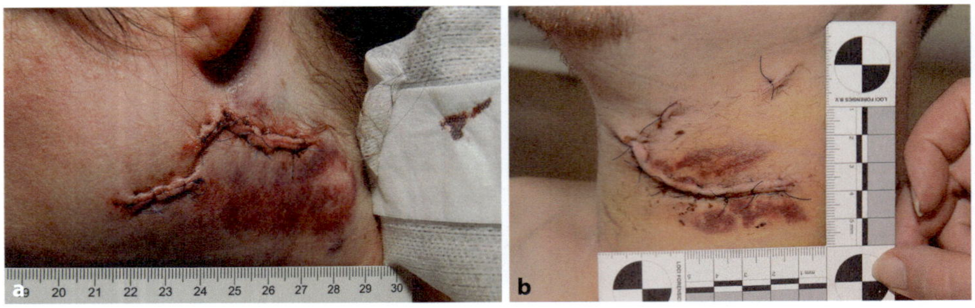

Abb. 9.21a,b **Befund:** Gebogen bzw. gebogen-gezackt verlaufende, jetzt chirurgisch versorgte offenbar glattrandige Durchtrennung der Haut und des Unterhautweichteilgewebes mit teils ober-, teils unterhalb der Verletzung gelegener Unterblutung (Hämatom) über dem linken hinteren Unterkieferast bzw. dem linken Kieferknochenwinkel und bis 2 cm unterhalb des Ohrmuschelansatzes reichend (**a**) bzw. in der linksseitigen Halshaut im mittleren Drittel (**b**)

Diagnose: Tief reichende Schnitt-Stichverletzungen

Anamnese: Jeweils Angriff mit einer abgeschlagenen Glasflasche gegen die linke Kiefer- bzw. Halsregion

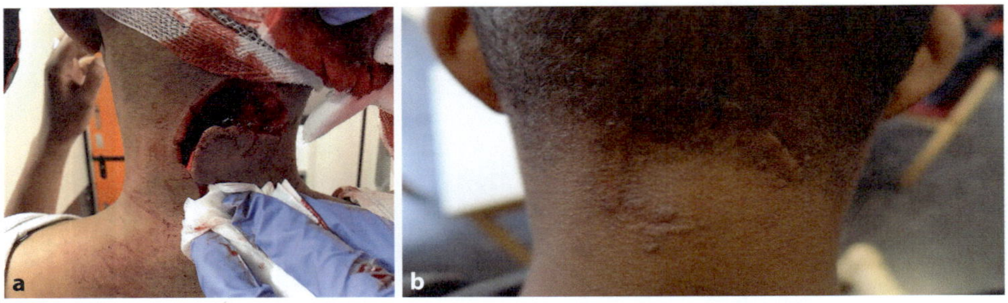

Abb. 9.22a,b **Befund:** **a** Halbkreisartig bis hufeneisenförmig klaffende, tief reichende Durchtrennung der Nackenhaut und des darunter gelegenen Unterhautweichteilgewebes beidseits der KML. **b** 9 Monate später verbliebene prominente (Keloid-)Narbe der Nackenhaut nach chirugischer Versorgung mit beidseits parallel davon gelegenen punktförmigen kleinen Narben

Diagnose: Halbkreisartige bis hufeisenartige frische Haut-/Hautweichteilgewebedurchtrennung (**a**) mit späterer Vernarbung in der Nackenhaut nach chirurgischer Versorgung (**b**)

Anamnese: Verletzung bei tätlichem Angriff von hinten mit einer abgeschlagenen Glasflasche

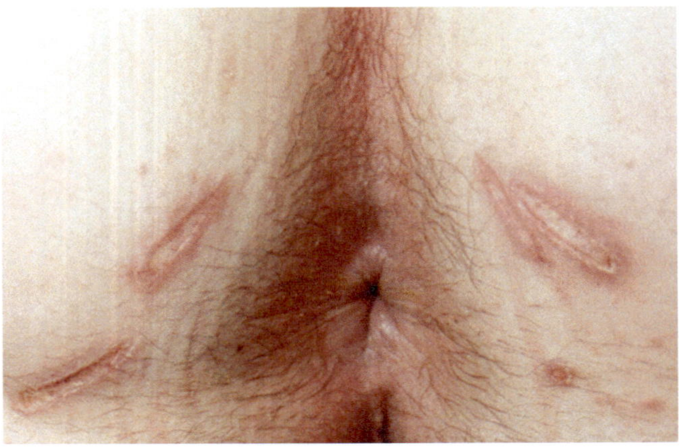

Abb. 9.23 **Befund:** In der Perianalregion gelegen vier streifige Narben mit jeweils leichtem rötlichem Randwall und zentraler flacher Mulde, zur KML hin spitzer auslaufend. (Abb. aus Dettmeyer et al. 2019)

Diagnose: Streifig-spitz endende Narben der Perianalregion

Anamnese: Vernarbte Verletzungen der Perianalregion nach Misshandlung durch Rammen einer abgeschlagenen Bierflasche Richtung Afteröffnung

Verletzungen als Folge halbscharfer Gewalt

C. G. Birngruber, G. Lasczkowski, R. B. Dettmeyer, *Forensische Verletzungskunde*,
https://doi.org/10.1007/978-3-642-54279-4_10

Der halbscharfen Gewalteinwirkung werden teils auch Verletzungen durch Fingernägel zugerechnet, obgleich hierdurch entstandene penetrierende Verletzungen der Haut selten sein dürften.

▪ Fingernagelkratzspuren

Verletzungen durch Fingernägel können an der Haut zu streifigen Hautschürfungen führen (◘ Abb. 10.1, 10.2 und 10.3). Unter Umständen finden sich kleinere, sichel- oder halbkreisartige Oberhautanritzungen, insbesondere in der Halshaut beim ein- oder beidhändigen Würgen. Fingernagelverletzungen der Halshaut können auch entstehen durch den Versuch des Gewaltopfers, sich gegen das Würgen oder Drosseln zu wehren, z. B. bei dem Versuch, hinter ein Drosselwerkzeug zu greifen. Derartige Verletzungen können auch als tangentialstumpfe Gewalteinwirkungen charakterisiert werden.

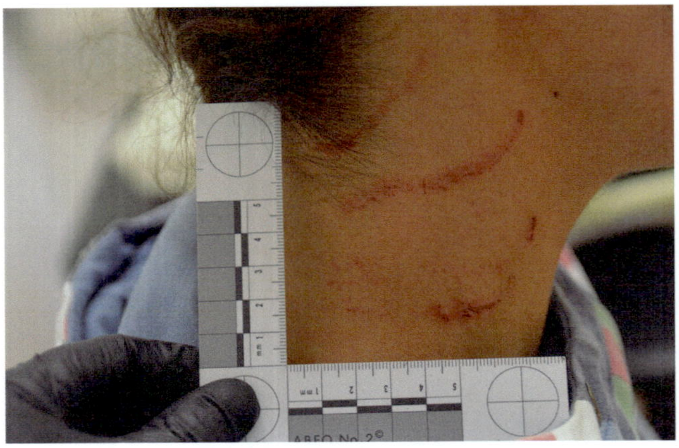

◘ **Abb. 10.1** **Befund:** Insgesamt 3 von hinten unten nach vorne oben verlaufende parallel zueinander in einem Abstand von ca. 3 bzw. 4 cm gelegene Hautrötungen mit diskreter Oberhautablösung

Diagnose: Parallele kratzerartige Oberhautschürfungen in der linksseitigen Halshaut, am ehesten Kratzspuren von Fingernägeln

Anamnese: Tätlicher Angriff mit versuchtem Würgen

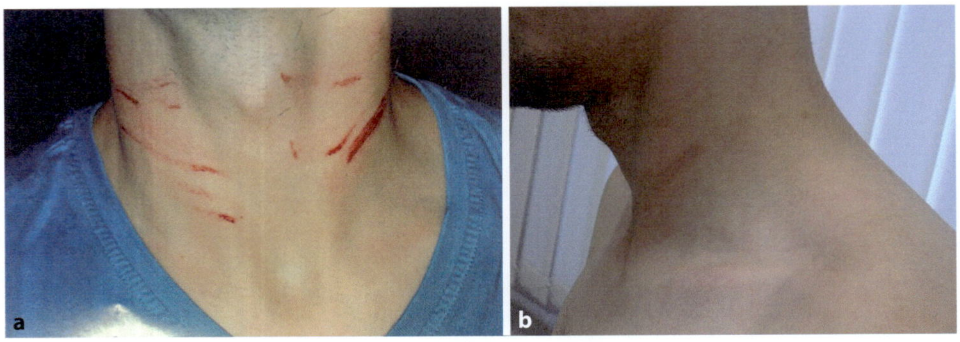

◘ **Abb. 10.2a,b** Beidseitig parallelstreifige, gut demarkierte, rotbraune Verletzungen der rechten und linken vorderen Halshaut (**a**) und stellenweise verbliebenen blass-braunen Narben nach 2 Monaten (**b**)

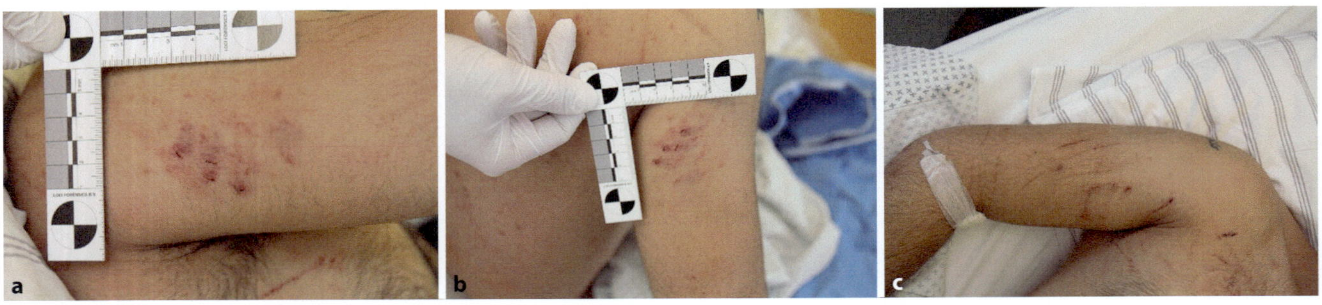

◘ **Abb. 10.3a–c** Parallelstreifige Kratzspuren (Hautschürfungen) mit dazwischenliegender unversehrter Haut. Innerhalb der streifigen Hautverletzungen dazu quergestellte, feine, bis 0,8 cm messende rotbraune Hautablösungen im Sinne sog. Fingernagelabdrücke. Verletzungen an den Oberarmen, sodass auch an sog. Griffspuren mit längeren Fingernägeln der greifenden Hand gedacht werden muss

Bissverletzungen

Bissverletzungen finden sich gelegentlich bei Kindern wie bei Erwachsenen, häufig vereinzelt, seltener gleichzeitig in größerer Zahl. Erforderlich ist bei Bissverletzungen eine rasche fotografische Dokumentation mit Maßstab in direkter Aufsicht, d. h. senkrecht zur Hautoberfläche. Bei Bissverletzungen der Haut von Kindern wird nicht selten angegeben, ein anderes Kind habe gebissen. Zur Überprüfung dieser Behauptung kann das Ausmessen des Außendurchmessers der halbkreisartigen Zahnabdruckkonturen, gemessen von den Eckzähnen aus, hilfreich sein, da dies eine Aussage dahingehend erlauben kann, ob eher ein kindliches Gebiss oder eher ein Erwachsenengebiss zugebissen hat.

Dabei gilt als Faustformel:

1. Beim **Gebiss einer erwachsenen Person** zeigt sich ein Abstand der Eckzähne von in der Regel mehr als 3 cm (3 cm bis 4,5 cm).
2. Wird ein Abstand von 2,5 bis 3 cm gemessen, so kommt als Verursacher der Bissspur ein **älteres Kind oder ein kleiner Erwachsener** in Betracht.
3. Vor dem Zahnwechsel, also **vor dem etwa 6. Lebensjahr** bilden die jeweils zweiten Milchmolaren den messbaren Zahnabstand und dieser liegt in der Regel unter 2,5 cm.

Häufig sind Bissverletzungen nicht auf Anhieb eindeutig als solche zu erkennen, manchmal jedoch assoziativ oder jedenfalls als Verdachtsdiagnose gegeben. Streifig-halbkreisartig geformte Hautverletzungen, die mit der konkaven Seite einander zugewandt gelegen sind, sollten bei entsprechender Größe an eine Bissverletzung denken lassen. Sieht man innerhalb der Verletzungen regelmäßig angeordnete und womöglich geformte Abdrücke oder Oberhautablösungen, so kann die Diagnose einer Bissverletzung sicher gestellt werden.

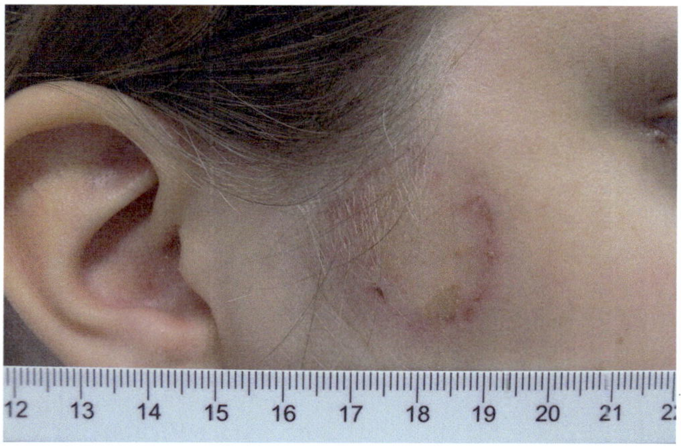

Abb. 10.4 Befund: Hautrötung in der rechten Vorohrregion. Davor eine halbkreisartige, nach hinten-oben hin offene Hautrötung mit in der Hautrötung gelegenen, verschorften Oberhautablösungen. Die Verschorfungen teils fleckförmig, teils streifig, als Anteile einer angenommenen (Halb-)Kreisbahn. Die Haut in der unmittelbaren Umgebung diskret gelbbraun verfärbt

Diagnose: Bissverletzung der Gesichtshaut vor dem rechten Ohr unmittelbar unterhalb der Haaransatzgrenze

Anamnese: Die Geschädigte gab an, von ihrem ehemaligen Lebensgefährten gebissen worden zu sein. Untersuchung 2 Tage nach dem Vorfall

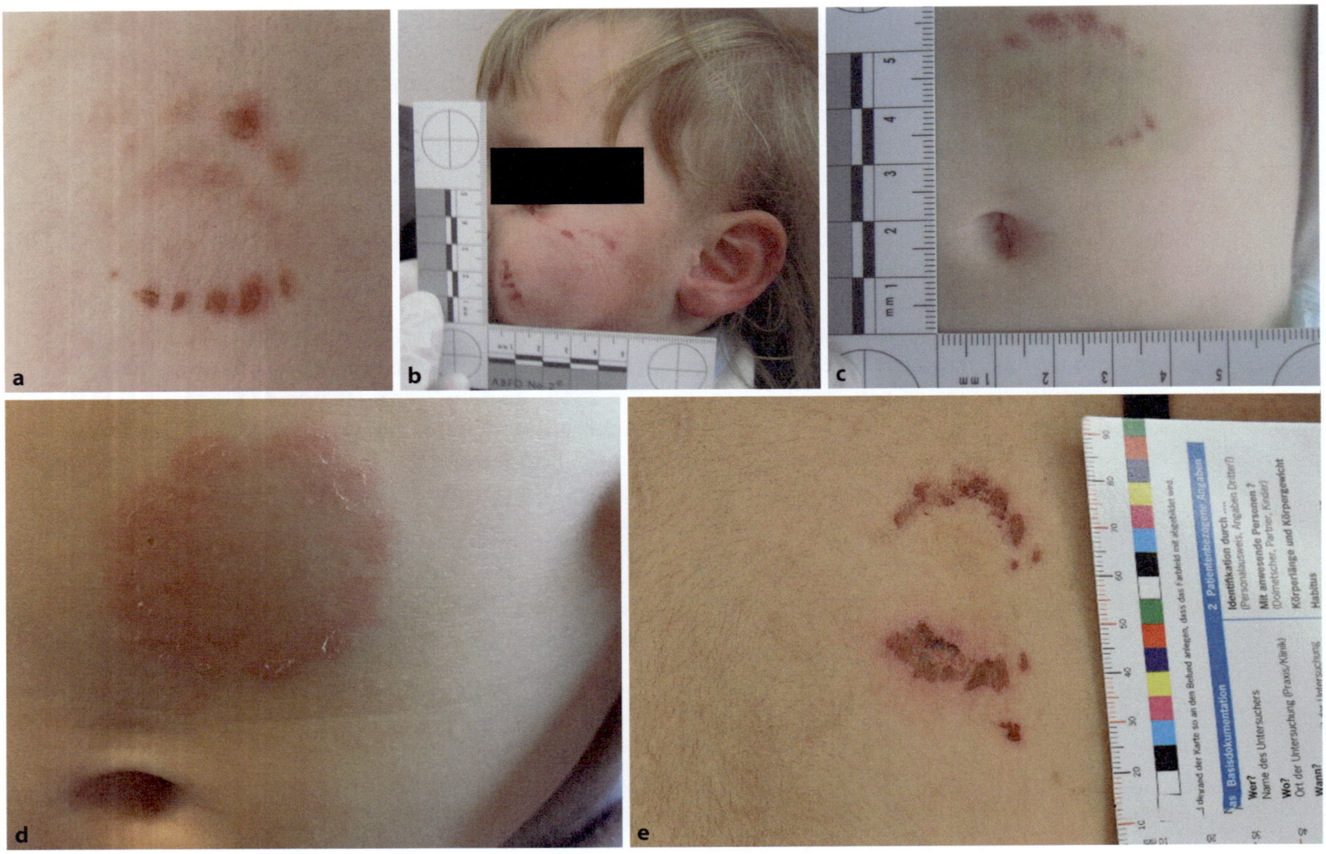

Abb. 10.5a–e **Befund:** Beispiele von Bissverletzungen: angedeutet halbkreisartig-streifige und einander gegenüberliegende Hautverletzungen, teilweise bestehend aus leicht eckig rotbraunen Anteilen mit Unterbrechungen (**a–c**). Teilweise zentrale Rötung oder leicht ocker-grüne Hautverfärbung. Am Rande sind gelegentlich Hautfähnchen erkennbar (**d**). Beim Biss kann es zu schürfenden Hautverletzungen kommen (**e**), bei späterer Abheilung können halbkreisartige Narben bestehen bleiben

Diagnose: Bissverletzungen der Haut

Anamnese: Jeweils Bissbeibringung bei Kindesmisshandlung und im Rahmen einer tätlichen Auseinandersetzung. In einem Fall konnte ein Kind als beißender Verursacher von Zeugen beobachtet werden

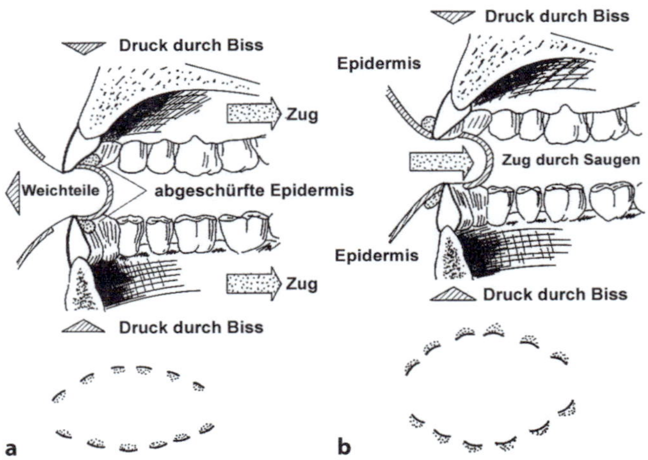

Abb. 10.6 Unterschiedliche Lokalisationen der Hautabschürfungen beim Beißen (**a**) und beim Saugen (**b**). (Modifiziert nach Dettmeyer et al. 2019)

Die ◘ Abb. 10.4 bis 10.8 zeigen typische Bissverletzungen.

Wird bei einem Biss nach dem Zubeißen die zwischen den Zahnreihen liegende Haut von der beißenden Person aktiv und kräftig in das Mundinnere gesaugt, so können sich in der betroffenen Haut punktförmige oder auch flächenhafte Hautrötungen bilden. Wird die Haut über die Zahnspitzen gerieben, so sind auch voneinander abgrenzbare rotbraune Oberhautablösungen bzw. Oberhautschürfungen möglich, sowohl beim Beißen als auch beim Saugen (◘ Abb. 10.6).

Wenn die Bisskonturen hinreichend deutlich sind, was bei zeitnaher Untersuchung wesentlich wahrscheinlicher ist, dann kann grundsätzlich ein Abgleich mit dem Gebiss bzw. dem Zahnstand einer tatverdächtigen Person erfolgen. Hilfreich ist dabei die Erstellung eines Zahnabdruckes von dieser Person und der Abgleich mittels Superprojektion auf die Bisswunde der verletzten Person. Dies sollte erfolgen in Kombination mit einer Befunddokumentation unter Verwendung eines Winkellineals ohne Verkippung (◘ Abb. 10.8).

Selten sind schwerwiegende Bissverletzungen der eigenen Lippen und der Zunge. Derartige Verletzungen kommen vor, wenn z. B. die Lippen oder die Zunge im Moment eines Schlages gegen den Unterkiefer zwischen den Zahnreihen liegen.

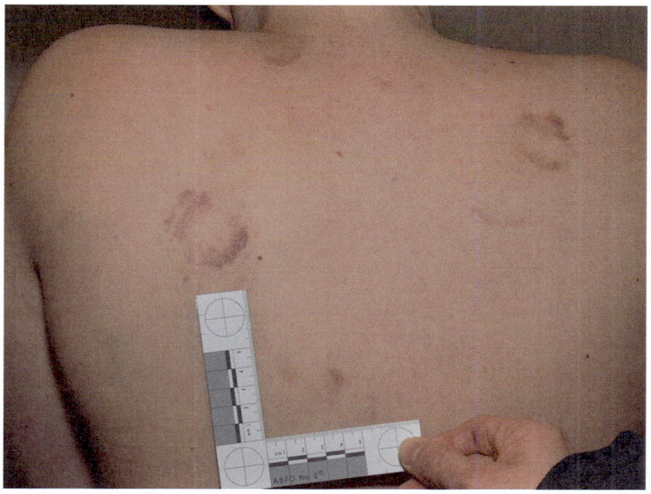

◘ **Abb. 10.7** **Befund:** Rückenhaut mit zahlreichen annähernd halbkreisartigen und einander mit den offenen, konkaven Anteilen gegenüberliegenden bis 3,4 cm messenden Hautrötungen und Oberhautablösungen, teilweise unterbrochen

Diagnose: Verletzungen der Rückenhaut wie sog. Bissspuren (Bissringe). Weitere Bissringe, teils mit saugender Komponente an Gesicht, Brust, Bauch, Oberschenkeln und Oberarmen

Anamnese: Bissverletzungen, die im Rahmen eines Sexualdelikts zugefügt worden sein sollen

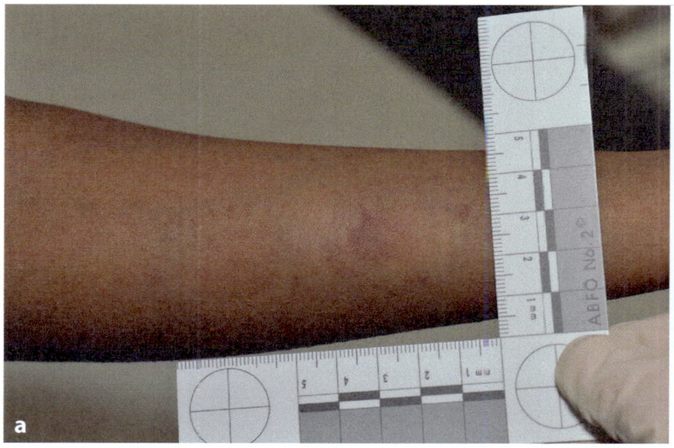

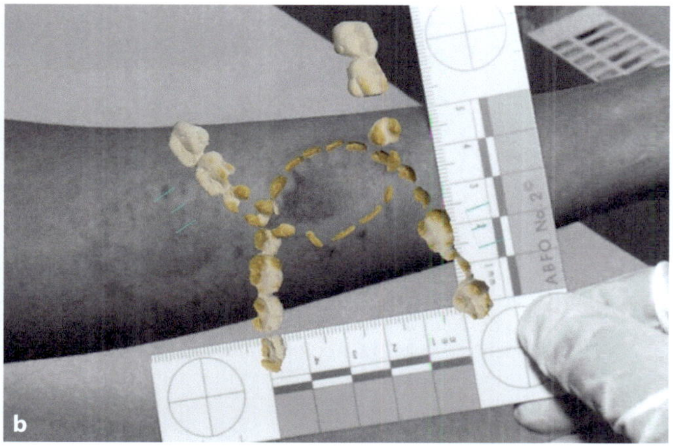

◘ **Abb. 10.8a,b** **Befund:** Beugeseitig im mittleren Drittel des linken Unterarmes angedeutet halbkreisartig konfigurierte und einander gegenüberliegende, mehrfach unterbrochene blass-rotbraune Hautverfärbungen: Projektion von Ober- und Unterkieferzähnen eines Tatverdächtigen auf die optisch verstärkten Konturen der Bissmarken des linken Unterarmes

Diagnose: Konfigurierte Hautrötungen der Unterarmhaut links, assoziativ an sog. Bissmarken erinnernd

Anamnese: Bissverletzungen im Rahmen eines Sexualdeliktes, Projektion zur Identifikation des Tätergebisses

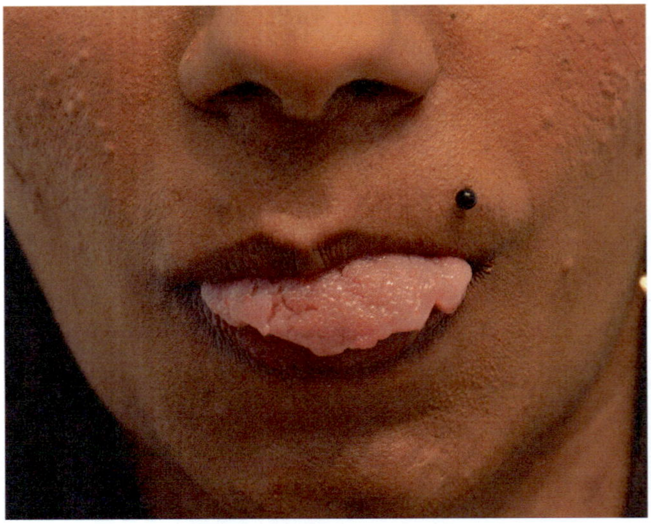

Abb. 10.9 **Befund:** Zungenspitze mit etwa halbkreisartig angeordneten narbigen Defekten im Zungengewebe beidseits der KML entlang der Zungenspitzenaußenkante bei angedeutet wellenartiger Anordnung

Diagnose: Ältere Bissverletzung der Zungenspitze mit Abtrennung von Zungenspitzenanteilen

Anamnese: Angegebener Zustand nach heftigem Schlag gegen den Unterkiefer (sog. „Kinnhaken") bei halb geöffnetem Mund und Lagerung der Zungenspitze zwischen den Zahnreihen im Moment des Schlages

Im Extremfall sind dann Gewebeverluste z. B. der Zungenspitze möglich (Abb. 10.9).

Bissverletzungen durch Tiere

Verletzungen durch Tierbisse sind häufig Hundebissverletzungen. Dabei können uncharakteristische Verletzungen entstehen, die für sich allein nicht an einen Tierbiss denken lassen. Im Einzelfall lassen die Anordnung der Verletzungen oder auch die Wundränder den Rückschluss auf eine Tierbissverletzung jedoch zu (Abb. 10.10). Im Gegensatz zu Bissverletzungen durch ein menschliches Gebiss sind Tierbissverletzungen eher dreieckig konfiguriert und laufen nach vorne eher spitz oder deutlicher hufeisenförmig zu, sodass eine Unterscheidung gut möglich ist. Selten sind Tierbissverletzungen, bei denen es zu einer Abtrennung kompletter Glieder, z. B. von Fingerendgliedern, kommt (Abb. 10.10).

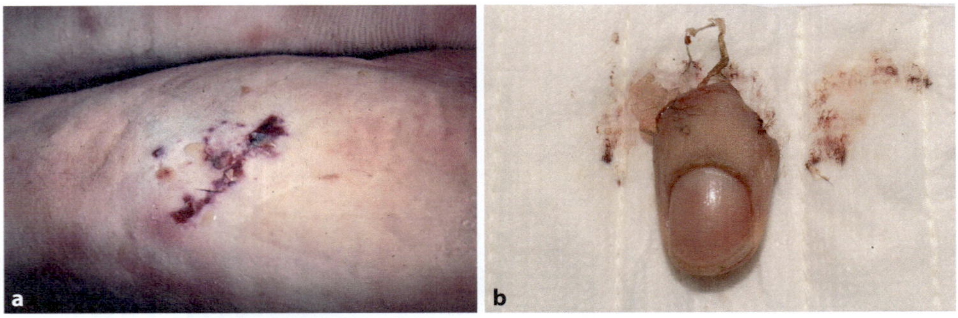

Abb. 10.10a,b Streifige rotbraun-vertrocknete Hautdurchtrennung mit angrenzenden halbkreisartigen ebenfalls rotbraunen mehr punktförmigen Verletzungen der Haut und zwei seitlich davon gelegenen wenige mm durchmessenden Oberhautablösungen – insgesamt vereinbar mit dem berichteten Hundebiss (Dackel) (**a**) Abgetrenntes Fingerendglied mit grob lazerierten Wundrändern und grober Abtrennungsebene – vereinbar mit der Abtrennung durch einen Hundebiss (Schäferhund) (**b**)

Thermische Verletzungen

C. G. Birngruber, G. Lasczkowski, R. B. Dettmeyer, *Forensische Verletzungskunde*,
https://doi.org/10.1007/978-3-642-54279-4_11

In Deutschland erleiden pro Jahr ca. 20.000 Menschen eine thermische Verletzung durch Hitze. Das Verhältnis Männer zu Frauen beträgt ca. 3:1, das Ausmaß der verbrannten Körperoberfläche (VKOF) beträgt im Durchschnitt 27 %. Als häufigste Begleitverletzung wird mit 31 % das sog. Inhalationstrauma genannt. Thermische Verletzungen sind eher unfallbedingt und seltener Folge einer von Dritten ausgehenden Gewalteinwirkung. Dennoch kommen fremdbeigebrachte thermische Verletzungen vor, z. B. bei Fällen von Kindesmisshandlung als Zigarren- bzw. Zigarettenbrandverletzungen. Auch die Körperverletzung durch heiße Flüssigkeiten ist bekannt. Bei den äußerlich sichtbaren Hitzeschäden werden Verbrennungen und Verbrühungen unterschieden.

Verbrennung

Einwirkung trockener Hitze: Flammen, heiße Gegenstände (sog. Kontaktverbrennung), heiße, trockene Luft etc.

Verbrühung

Einwirkung feuchter Hitze: heiße Flüssigkeiten (v. a. Wasser) und heiße Dämpfe.

Prognostisch besonders bedeutsam kann im Einzelfall die Intensität der Einatmung heißer Luft oder heißer Dämpfe sein, wenn es dabei zu einer Schädigung der Schleimhäute der (oberen) Atemwege kommt (sog. Hitzeinhalationstrauma).

11.1 Verbrennungen

Verbrennungen sind Folge der Einwirkung trockener Hitze. Neben einer offenen Flamme ist insbesondere an den Kontakt mit heißen Gegenständen zu denken. Verbrennungen betreffen vorrangig unbekleidete Hautpartien des Körpers. Eine lokalisierte Einwirkung von trockener Hitze führt, je nach Körperlokalisation, Einwirkungsdauer und Grad der einwirkenden Temperatur zu Verbrennungen unterschiedlichen Schweregrades. Dabei können die in ◘ Tab. 11.1 genannten Grade der Hitzeschädigung angeben werden.

Nachfolgend sind Abbildungen exemplarischer thermischer Verletzungen zu sehen, jeweils mit beschreibendem Befund, der Diagnose und ggf. Angaben zur Anamnese bzw. Genese der Verletzung. Dabei gelten Zigarren- bzw. Zigarettenbrandverletzungen, wenn absichtlich beigebracht, als relativ charakteristisch (◘ Abb. 11.1).

Neben dem Auf- oder auch Ausdrücken einer brennenden Zigarette oder Zigarre gibt es thermische Verletzungen durch Kontakt mit anderen heißen Gegenständen, teilweise im Rahmen eines häuslichen Unfalls. Bei der Kindesmisshandlung finden sich in ca. 10–15 % der Fälle auch Verletzungen durch thermische Gewalt, z. B. der Gesäßhaut durch Setzen des Kindes auf eine heiße Herdplatte, durch Aufdrücken eines Bügeleisens auf die Haut oder durch Drücken einer/beider Hände oder Füße in heiße Flüssigkeit, meist Wasser (siehe Verbrühungen). Beispiele für Verbrennungen nach dem Druck heißer Gegenstände auf die unbekleidete Haut zeigen die ◘ Abb. 11.2, 11.3, 11.4, 11.5.

Brandbeschleuniger

Beim Hantieren mit brennbaren Flüssigkeiten, z. B. Benzin, bilden sich Benzingase, die sich bis zum Zeitpunkt des Brandbeginns ausbreiten können und bei Brandbeginn zu einer Verpuffung führen. Eine solche Verpuffung kann zu Brandverletzungen führen, gerade bei der Person, die sich mit offenem Feuer (Streichholz, Feuerzeug) zum Zwecke der Inbrandsetzung vor Ort befunden hat. Die dabei resultierenden Brandverletzungen finden sich insbesondere [*Fortsetzung auf S. 92*]

◘ **Tab. 11.1** Graduierung der Hitzeschädigung und klinische Befunde. (Modifiziert nach Sorg et al. 2012)

Grad	Klinische Befunde	Tiefe der Hitzeschädigung	Abheilung
I	Rötung Ödem Druckschmerz	Hitzeschädigung der Epidermis (Oberhaut) ohne Zelluntergang	Ohne Vernarbung, innerhalb von ca. 7 Tagen
IIa	Hautblase mit feucht-rotem Wundgrund Ödem Erheblicher Schmerz	Hitzeschädigung der Oberhaut (Epidermis) und angrenzender papillärer Lederhautanteile, die Haarfollikel und die Hautanhangsgebilde bleiben erhalten	Allenfalls minimale Narbenbildung, innerhalb von 14 bis 21 Tagen
IIb	Hautblase mit hell-weißgrauem Wundgrund Reduzierte Durchblutung Ödem Erheblicher Schmerz	Hitzeschädigung der Oberhaut und der tiefen Lederhaut, Beteiligung der Hautanhangsgebilde	Deutliche Narbenbildung, nach 3 bis 4 Wochen
III	Hitzezerstörtes Gewebe muss entfernt werden, danach weißer Wundgrund, keine Schmerzen	Vollständige hitzebedingte Zerstörung der gesamten Haut einschließlich der Hautanhangsgebilde, bis in die Subkutis (Unterhautgewebe) reichend	Grobe Vernarbung, Heilung i. d. R. mit Hilfe plastisch-chirurgischer Intervention
IV	Verkohlung Auflösung des Gewebes auch in der Tiefe	Hitzebedingte Zerstörung der Haut, des Unterhautfettgewebes, von Muskeln, Sehnen, Knochen und Gelenken	Plastisch-chirurgische Maßnahmen gelten für eine Heilung als unverzichtbar

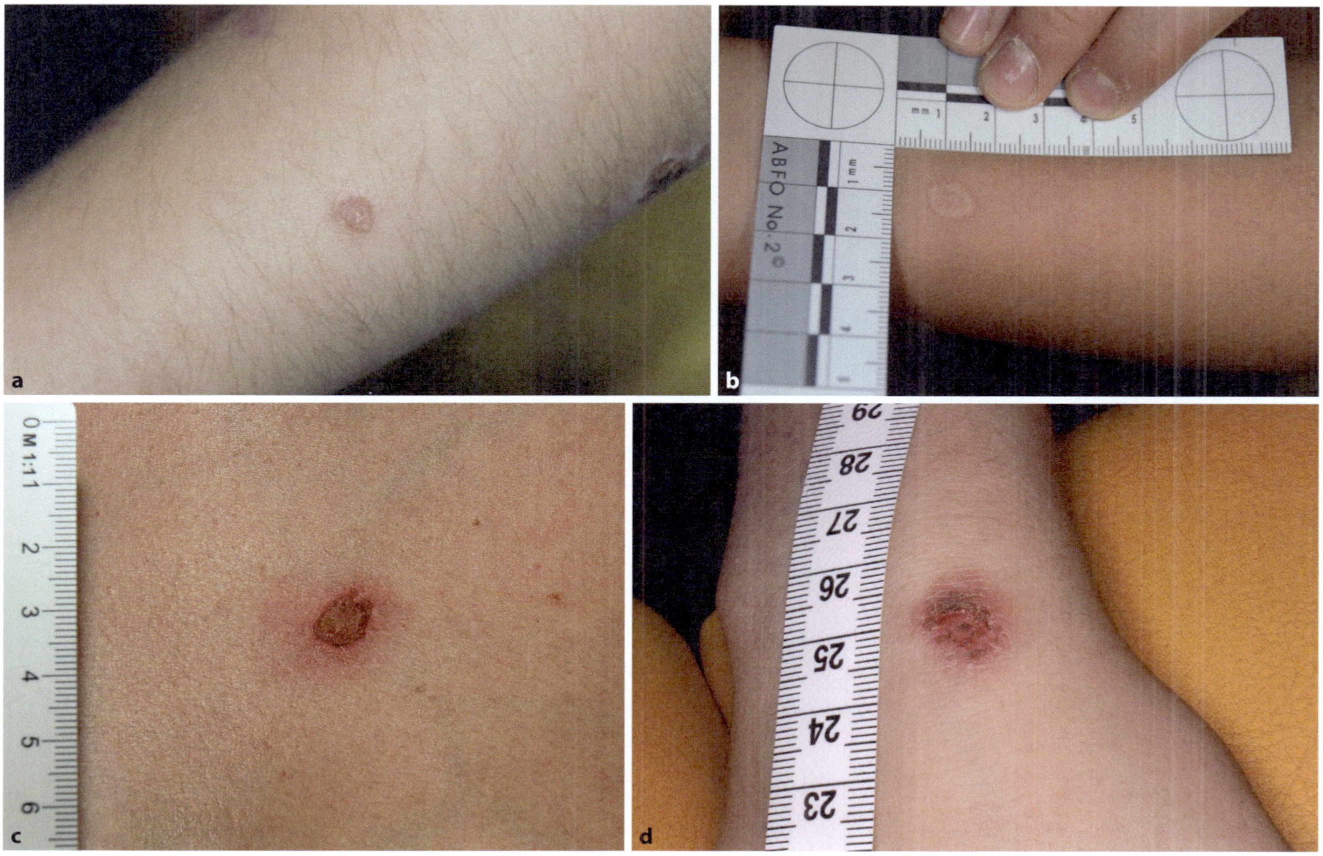

Abb. 11.1a–d **Befunde:** **a** Unterarmstreckseite mit kleiner, rundovaler, kollabierter Hautblase mit schmalem, gerötetem, zirkulärem Randsaum. **b** Ca. 1 cm durchmessende rundovale Narbe der Haut mit ringartiger Aufhellung und zentraler diskreter narbiger Verziehung der Haut. **c** Rundovale rotbraune Hautvertrocknung mit diskreter umgebender ringartiger Schorfkrustenbildung und leichter narbiger Verziehung der Haut. **d** Zentral ca. 0,5 cm durchmessender, wie ausgestanzt wirkender Substanzverlust der Haut, bis in das Unterhautfettgewebe reichend. Wallartig, darum ein aufgeworfener graurotier Rand mit umgebender Hautrötung, Gesamtdurchmesser ca. 1,2 cm

Diagnose (a): Brandblase, Verbrennung II. Grades.

Diagnose (b): Dringender V. a. eine Brandnarbe.

Diagnose (c und d): Rundliche Verbrennungen II.–III. Grades, in Abheilung

Anamnese: Jeweils gesichertes oder angegebenes Zerdrücken einer brennenden Zigarette auf die Haut

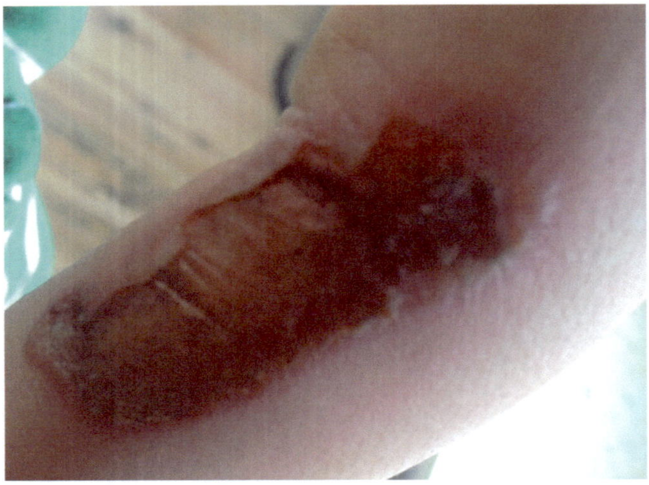

Abb. 11.2 **Befund:** Geformt erscheinender Substanzverlust der Haut mit pergamentartig gelb-braunem, trockenem Wundgrund. Angedeuteter Randwall, umgebende Rötung (undeutliche Laienfotografie mit dem Mobiltelefon)

Diagnose: Geformte Verbrennung Grad II–III (Lokalisationsangabe nicht möglich anhand des Bildes)

Anamnese: Aufdrücken eines heißen Gegenstandes auf die Haut eines Kindes

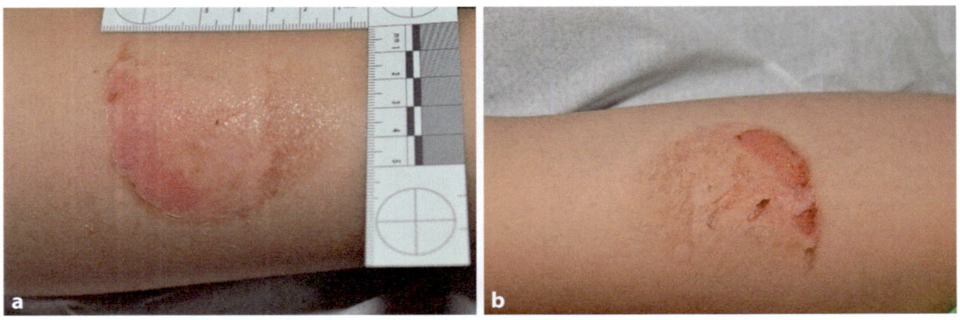

Abb. 11.3 **Befund:** Geformt erscheinende, angedeutet hufeisenartige flächenhafte Oberhautablösung mit gerötetem, feuchtem Wundgrund auch zwischen den Rändern

Diagnose: Lokalisierte und geformte Verbrennung Grad II

Anamnese: Jeweils kurzzeitiges Aufdrücken eines heißen Bügeleisens auf die Haut

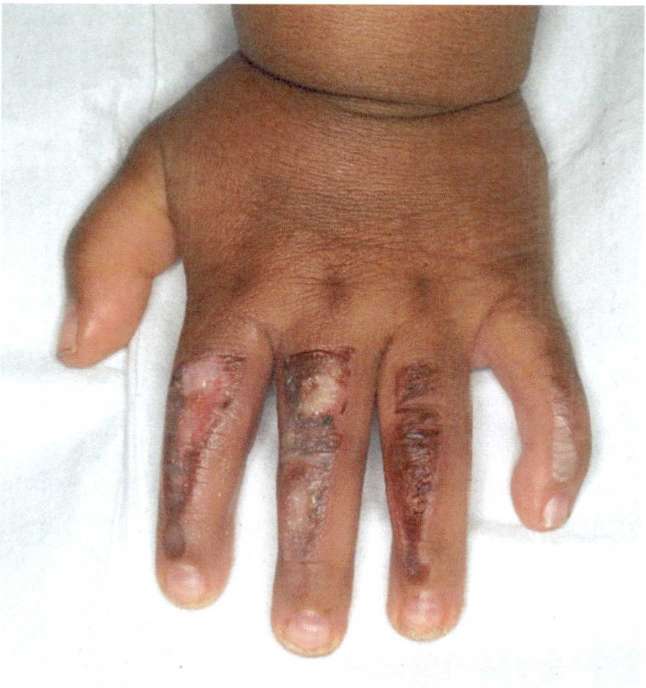

Abb. 11.4 **Befund:** Isoliert streckseitig über den Grund-, Mittel- und Endgliedern der Finger D II bis V erkennbare gut demarkierte teilweise rotbraune trockene Verletzungen der Haut und des unmittelbar angrenzenden Unterhautweichteilgewebes

Diagnose: Verbrennungen Grad II–III der Fingerstreckseiten D II bis D V

Anamnese: Auf die Kinderhand kurzzeitig aufgedrücktes heißes Bügeleisen

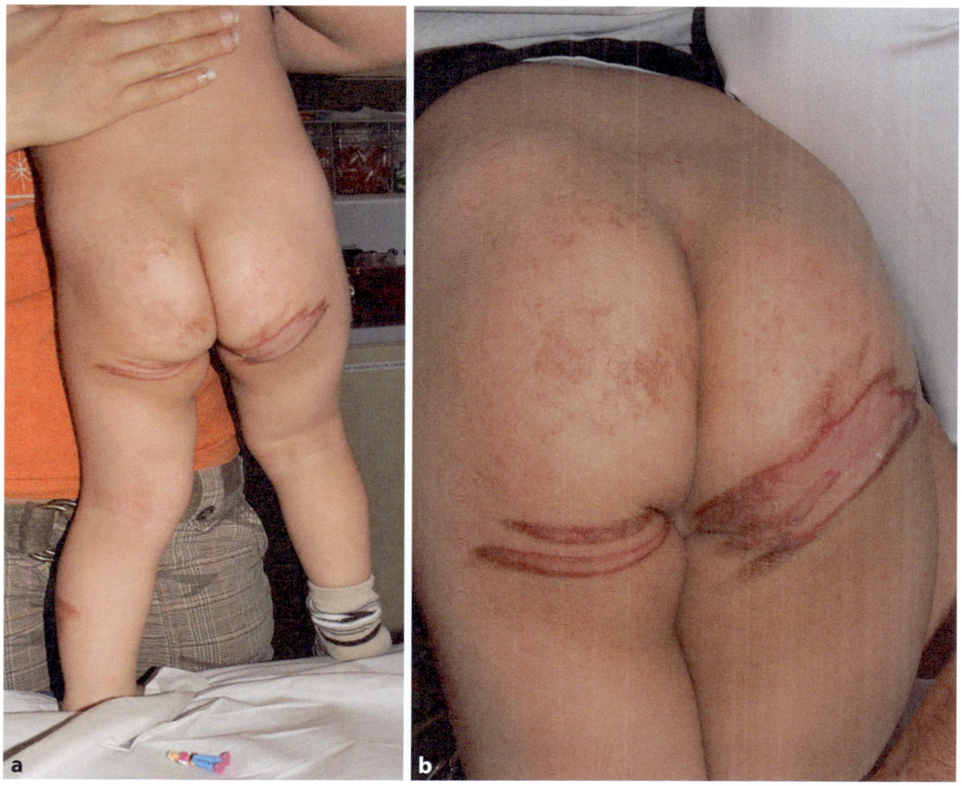

Abb. 11.5a–b **Befund:** Querstreifige bis bogige Hautrötungen in der unteren Gesäßhaut, rechts mehr als links, mit feinfleckiger bis feinstreifigen Hautrötungen in der linksseitigen Gesäßhaut. Asymmetrisches Bild. Querstreifige Hautrötung im mittleren Drittel des außenseitigen linken Unterschenkels

Diagnose: Verbrennung Grad I–II

Genese: Kontakt in Sitzposition mit einem am Boden stehenden, heißen Wok (häuslicher Unfall)

an den Händen und Unterarmen (◘ Abb. 11.6), möglich sind auch verpuffungsbedingte Schäden der getragenen Kleidung oder der Haare (Kopf und-/oder Barthaare, Unterarmhaare; ◘ Abb. 11.7).

Bei offener Flamme, auch bei kurzzeitiger Verpuffung von Gasen, können insbesondere die Enden von Haaren Hitzeschäden aufweisen (◘ Abb. 11.7). Es kann zu einer gelbbraunen Verfärbung kommen, auch zu einer sog. Hitzekräuselung oder kolbigen Auftreibung der Haarenden.

Zu einer verpuffungsartigen Verbrennung kann es grundsätzlich auch kommen, wenn entflammbare Gase freigesetzt werden. So kann das beim Pfeffersprayeinsatz freigesetzte Treibgas nach Entflammen zu Verbrennungen der Gesichtshaut führen (◘ Abb. 11.8).

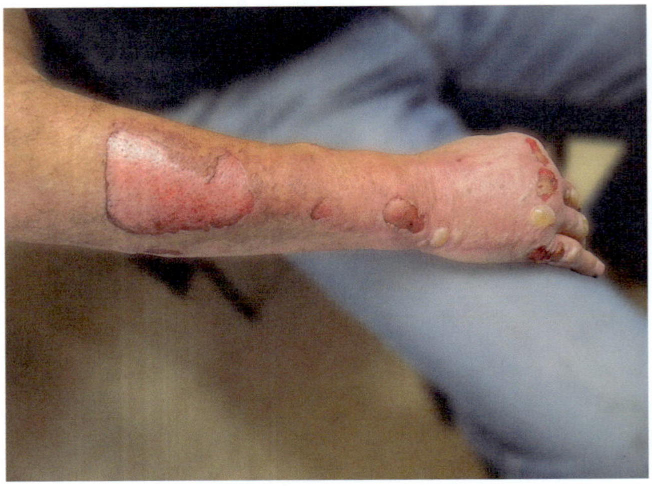

◘ **Abb. 11.6** **Befund:** An der Unterarmstreck- und Kleinfingerseite sowie auf dem Handrücken rechtsseitig, betont über den Fingerknöcheln bis kirschgroße, teilweise intakte Hautblasen sowie landkartenartige, unregelmäßig beränderte Hautwunden mit Oberhautverlust

Diagnose: Verbrennungen Grad II mehr der Streckseite/Kleinfingerseite des rechten Unterarmes eines Rechtshänders, die Verletzungslokalisationen lassen an ein zu spätes Zurückziehen oder auch eine Schutzhaltung des rechten Armes denken

Anamnese: Verletzungen durch Verpuffung von Benzindämpfen

11

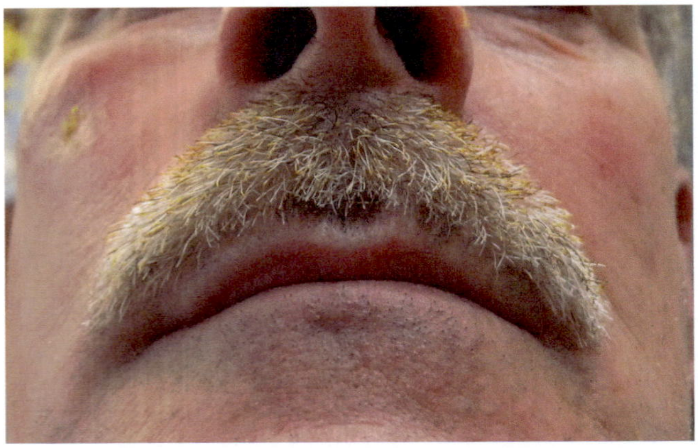

◘ **Abb. 11.7** **Befund:** Leicht gekräuselte Oberlippenbarthaare, fleckige Oberhautablösungen und Rötungen der Haut an den Unterseiten der Nasenflügel bzw. nahe den Nasenöffnungen

Diagnose: Verbrennung Grad I

Anamnese: Verpuffung von Benzindämpfen

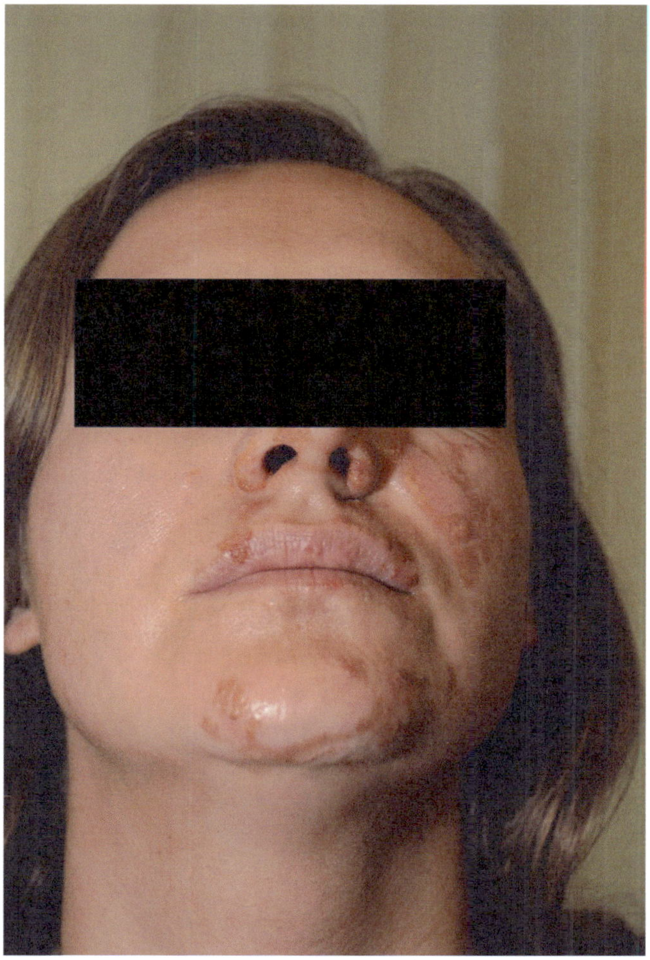

Abb. 11.8 **Befund:** Flächenhaft verteilte hellrot-graue, leicht prominente Hautläsionen, teilweise landkartenartig unter Beteiligung der Nasenspitze, der Oberlippe und der Haut des Kinns, linksseitig betont

Diagnose: Diffus verteilte Schädigungen der Gesichtshaut, passend zu Verbrennungen Grad I–II

Anamnese: Beim Einsatz von Pfefferspray habe sich das Treibgas entzündet und zu Verbrennungen der Gesichtshaut geführt

11.2 Verbrühungen

Verbrühung meint eine Schädigung der Haut und unter Umständen des tiefer gelegenen Unterhautweichteilgewebes durch eine heiße Flüssigkeit oder durch heiße Dämpfe. Während bei der trockenen Hitze eher die unbekleidete Haut betroffen ist, können Verletzungen durch heiße Flüssigkeiten/Dämpfe an bekleideten Hautpartien stärker ausgeprägt sein, wenn sich die Kleidung mit der heißen Flüssigkeit vollsaugen und nicht schnell genug ausgezogen werden konnte. Der Anteil thermischer Verletzungen wird mit ca. 10–15 % aller Fälle von Kindesmisshandlung angegeben. Neben einer Verbrühung Grad I (▫ Abb. 11.9) können je nach Temperatur und Einwirkungszeit der heißen Flüssigkeit umschriebene Verbrühungen höheren Grades entstehen (▫ Abb. 11.10), was bei der Rekonstruktion eines möglichen Geschehens unter Umständen schwer nachvollziehbar sein kann.

Die Haut von Säuglingen und Kleinkindern ist bis zu ca. sechsfach empfindlicher als die Haut von Erwachsenen. Entsprechend reichen bei gleicher Temperatur der Flüssigkeit bei Säuglingen und Kleinkindern wesentlich kürzere Einwirkungszeiten, um eine Hitzeschädigung zu bewirken.

Die Differentialdiagnose „Fremdbeibringung“ oder „Unfall“ orientiert sich an der Morphologie und der Lokalisation der Verletzungen. Auch Säuglinge und Kinder reagieren auf Schmerzen mit dem reflexartigen Versuch, das betroffene Körperteil bzw. die betroffene Extremität zurück zu ziehen, um schwere Verbrennungen bzw. Verbrühungen zu verhindern.

11

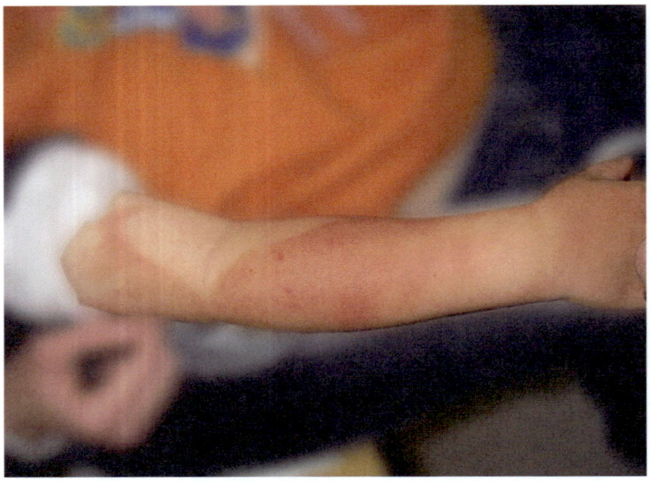

▫ Abb. 11.9 **Befund:** Flächenhafte Hautrötung an Ober- und Unterarm, streck- und außenseitig betont, mit Aussparung der Ellenbeuge

Diagnose: Verbrühung Grad I

Genese: Einwirkung von heißem Wasserdampf gegen den am Körper anliegenden und angewinkelten Arm mit typischer rautenförmiger Aussparung der Hautschädigung in der rechten Ellenbeuge

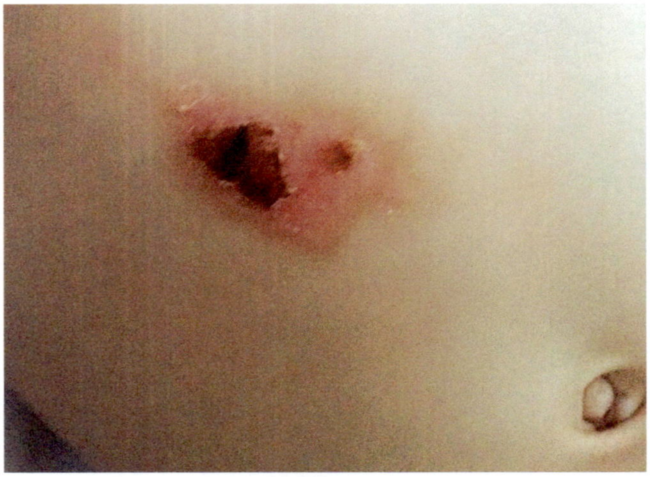

▫ Abb. 11.10 **Befund:** Kleinfleckige braune Kruste mit umgebender Oberhautablösung und Rötung

Diagnose: Verbrühung Grad II

Anamnese: Belassen eines mit heißem Tee vollgesogenen Baumwollhemds; Vorstellung zur Untersuchung erst mit deutlicher zeitlicher Verzögerung. Rekonstruktiv: heiße Flüssigkeit stand bei Faltenbildung in Falte des Baumwollhemds am Körper eines Kleinkinds

Wird z. B. die Hand oder der Fuß eines Kindes jedoch mit Gewalt in einer heißen Flüssigkeit gehalten (sog. „Immersionsverbrühung"), dann resultieren handschuh- bzw. strumpfartige Verbrühungen (◘ Abb. 11.11, 11.12). Unfallbedingte Verbrühungen zeigen dagegen ein eher fließspurartiges und spritzerartiges Verteilungsmuster (◘ Abb. 11.13, 11.14, 11.15).

Zur Bestimmung des Ausmaßes der hitzegeschädigten Körperoberfläche wird häufig die sog. Neunerregel genannt,

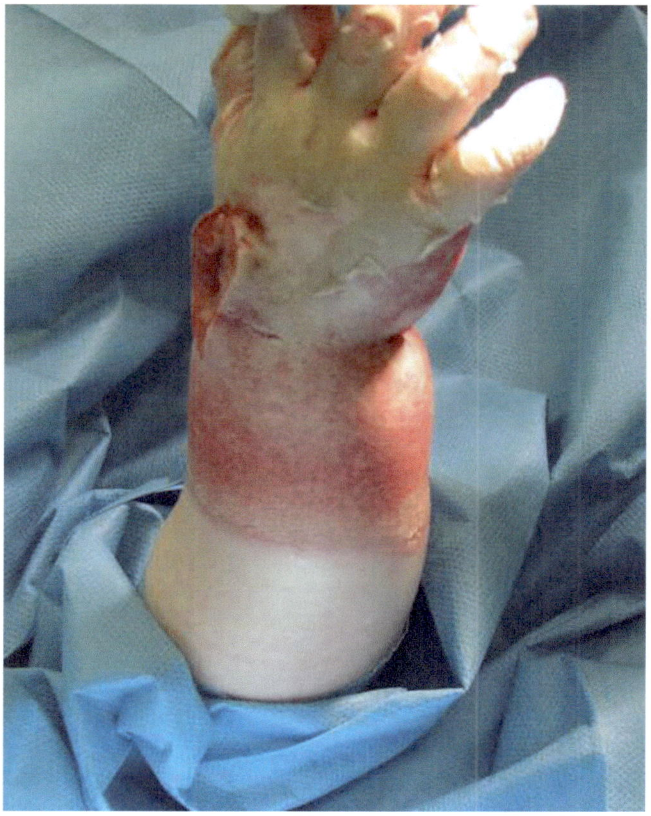

◘ **Abb. 11.11** **Befund:** Handschuhartige, zum Unterarm hin glatt begrenzte Schädigung der Haut eines Kleinkindes, teils mit blasiger Abhebung der Oberhaut und gerötetem Wundgrund sowie mit fahl graugelben Hautpartien. Glattrandige, längsgestellte Hautdurchtrennung (chirurgische Maßnahme)

Diagnose: Verbrühung Grad III mit Zustand nach iatrogenem Entlastungsschnitt, sog. „Wasserspiegelmarke", Kindesmisshandlung

Anamnese: Mitgeteiltes, zwangsweises Eintauchen der Hand in heißes Wasser

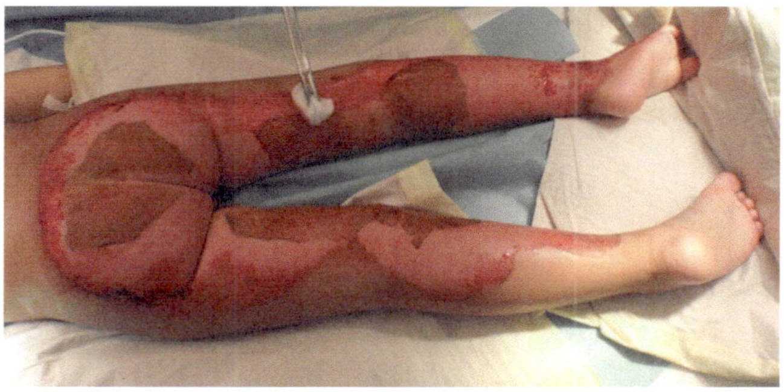

◘ **Abb. 11.12** **Befund:** Scharf abgegrenzte, flächenhafte rotbraune Hautschädigungen symmetrisch an beiden Gesäßhälften und den Rückseiten beider Ober- und Unterschenkel

Diagnose: Verbrühungen Grad I–II

Anamnese: Mitgeteiltes „kurzes" Setzen des Kindes in heißes Wasser

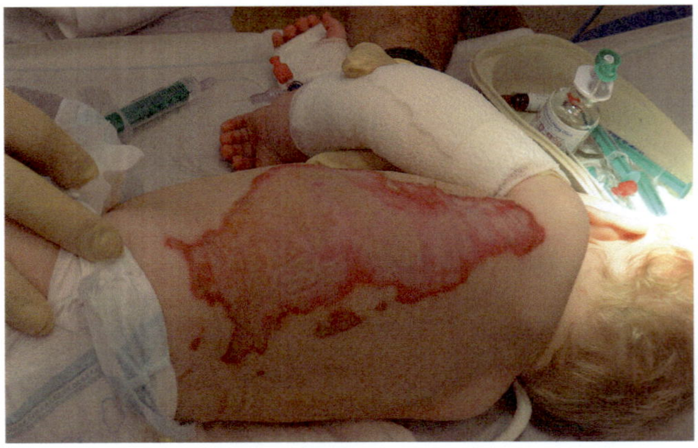

◘ Abb. 11.13 **Befund:** Flächenhafte homogen wirkende Hautschädigung über der linken Brustkorbaußenseite mit randbetonter Hautrötung

Diagnose: Assoziativ fließspurartige Verbrühung Grad I–II

Anamnese: Herabziehen eines mit heißem Wasser gefüllten Topfes vom Herd, typisches Verletzungsrisiko bei Beginn der sog. mobilen Phase von Kleinkindern

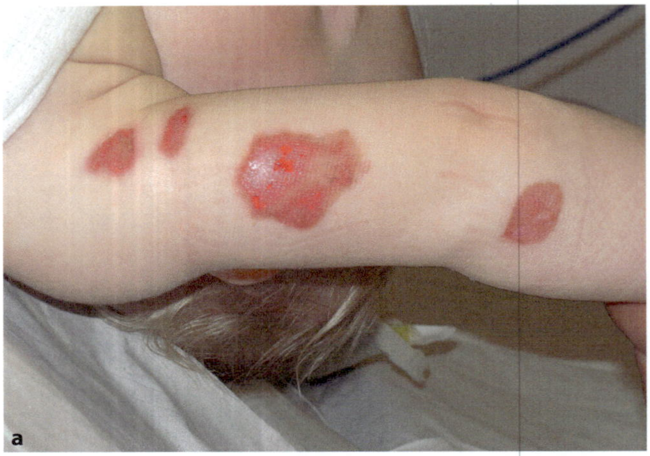

◘ Abb. 11.14a,b **Befund:** **a** Grobfleckig-spritzerartige Hautschädigung mit Rötung und teils feuchtem Wundgrund

Diagnose: Verbrühung Grad I–II

Anamnese: Hochspritzende heiße Flüssigkeit (häuslicher Unfall)

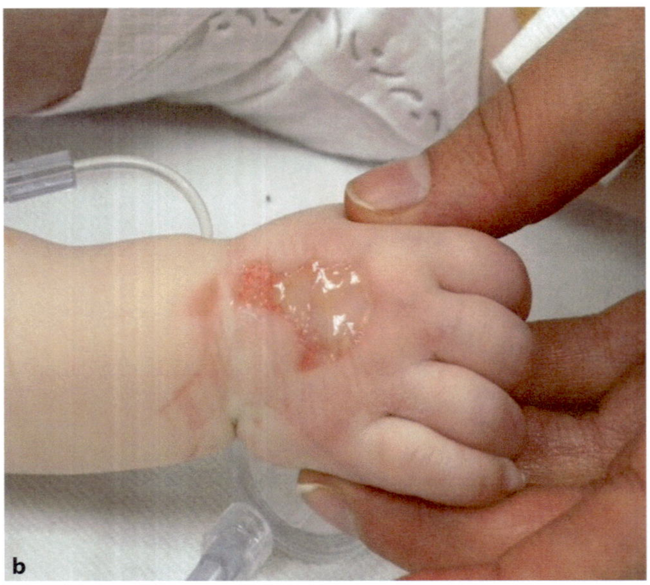

◘ **Befund:** **b** Ca. 2,2 × 1,5 cm messende feucht-glänzende Verletzung auf dem rechten Handrücken mit wallartigen Rändern, die weiß aufgeworfen sind, der Wundgrund leicht gelb erscheinend.

Diagnose: Verbrühung Grad II

Anamnese: Kochendes Wasser sei auf die Hand des auf dem Arm der Mutter befindlichen Säuglings getropft

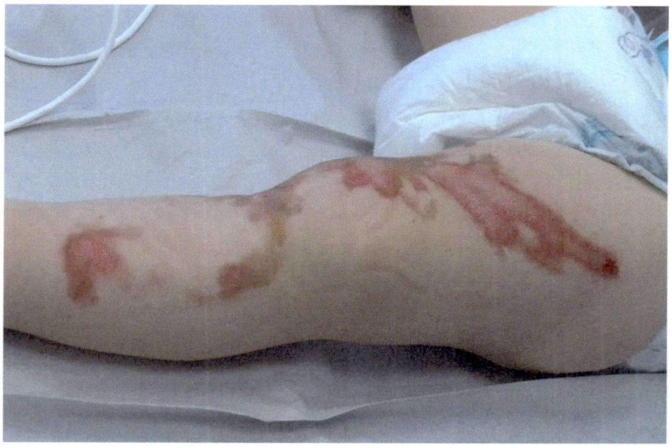

Abb. 11.15 **Befund:** Fließspurartige bis grobfleckige Hautrötungen an der Vorderseite des linken Beins

Diagnose: Verbrühung Grad I

Genese: Anspritzen bzw. Abfließen von heißer Flüssigkeit (häuslicher Unfall)

die bei Erwachsenen und Kindern unterschiedlich gehandhabt werden muss.

Bei **Erwachsenen** werden 9 % der Körperoberfläche (KOF) dem Kopf und Hals, je 9 % den Armen, je 9 % dem Thorax ventral und dorsal (Brustkorb vorne und hinten), je 9 % dem Abdomen ventral und dorsal (Bauchhaut vorne und hinten), jeweils 18 % den Beinen und 1 % dem Genitale zugeordnet. Bei **Neugeborenen** lauten die Werte: 21 % für Kopf und Hals, je 9,5 % für die Arme, je 16 % für Rumpf vorne und hinten und je 14 % für die Beine. Weitere Modifikationen gibt es für (Klein-)Kinder nach dem 1. Lebensjahr und nach dem 5. Lebensjahr (Abb. 11.16). Zur groben Abschätzung gilt: Die Handinnenfläche (inklusive Beugeseiten der Finger) der betroffenen Person entspricht etwa 1 % ihrer Körperoberfläche.

Für Patienten mit überlebten hitzebedingten Verletzungen sind Überlegungen zur Überlebensprognose angestellt worden mit folgenden „faustformelartigen" Aussagen:

> **Verbrennungstiefe und das Alter des Patienten bestimmen die Prognose: Addieren sich Alter des Patienten in Jahren und Ausdehnung der 2.- und 3. gradigen Verbrennungen in % der betroffenen Körperoberfläche (Schätzung nach der sog. Neuner-Regel) zu 100, so liegt die Überlebenschance bei optimaler Versorgung bei maximal 50 %.**

Verwendung zur Graduierung der Schwere der Hitzeschädigung und zur Abschätzung der Überlebenswahrscheinlichkeit findet auch der „Abbreviated Burn Severity Index" (ABSI). Dabei handelt es sich um ein Punktesystem, welches neben dem Prozentsatz an verbrannter Körperoberfläche (VKOF) auch die Verbrennungstiefe, ein Inhalationstrauma, das Alter, das Geschlecht und schwerwiegende Begleiterkrankungen berücksichtigt. Statistiken zeigen, dass ca. 6 % aller Patienten mit Hitzeschäden (Verbrennungen und Verbrühungen) Kinder und Jugendliche sind (bis zum 19. Lebensjahr), 65 % sind

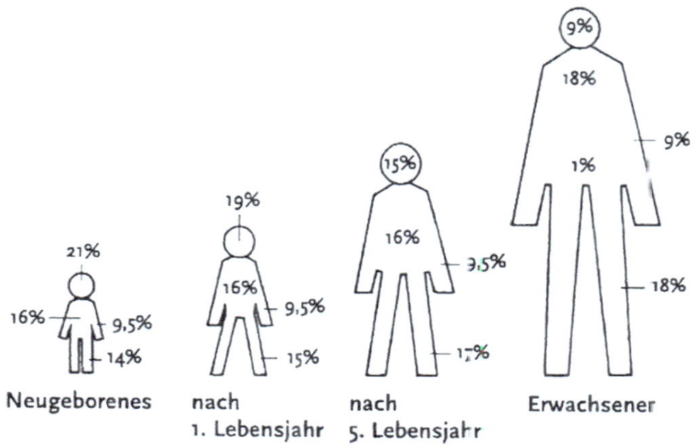

Abb. 11.16 Das Ausmaß der Hitzeschädigung und damit die Überlebensprognose kann für Erwachsene nach der sog. Neuner-Regel bzw. nach der Methode von Lund und Browler (zurückhaltend) abgeschätzt werden. Für Kinder gilt eine andere Abschätzung des prozentualen Anteils der betroffenen Körperoberfläche. (Nach Dettmeyer et al. 2013)

Erwachsene (20 bis 59 Jahre) und 29 % sind älter als 60 Jahre. Thermische Verletzungen finden sich am häufigsten als häusliches Ereignis (67 %) und als Arbeitsunfall (21 %), selten im Zusammenhang mit einem Suizid(versuch), bei Verkehrsunfällen und als Folge einer Straftat (1 %). Verbrennungen sind mit 57 % häufiger als Verbrühungen mit 23 %.

Auch bei thermischen Verletzungen von Säuglingen und Kindern gilt, dass seitensymmetrische in gleicher Höhe betroffene Körperregionen bzw. Extremitäten ein Verletzungsbild darstellen, welches sich seltener mit der Annahme eines Unfallgeschehens vereinbaren lässt (◘ Abb. 11.17). Allerdings können scharfe, womöglich horizontale sog. Wasserspiegelmarken, je nach Ausdehnung, auch einmal bei einem Unfallgeschehen auftreten (◘ Abb. 11.18). Es sind Fallkonstellationen denkbar, die ein Unfallgeschehen als zwar sehr unwahrscheinlich aber letztlich nicht sicher widerlegbar erscheinen lassen.

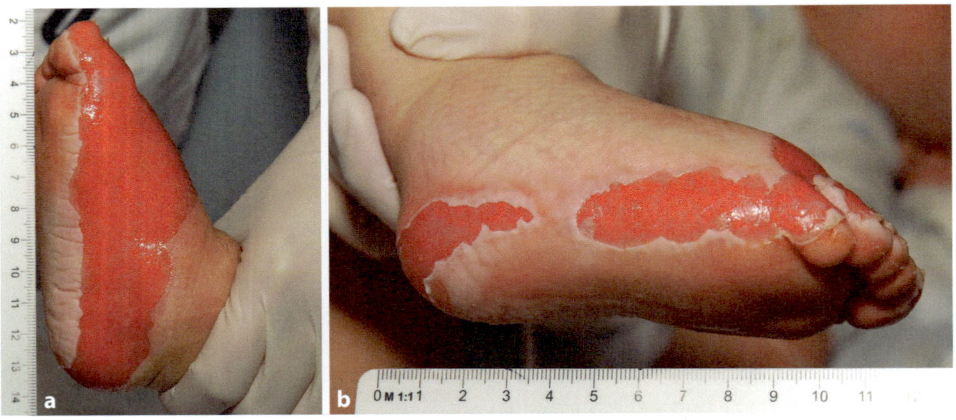

◘ **Abb. 11.17a,b** **Befund:** Nahezu horizontale, inkomplett flächenhafte Ablösung der Oberhaut an beiden Füßen mit frei liegender rot-glänzender Lederhaut

Diagnose: Symmetrische Verbrühung Grad II an beiden Füßen – nicht passend zur mitgeteilten Anamnese

Anamnese: 13 Monate altes Kleinkind. Behauptetes Herunterreißen eines mit heißem Wasser gefüllten Wasserkochers durch das Kind

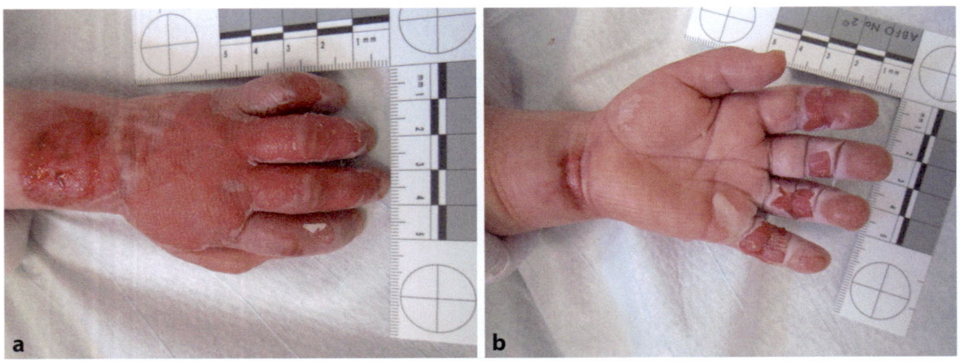

◘ **Abb. 11.18a,b** **Befund:** 11 Monate alter Säugling. Flächenhafte Ablösung der Oberhaut des linken Handrückens und streckseitig über dem linken Handgelenk sowie beugeseitig über den Mittel- und Endgliedern der Finger D II bis D V (ohne D I)

Diagnose: Partielle Verbrühungen Grad II nur der linken Hand

Anamnese: Unfallbedingtes Überschütten mit heißem Wasser. Die Einseitigkeit und die Aussparung des Daumens sowie der linken Handinnenfläche und die nur streckseitige Betonung sind nicht als eintauchtypische Verbrühung anzusehen, sodass die Angabe eines Unfallgeschehens zumindest nicht zweifelsfrei widerlegt werden konnte

Somit kann auch eine flächenhafte Verbrühung der Handinnenfläche eines Säuglings im Einzelfall verursacht sein durch ein (glaubwürdig) mitgeteiltes Geschehen wie dem Drücken einer Hand in eine auf den Boden ausgelaufene heiße Flüssigkeit durch einen Säugling im Krabbelalter (▣ Abb. 11.19). In derartigen Fällen bedarf es jedoch genauer Informationen und nach Möglichkeit einer Überprüfung des behaupteten Unfallmechanismus am Ort des Geschehens.

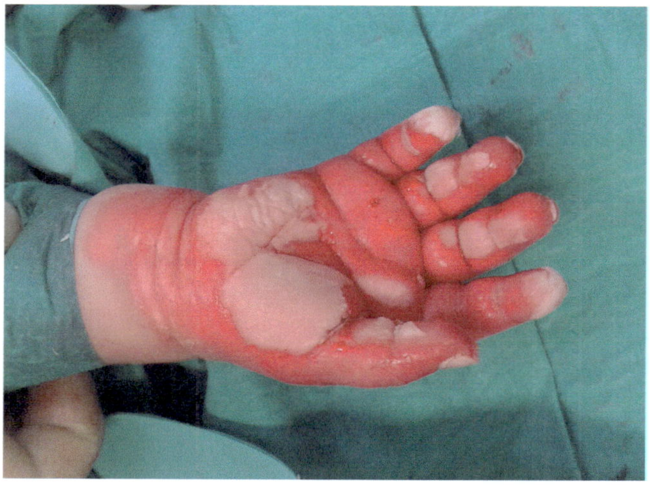

▣ **Abb. 11.19** **Befund:** Flächenhafte Rötung und Oberhautablösung der Haut der rechten Handinnenfläche unter Aussparung der Haut über dem Daumenballen, über dem Kleinfingerballen und teilweise der Haut der Beugeseiten der Finger über den Fingermittel- und Fingerendgliedern

Diagnose: Verbrühungen der Handinnenfläche Grad I–II. Die scharfe Begrenzung der sog. Immersionsverbrühung und die Verteilung der Verletzung auf die Handinnenfläche ließe sich mit dem Eintauchen der Hand in auf dem Boden befindliche heiße Flüssigkeit vereinbaren

Anamnese: Der 9 Monate alte Säugling habe die Hand in umgeschütteten heißen Tee gedrückt. Die dabei dem Boden anliegendem Handhautanteile sind von der Verbrühung ausgespart, der Handrücken zeigt keine flächenhaften Verletzungen

Elektrothermische Verletzungen

C. G. Birngruber, G. Lasczkowski, R. B. Dettmeyer, *Forensische Verletzungskunde*,
https://doi.org/10.1007/978-3-642-54279-4_12

12.1 Elektrizität

Bei entsprechender Vorgeschichte – z. B. plötzliche Bewusstlosigkeit, akute Herzrhythmusstörungen, Aufenthalt in der Nähe von Stromquellen, beruflich bedingte Exposition bei z. B. Elektrikern – sollte an einen Stromschlag gedacht werden, wenn eine Person leblos gefunden wird oder synkopenartig kurzzeitig bewusstlos war. Dabei kann auf der Haut an der Stromeintrittsstelle eine sog. Strommarke entstehen. Solche Strommarken können sehr klein bzw. sehr diskret sein. Sie werden beschrieben als kleine, runde bis rundovale, teilweise porzellanfarbene muldenartige Einsenkung der Haut mit ringartig umgebendem Hautwall. Zum Ausschluss solcher Strommarken muss die Haut bei guten Lichtverhältnissen inspiziert werden. Je nach Vorgeschichte und Situation am Ort des Geschehens ist in erster Linie die Haut der Hände oder Arme betroffen. Gibt es eine Stromeintrittsmarke, so muss nicht zwingend eine Stromaustrittsmarke vorhanden sein, auch wenn dies zumindest bei Starkstrom zu erwarten ist.

Geraten Flüssigkeiten unter Strom und befindet sich der Körper ganz oder teilweise in der Flüssigkeit, z. B. im Wasser einer Badewanne, so bildet sich keine Strommarke aus. Bei kontinuierlichem Stromfluss soll es jedoch zu einer diskreten linienartigen Hautrötung entlang der Wasserspiegelgrenze kommen, was allerdings nur bei Fällen mit tödlichem Ausgang gilt.

12.2 Haushaltsstrom/Starkstrom/Blitz

Ein Starkstromschlag und ein Blitzschlag können grundsätzlich überlebt werden. Die dabei anzutreffenden Verletzungen haben den Charakter von Verbrennungen der Haut. Nicht selten finden sich diese Verbrennungen von einem zum anderen Körperende verlaufend streifig auf der Haut, also z. B. mit einer Stromeintrittsstelle in der behaarten Kopfhaut, streifiger Hautverbrennung der Gesichts-, Hals-, Brust- und Bauchhaut sowie einseitiger Verbrennung der Haut entlang – z. B. eines Beines mit einer Strom- bzw. Blitzaustrittsstelle in der Fußhaut (die getragene Kleidung einschließlich der Schuhe weist ebenfalls Beschädigungen auf). Bei Blitzschlagopfern kann unmittelbar nach dem Blitzschlag gelegentlich eine feine Verästelung subkutaner Hautgefäße beobachtet werden. Dieses sog. „Farnkrautphänomen" soll sich innerhalb kurzer Zeit auflösen, gilt aber als charakteristisch für einen Blitzschlag.

Erfolgte eine lokale Einwirkung von Starkstrom oder eine etwas länger dauernde Einwirkung von schwächerem Strom und wird diese Stromexposition überlebt, so kann es grundsätzlich lokal in der Haut auch zu schwarzen Haut-/Hautweichteilverbrennungen kommen, die bei der Hautinspektion wesentlich leichter zu erkennen sind als sonstige Strommarken. Gerade bei unfallbedingten Stromschlägen können mitunter schwer oder kaum zuverlässig erkennbare wenige Millimeter durchmessende sog. Strommarken entstehen (◘ Abb. 12.1).

▪ Verletzungen beim Einsatz sog. Elektroschockdistanzwaffen

Insbesondere Polizeieinsatzkräfte sind teilweise mit sog. Elektroschockdistanzgeräten ausgestattet. Dabei handelt es sich um eine pistolenartige Waffe mit aufsetzbarer Kartusche. Darin befinden sich zwei mit kleinen Widerhaken versehene Pfeilelektroden, die durch dünne isolierte Drähte mit dem Gerät verbunden sind. Die Reichweite beträgt ca. 4–6 m (eine größere Reichweite ist möglich). Beim Auftreffen auf die Haut der getroffenen Person erhält diese bei geringer Stromstärke und extrem kurzer Einwirkzeit, jedoch mit hoher Frequenz einen Stromschlag, sodass es sofort zu einer kurzzeitigen Handlungsunfähigkeit kommt. Die sich in die Haut bohrenden Elektrodenspitzen können kleine rundovale Verletzungen der Haut und des Unterhautweichteilgewebes hinterlassen mit einem umgebenden Hämatom. Die Wunden selbst sind für sich allein nicht hinreichend charakteristisch, um den zuverlässigen Rückschluss auf den Einsatz einer sog. Elektroschockdistanzwaffe zu erlauben. Finden sich jedoch am Körper ausschließlich zwei entsprechende Verletzungen, dann sollte an den Einsatz einer Elektroschockdistanzwaffe gedacht werden. Im Einzelfall können mehrere kleine punktförmige Hautverletzungen an den zweifachen oder mehrfachen Einsatz der Elektroschockdistanzwaffe denken lassen. Das tiefere Eindringen der Elektrode einer sog. Elektroschockdistanzwaffe kann zu einer Blutung im Unterhautweichteilgewebe führen mit entsprechender Blaulividverfärbung der Haut bzw. Ausbildung eines lokalen Hämatoms (◘ Abb. 12.2).

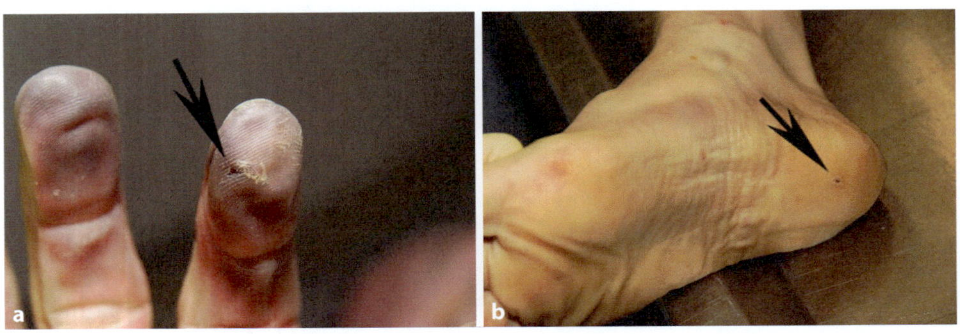

◘ **Abb. 12.1a,b** Winzige Strommarken der Haut an einer Fingerbeere (*Pfeil*) und der Fersenhaut (*Pfeil*)

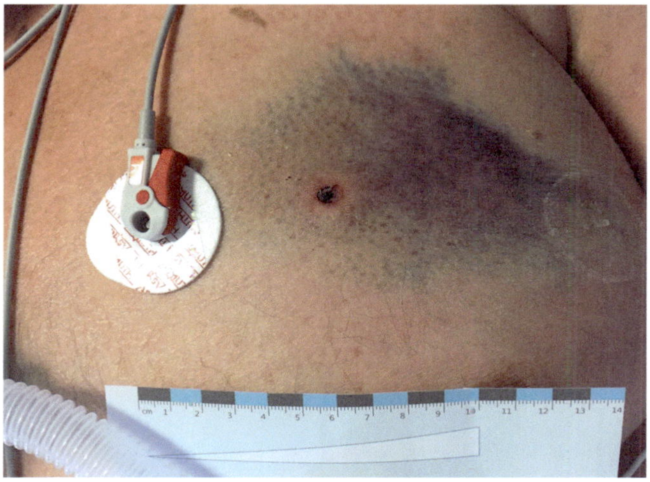

Abb. 12.2 **Befund:** Rundovale rotbraune Hautdurchtrennung im oberen inneren Quadranten der linken Brust mit diskretem umgebendem hellen Hof und flächiger Blaulividverfärbung zwischen MCL und VAL

Diagnose: Kleine Hautdurchtrennung mit subkutaner Blutung und offenbar lagerungsbedingtem „Absacken“ der Blutung Richtung VAL bei Rückenlage des Patienten

Anamnese: Hautverletzung und Hautunterblutung nach Einsatz einer Elektroschockdistanzwaffe

Schussverletzungen

C. G. Birngruber, G. Lasczkowski, R. B. Dettmeyer, *Forensische Verletzungskunde*,
https://doi.org/10.1007/978-3-642-54279-4_13

Der Schuss stellt im Grunde eine Sonderform der lokalisierten stumpfen Gewalt dar. Die Besonderheit besteht darin, dass hochbeschleunigte feste Körper (Projektile, Geschosse) ihre Bewegungsenergie auf den getroffenen Organismus übertragen. Neben einer lokalen Wunde mit Zertrümmerung von Gewebe kann es auch in der Nachbarschaft zu Verletzungen kommen, da bei Passage des Projektils durch den Körper Kräfte auftreten, die das Gewebe für sehr kurze Zeit um ein Vielfaches des Durchmessers des Geschosses durch eine Druckwelle zur Seite verdrängen, es entsteht die sog. passagere bzw. temporäre Wundhöhle.

Das Ausmaß der Gewebeschädigung hängt u. a. vom Energieniveau des Geschosses und der Einwirkzeit ab. Insbesondere Geschosse mit geringerer Geschwindigkeit hinterlassen ein Bild grober Zerstörung, da sie vergleichsweise längere Zeit im Körper verweilen. Wenn Geschosse auseinanderbrechen oder aber Knochen verletzen, entstehen sog. Sekundärgeschosse, die auf ihrem Weg weitere Verletzungen produzieren. Darüber hinaus ist an das Verschleppen von Projektilen zu denken, wenn diese z. B. in die Gefäßbahn gelangen, sog. „Geschoßembolie" (sehr selten).

Je nach initialem Energieniveau und Aufzehren der Energie auf dem Weg durch den Körper kann das Projektil im Körper verbleiben (sog. Steckschuss) oder die Hautdecken wieder durchschlagen und aus dem Körper austreten (sog. Durchschuss). Zudem kann es zum sog. Streifschuss kommen, nämlich dann, wenn das Projektil in tangentialer Bewegung die Körperoberfläche berührt. Je nach Handfeuerwaffe können Hämatome der Haut zwischen Daumen und Zeigefinger an der Schusshand auftreten als sog. Schlittenverletzung.

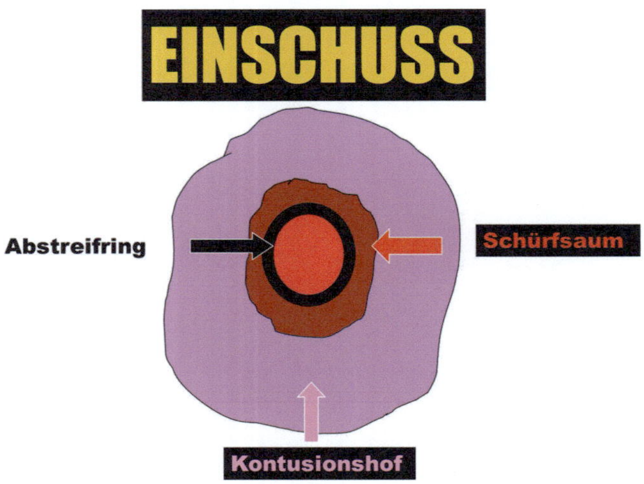

Abb. 13.1 Einschusscharakteristika. Die typische Einschussverletzung bei orthogonalem Auftreffen des Projektils (in einem Winkel um 90°) weist eine zentrale Lücke auf mit nicht adaptierbaren Wundrändern, einen schwarzen Abstreifring, einen häufig zirkulären Schürfsaum mit abgelöster Oberhaut und eine umgebende Blaulividverfärbung (sog. Kontusionshof) als Folge subkutan rupturierter kapillärer Blutgefäße durch die aufgetretene Druckwelle

13.1 Einschuss und Ausschuss

Bevor Anstrengungen zur Rekonstruktion der Schussabgabe unternommen werden können, müssen zunächst Ein- und Ausschuss benannt werden. Zudem sind bezüglich der Lokalisation der Schussverletzungen ihre Höhe oberhalb der Fußsohlenebene („über Stand") und ihr Abstand von der Körpermittellinie zu erfassen.

Die getroffenen Gewebe werden vom Projektil zertrümmert. Die Einschussränder lassen sich nicht adaptieren, da zentral zerstörtes Gewebe fehlt. Je nach Eintrittswinkel ergeben sich runde bis ovale bzw. schlüssellochartige Einschusslücken. Bei Durchtritt durch die Haut werden u. a. die Oberhaut (Epidermis), aber auch Unterhautgewebe und Blut vom Rand der Kontaktfläche zum Projektil weggeschleudert (sog. „Backspatter"), hierdurch entsteht auch der sog. Schürfsaum. Dieser umgibt die Schusslücke bei orthogonalem Auftreffen zirkulär, bei schrägem Auftreffen mitunter kappenartig. Ein etwaig aus dem Lauf auf das Projektil übertragener Schmutz- bzw. Schmierfilm findet sich ggf. im Sinne des sog. Abstreifrings am Rand der Einschusslücke bzw. im Beginn des Schusskanals. In der Nachbarschaft der Einschusslücke findet sich unter der Haut ein druckwellenbedingter sog. Kontusionshof, häufig als blau-livide Hautverfärbung als Folge des Einreißens unter der Haut gelegener kapillärer Blutgefäße (Abb. 13.1, 13.2). Beim absoluten und relativen Nahschuss können in Umgebung des Einschusses auf der Haut, ggf. auf der getragenen Kleidung, Pulverschmauchantragungen vorhanden sein.

Ausschuss

Der Ausschuss kann im Unterschied zum Einschuss ganz unterschiedlich geformt sein. So finden sich z. B. schlitzförmige, spindelförmige und mehrstrahlige Verletzungen, die Hautwundränder der Ausschussverletzungen lassen sich meist adaptieren. Der Ausschuss imponiert oftmals größer als der Einschuss (Ausnahme: absoluter Nahschuss). Durch über den Schusskanal mitgerissene knöcherne Partikel kann eine Ausschusswunde auch ungewöhnliche Formen aufweisen und eine dann fehlende Adaptierbarkeit der Wundränder.

> **Bei kleinen Kalibern und niederenergetischen Geschossen, z. B. bei defekten oder technisch veränderten Waffen, können mitunter Ausschussverletzungen auftreten, die auf den ersten Blick an Stichverletzungen erinnern.**

13.2 Schussentfernungen

Bei Schussverletzungen sollten Angaben zur Schussentfernung, d. h. zur Entfernung zwischen der Mündung der Schusswaffe und dem getroffenen Körper, sehr zurückhaltend erfolgen. Unterschieden werden:

- der Fernschuss (Fehlen von sog. Nahschusszeichen)
- der relative Nahschuss
- der absolute (aufgesetzte) Nahschuss (auch „Kontaktschuss")

Zur Beurteilung der Schussentfernung sind häufig auch Informationen zur getragenen Kleidung erforderlich, wenn der Schuss durch die Kleidung erfolgte.

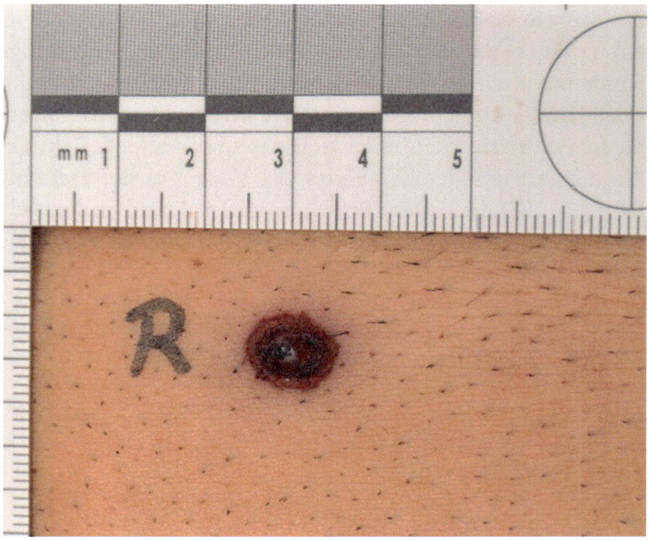

Abb. 13.2 **Befund:** Runder zentraler Hautdefekt mit nicht adaptierbaren Wundrändern, diskretem schwarzem Randsaum, gleichmäßig zirkulärer Oberhautablösung (Schürfsaum) und kaum erkennbarer blass blaulivider umgebender Verfärbung (Kontusionshof)

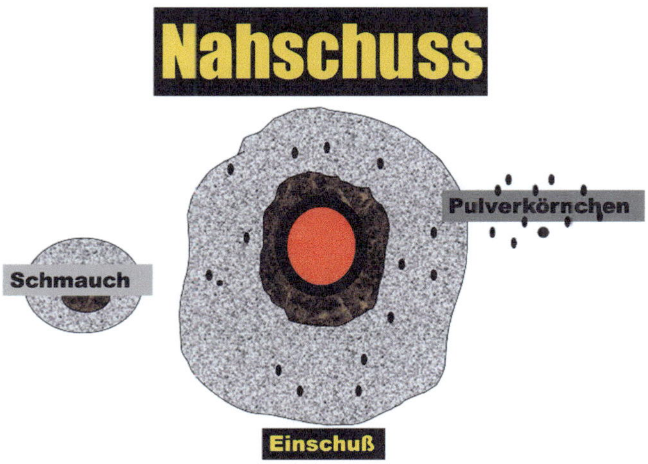

Abb. 13.3 Schematische Darstellung der Zeichen eines relativen Nahschusses mit sog. Pulverschmaucheinsprengungen in Umgebung der Einschussverletzung

Relativer Nahschuss

Bis zu einer Schussentfernung von etwa doppelter Lauflänge sind in der Umgebung der Einschussverletzung Pulverschmauchantragungen (rauchgrau, metallischer Glanz) und ggf. Pulvereinsprengungen zu erwarten (Abb. 13.3, 13.4).

Diagnose: Einschussverletzung

Anamnese: Von Zeugen bestätigter Schuss von vorne in einem Winkel von nahezu 90°, Fernschuss

Etwaige Beschmauchungen lassen sich, ggf. unmittelbar vor Beginn der medizinischen Versorgung bzw. noch vor einer Operation, wenn möglich, mit einem plan aufgedrückten, feuchten sauberen Leinenläppchen abnehmen (Dokumentation oben/unten/hinten/vorne/rechts/links), welches dann auch in der abgenommenen Position, am besten auf beschrifteter Pappe aufgespannt, trocknen sollte. Im Regelfall ist zwar die Polizei bzw. deren Erkennungsdienst für diese Maßnahmen der Spurensicherung zuständig, bei medizinisch rasch zu versorgenden Patienten ist dies jedoch nicht realisierbar.

Feinkörnig-rundovale schwarzgraue Hautverbrennungen in Umgebung der Einschusswunde (sog. Pulverschmaucheinsprengungen) sprechen für einen sog. relativen Nahschuss.

Sog. „aufgesetzter Schuss" bzw. sog. absoluter Nahschuss

Eine Sonderform des Schusses stellen aufgesetzte, sog. absolute Nahschüsse über plattem Knochen dar. Es findet sich am Einschuss eine große strahlige Hautaufplatzung, darunter eine Schmauchhöhle mit nicht selten hellrot gefärbter Wand nebst rauchgrauem Belag. Der Einschuss ist hier meist größer als der Ausschuss. Bei Aufsetzen der Waffenmündung unter dem Kinn sind bei weichen, nicht knochenunterlegten Abschnitten runde bis ovale, große, nicht adaptierbare Lücken mit mehr oder minder ausgeprägten radiären strahligen Verletzungen zu sehen. Manchmal bildet sich das sog. Waffengesicht als Negativabdruck des Laufendes der Waffe auf der Haut ab (Abb. 13.5). Bei einem Einschuss in den Mund finden sich im Bereich der Lippen mitunter oberflächliche Hautschäden

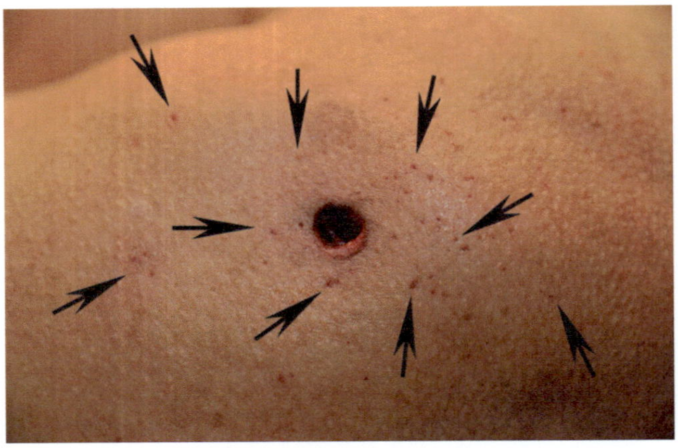

Abb. 13.4 Befund: Einschussverletzung mit feinsten jetzt rotbraun vertrockneten fast schon punktförmigen Oberhautläsionen in der Umgebung (*Pfeile*)

Diagnose: Einschussverletzung mit Zeichen des relativen Nahschusses (Einsprengungen von Pulverkörnchen)

Anamnese: Tätliche Auseinandersetzung mit Schussabgabe, lt. Zeugen aus näherer Entfernung

13

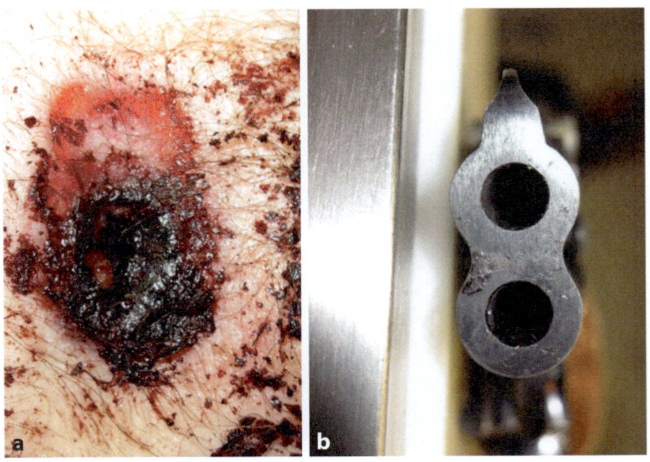

Abb. 13.5a,b Befund: **a** Kreisrunde nicht adaptierbare Haut- und Hautweichteillücke mit einem schwarz-braun vertrocknetem Randsaum an den Wundrändern. Oberhalb davon eine streifig-hufeisenartige rotbraune Kontur. **b** „Waffengesicht" der hier verwendeten Waffe

Diagnose: Schussverletzung, hier: Einschuss

Anamnese: Sog. aufgesetzter Schuss („Kontaktschuss") mit gut erkennbarem Abdruck des zugehörigen „Waffengesichtes"

durch Wärmewirkung des Laufs und ggf. druckbedingte Hautschädigungen mit radiären Dehnungsrissen.

Nur beim aufgesetzten Schuss kann druckbedingt eine Stanzmarke (Abdruck des Waffengesichtes) auf der Haut abgebildet sein.

13.3 Streifschussverletzungen

Je nach Ausprägung des Kontaktes können unterschiedlich tiefe Hautverletzungen resultieren. Zumeist wirken die Verletzungen band- bis rinnenartig. Wie bei einer Quetsch-Riss-Wunde können feine Gewebebrücken bzw. Gewebefäden gesehen werden.

Allein nach dem äußeren morphologischen Aspekt der Wunde kann eine Streifschussverletzung nicht immer sicher gegenüber einer nicht schussbedingten Quetsch-Riss-Wunde (sog. „Platzwunde") abgegrenzt werden (. Abb. 13.6).

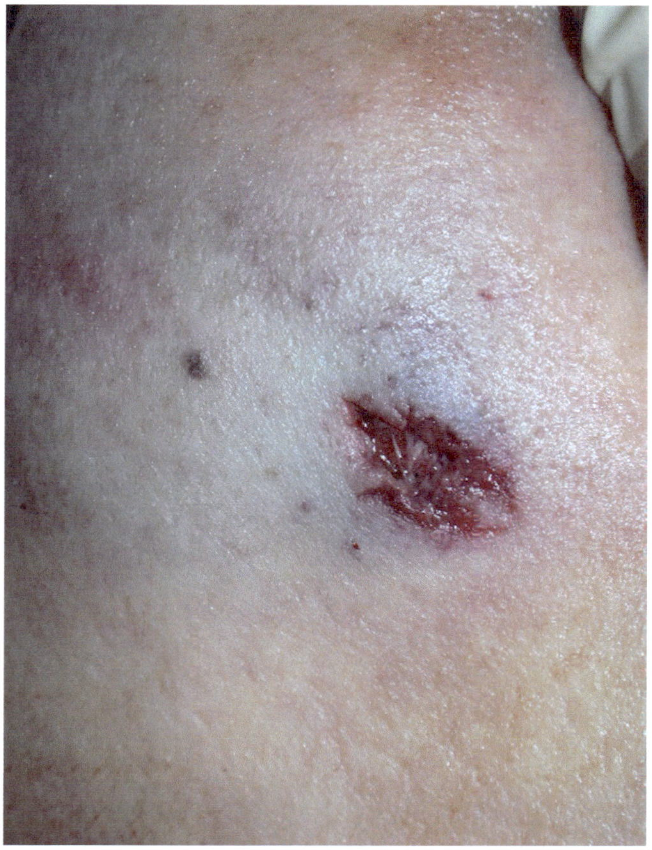

Abb. 13.6 **Befund:** Rinnenartige Durchtrennung der Haut und des Unterhautweichteilgewebes mit etwas unregelmäßigen Wundrändern und umgebender Blaulividverfärbung

Diagnose: Uncharakteristische Haut-/Hautweichteilverletzung, eine Streifschussverletzung ist differentialdiagnostisch möglich

Anamnese: Durch Zeugen gesicherte Streifschussverletzung

Verletzungen durch Säuren, Laugen und Lösungsmittel

C. G. Birngruber, G. Lasczkowski, R. B. Dettmeyer, *Forensische Verletzungskunde,*
https://doi.org/10.1007/978-3-642-54279-4_14

Gegen ätzende Flüssigkeiten wie Säuren und Laugen schützt die menschliche Haut nur begrenzt. Vielmehr kommt es am Ort der Exposition je nach Stärke der Säure bzw. Lauge und Dauer der Exposition zu teils oberflächennahen, teils tiefreichenden Nekrosen. Die Wundränder sind im Regelfall etwas unregelmäßig, selten glattrandig. Nach Säureexposition kann es zu einer narbigen Ausheilung kommen, wobei die Narben nicht sicher von Narben nach Brand- bzw. Hitzeeinwirkung unterscheidbar sind.

Unfallbedingte Hautverletzungen durch Laugen und/oder Säuren können wie Verbrühungen durch heiße Flüssigkeit ein spritzspurartiges Muster aufweisen. Die Haut zeigt je nach verstrichener Zeit zwischen Verletzung und Untersuchung teils hellrot-graue, teils mehr hellbraune erythemartige Verletzungen, auch nässende Areale und krustenartige Beläge kommen vor, ebenso ist eine blasige Abhebung der Oberhaut möglich. Sieht man von sog. Säureattentaten ab, so handelt es sich mehrheitlich um unfallbedingte Verletzungen, sehr selten ist eine Selbstbeschädigung mit Laugen oder Säuren. Wenn sich entsprechend saugfähige Kleidung mit einer Flüssigkeit vollsaugt und es dann zu einer etwas längeren Einwirkung kommt, können konturartige Muster entstehen, die zunächst je nach Lokalisation an eine geformte Gewalteinwirkung denken lassen (◘ Abb. 14.1).

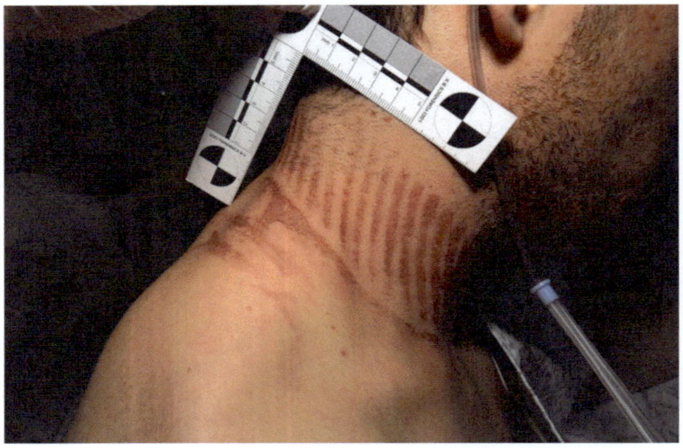

◘ **Abb. 14.1** **Befund:** Gut dermarkierte parallelstreifig konturiert-musterartige Rötung der rechtsseitigen Halshaut von gleichmäßiger Ausdehnung sowie mit klarer oberer und unterer Begrenzung.

Diagnose: Zustand nach Einwirkung einer benzinhaltigen Lösung auf die Halshaut mit Kragenabdruckkontur

Anamnese: Das Muster ließ zunächst an eine komprimierende Gewalt denken mit Drehen bzw. Torquieren des Kragens. Tatsächlich aber in suizidaler Absicht Übergießen mit Benzin oder einer benzinhaltigen Lösung, die Flüssigkeit wurde vom Kragen aufgesaugt und wirkte etwas längere Zeit auf die Haut ein

Spezieller Teil II – Besondere Verletzungskonstellationen

Es gibt spezielle Gewalteinwirkungen und Kombinationen typischer Verletzungsbilder, die teils für sich, teils in Kombination mit anderen Verletzungen richtungsweisenden Charakter für die weitere Fallbearbeitung haben können. So kann ein bestimmtes Verletzungsbild am Hals z. B. einen Angriff von hinten nahelegen, das festgestellte Stauungssyndrom kann gegen einen einfachen Griff an den Hals mit nachfolgendem Kollaps sprechen. Bestimmte Konstellationen am Körper eines Kindes sprechen für Misshandlung und einige Verletzungsbilder z. B. am Körper einer Frau müssen an ein Sexualdelikt denken lassen.

Bei gewaltintensiveren Misshandlungen können innere Verletzungen (Blutungen, Organverletzungen, Frakturen) auftreten, z. B. bei der stumpfen Gewalt in Form von Schlägen oder Tritten. War die verletzte Person an den gewaltbetroffenen Körperpartien bekleidet, möglicherweise zwei- oder mehrlagig, dann sind Verletzungen der Hautoberfläche häufig nicht vorhanden. Trotzdem können durch eine solche Gewalt innere Verletzungen verursacht werden, z. B. Lungenverletzungen mit Einblutungen in die Brusthöhlen (Hämatothorax), Einrisse von Leber, Nieren, Milz und Bauchspeicheldrüse, der Gekrösewurzel, Perforationen der Magen- oder Dünndarmwand, Frakturen. Entsprechende Beschwerden, wie Schmerzen, Erbrechen etc. bedürfen dann rascher diagnostischer Abklärung.

Verletzungen bei Strangulation

C. G. Birngruber, G. Lasczkowski R. B. Dettmeyer, *Forensische Verletzungskunde*,
https://doi.org/10.1007/978-3-642-54279-4_15

Der Begriff „Strangulation" umfasst alle Formen der komprimierenden Gewalt gegen den Hals, ist also inhaltlich weit gefasst wie auch der Begriff „Ersticken". Insofern verwundert es nicht, wenn gelegentlich nach einer überlebten Gewalt gegen den Hals mit einer komprimierenden Komponente der Ausdruck „Anersticken" gewählt wird, der aber auch zutreffen würde bei z. B. einem gewaltsamen, aber überlebten Bedecken der Atemöffnungen durch weiche Bedeckung (z. B. durch ein Kopfkissen).

Pathophysiologisch bedeutsam sind die kompressionsbedingten Abläufe oberhalb der Kompressionsebene in Abhängigkeit von der Kompressionsintensität und der Kompressionsdauer. Dabei können die Halsvenen, die Halsarterien und die oberen Atemwege in unterschiedlicher Intensität komprimiert werden (◘ Abb. 15.1).

Kommt es als Folge des Würgens, Drosselns oder Hängens zu einer Kompression der Halsvenen, so ist der Blutabfluss aus der Kopfregion nicht mehr gegeben, gleichzeitig wird jedoch noch Blut über die Halsarterien in die Kopf-Halsregion oberhalb der Kompressionsebene gepumpt. Die Folge ist eine akute Blutstauung oberhalb der Kompressionsebene mit entsprechenden Befunden: zunächst eine Dunsung und Blaulividverfärbung der Gesichtshaut, dann flohstichartige (petechiale) Blutungen etc., die eine hämodynamische Wirksamkeit der Halskompression beweisen (sog. Stauungssyndrom).

Bei sehr heftiger Kompression werden auch die oberen Atemwege eingeengt und ein ungestörtes Ein- und Ausatmen ist nicht mehr möglich, verbunden mit einem unzureichenden Transport sauerstoffhaltiger Luft in die Lungen. In solchen Fällen ist, wie auch sonst, immer an begleitende Frakturen des Kehlkopf- und Zungenbeingerüstes zu denken.

Aus Störungen des Gasaustausches und der Blutversorgung resultieren je nach Schweregrad und Dauer neurologische Ausfälle („Schwarzwerden" vor den Augen, Bewusstlosigkeit, unwillkürlicher Stuhl- und Urinabgang). Mechanisch bedingte Schwellungen der Kehlkopfschleimhaut können nach der Halskompression angegebene Schmerzen beim Schlucken und Heiserkeit hervorrufen. Diese Symptome der Halskompression können teils beobachtet, teils müssen Sie bei der betroffenen Person erfragt werden.

15

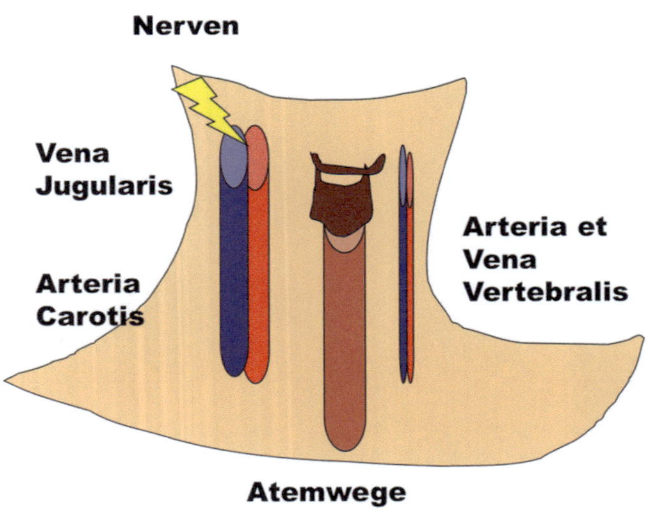

◘ **Abb. 15.1** Anatomisch besonders relevante Strukturen des Halses, die bei einer Gewalt gegen den Hals verletzt bzw. komprimiert werden können (Halsvenen, Halsarterien, Kehlkopf- und Zungenbeingerüst, Luftröhre, Nervenbahnen)

Bei Verschluss der Venen und inkompletter Unterbrechung des arteriellen Blutflusses kommt es zur Ausprägung eines sog. Stauungssyndroms. Bei rascher und kompletter Unterbrechung des arteriellen und venösen Blutflusses (wie beim typischen Erhängen) und bei direkter Reizung reflektorischer Bahnen (wie beim sog. Armwürgen mit Auslösung des sog. Karotissinusreflexes) prägt sich jedoch kein Stauungssyndrom aus, d. h. Dunsung, Zyanose und petechiale Blutungen fehlen.

Bei der Untersuchung eines Gewaltopfers mit Verdacht auf komprimierende Gewalt gegen den Hals muss bei guten Lichtverhältnissen immer nach den möglichen Folgen der hämodynamischen Wirkung der Halskompression gesucht werden.

Neben der Inspektion der Halshaut ist insbesondere zu beachten:

- Eine Inspektion der Haut hinter den Ohren in der Region des sog. Warzenfortsatzes (Mastoidregion) auf mögliche flohstichartige Blutungen sollte erfolgen
- Das Gewaltopfer sollte gebeten werden, selbst die Oberlippe hoch und die Unterlippe herunter zu klappen, damit eventuelle flohstichartige Blutungen in der Schleimhaut des Mundvorhofes entdeckt werden können
- Bei der Angabe von Schluckbeschwerden und/oder Veränderungen der Stimme (Heiserkeit) ist eine HNO-ärztliche Untersuchung anzuraten
- Beim Nachweis von flohstichartigen oder konfluierten Blutungen der Augenregion (v. a. Lidhäute und Lidbindehäute) sollte ein augenärztliches Konsil veranlasst werden einschließlich Spiegelung des Augenhintergrundes

Beurteilungen wie die Aussage, die Halskompression sei lebensbedrohlich gewesen, sollten zunächst vermieden werden. Eine solche Aussage kann juristisch zu der Annahme eines versuchten Tötungsdeliktes führen, was zutreffen kann, aber nicht auf jede komprimierende Gewalt gegen den Hals zutreffen muss. Dies gilt auch für andere Formen der Gewalteinwirkung.

In der Praxis müssen sichtbare Befunde der Hals- und Gesichtshaut nicht streng mit der berichteten Intensität der Gewalt gegen den Hals und mit der subjektiv empfundenen Bedrohlichkeit der Gewalteinwirkung korrelieren. Auch muss der geschilderte Tathergang nicht immer der Wahrheit entsprechen. So kann es sich bei Rötungen der Halshaut auch einmal schlicht um sog. „Knutschflecken" handeln und nicht um Folgen einer gegen den Willen des Opfers erfolgten Einwirkung von Gewalt auf den Hals (◘ Abb. 15.2).

15.1 Würgen

Unter dem Begriff „Würgen“ wird im rechtsmedizinischen Sprachgebrauch die mechanische, komprimierende Gewalteinwirkung auf den Hals mit der Hand bzw. den Händen verstanden. Am Hals können fleckige und streifige Rötungen der Haut und Hämatome gefunden werden. Zudem sind Kratzer teils mit sichelförmiger (halbkreisartiger) Gestaltung zu beobachten, wobei hier die Fingernägel sowohl des Täters im Zugriff, als auch des Opfers im Lösungs- bzw. Rettungsversuch als verursachendes Element zu berücksichtigen sind. Das Würgen kann in Abhängigkeit von Ausmaß und Dauer mit einem sog. Stauungssyndrom vergesellschaftet sein. Dabei kommt es oberhalb der Kompressionsebene zu sog. Petechien, d. h. zu flohstichartigen bzw. punktförmigen fleckigen Einblutungen (Abb. 15.3 und 15.4)

- in die Lidbindehäute
- in die Schleimhaut des Mundvorhofes
- in die Haut der Augenober- und Augenunterlider
- in die Haut hinter den Ohren oder auch
- in der gesamten Gesichtshaut

Nach der Verletzungsform und Verteilung kann unter Umständen darauf geschlossen werden, ob mit einer oder beiden Händen gewürgt wurde und von welcher Seite der Zugriff erfolgte (von vorne/von hinten/von der Seite).

Bei einem vollständigen Umfassen des Halses mit der Hand bei gravierenden Größenunterschieden zwischen der

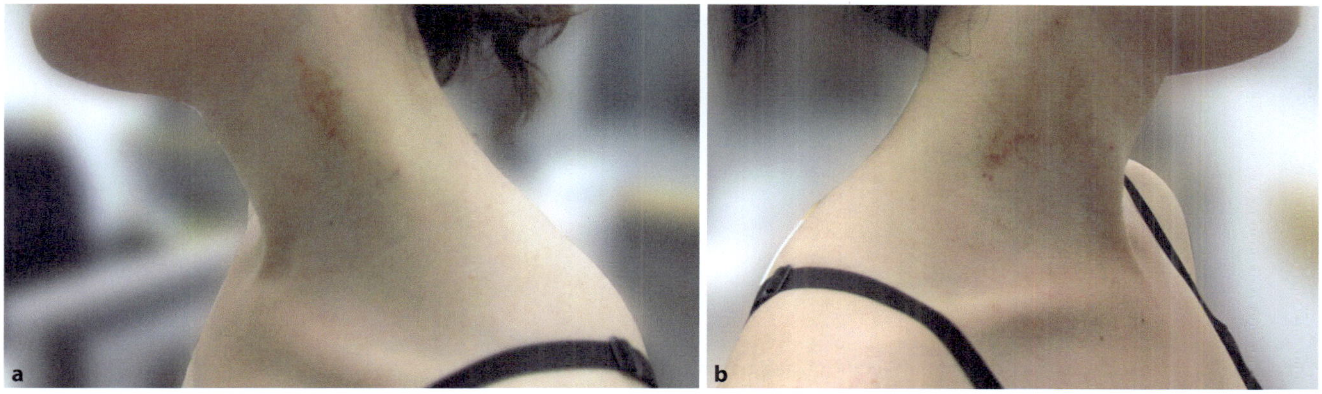

Abb. 15.2a,b **Befund:** Vorwiegend in Körperlängsrichtung gestellte, beidseits anzutreffende bis 3 cm lange Rötungen der Halshaut, allenfalls leicht bogenförmig, keine weiteren Verletzungen, insbesondere keine Stauungszeichen

Diagnose: Nicht hinreichend charakteristische Verletzungen für eine Halskompression; die Rötungen lassen an sog. Knutschflecken der Halshaut denken

Anamnese: Nach Vorhalt wurde vom vermeintlichen Gewaltopfer die Version eines einhändigen Würgens nicht mehr aufrechterhalten

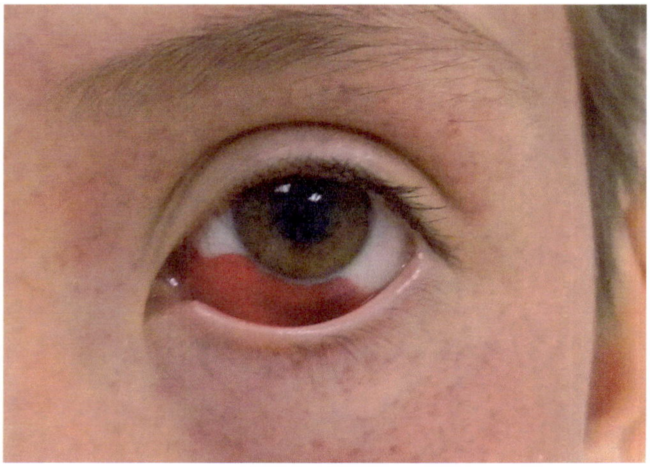

Abb. 15.3 **Befund:** Zahlreiche flohstichartige bzw. punktförmige Blutungen in der Gesichtshaut (oberhalb der Kompressionsebene am Hals) mit kleinflächiger Unterblutung der Bindehaut über dem Augenweiß

Diagnose: Massive komprimierende Gewalt gegen den Hals

Anamnese: Berichtetes beidhändiges Würgen

würgenden Hand und dem Halsumfang des Gewaltopfers können typische Würgemale fehlen. Dann dominiert eine Kompression der Halsweichteile. Allerdings hängt die Intensität der Halshautverletzungen beim Würgen auch von der Heftigkeit der Gegenwehr des Opfers ab, sodass sowohl sehr deutliche, als auch nahezu fehlende Halshautbefunde beim Würgen möglich sind (◘ Abb. 15.5 und 15.6)

Es handelt sich beim Würgen um eine Gewaltform, die eine große räumliche Nähe von würgender Person und gewürgtem Opfer erfordert. Bei handlungsfähigem Opfer ist mit einer Gegenwehr und mit entsprechenden Begleitverletzungen zu rechnen.

> **Ein „Selbsterwürgen" ist nicht möglich, da mit Eintritt der Bewusstlosigkeit die Hände bzw. Arme erschlaffen und der Würgegriff sich lösen würde mit der Folge der Wiederherstellung einer ungestörten Blutzirkulation und einer ungestörten Atmung.**

Hautverletzungen durch ein versuchtes „Selbsterwürgen" sind jedoch möglich.

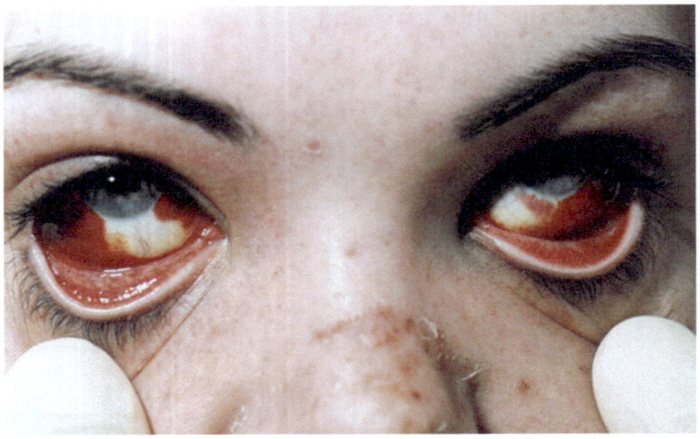

◘ **Abb. 15.4** **Befund:** Einzelne flohstichartige Einblutungen in die Lidhäute, die Lidbindehäute und ausgedehnte Blutung in die Bindehäute über dem Augenweiß beidseits

Diagnose: Sog. Stauungssyndrom

Anamnese: Massive komprimierende Gewalt gegen den Hals (Würgen) mit angegebener kurzzeitiger Bewusstlosigkeit. (Aus Dettmeyer et al. 2019)

15

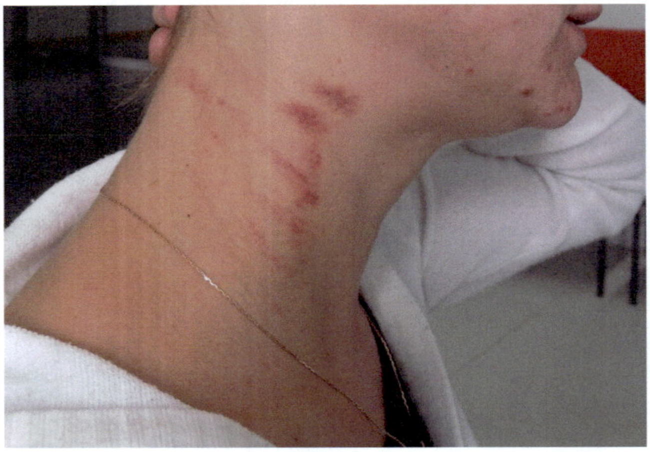

◘ **Abb. 15.5** **Befund:** Rechte Halsseite mit komplexem Verletzungsbild: entlang des vorderen Randes des rechten M. sternocleidomastoideus nahezu in einer Linie zuoberst zwei fleckige, etwa 1,5 × 0,5 cm messende Rötungen. Im Anschluss daran mehr schrägquer angeordnete streifige Hautrötungen, teils mit diskreter Oberhautablösung im Abstand von ca. 1,0 bis ca. 1,3 cm. Zusätzlich (hier nicht abgebildet): eine ganz diskrete fleckige Rötung über dem hinteren Rand des linken M. sternocleidomastoideus, sonst linke Halsseite ohne weitere Verletzungen

Diagnose: Mit der Angabe eines Würgens gut vereinbare rechtsseitig betonte Halshautverletzungen. Verletzungsmuster auch vereinbar mit einem krallenden Griff, punctum maximum vorderer Rand des rechten M. sternocleidomatoideus. Berichteter Zugriff von hinten, daher wahrscheinlich durch einen Rechtshänder bzw. eine Rechtshänderin

Anamnese: 35 Jahre alte Frau. Aktuelle Trennungssituation, vom Partner angegriffen. Partner sei Rechtshänder. Klinik: ihr sei schwarz vor den Augen geworden, vorgetriebene Zunge. Schmerzen rechte Halsseite und an der Vorderseite des Halses. Schluckschmerz beim Trinken, Heiserkeit

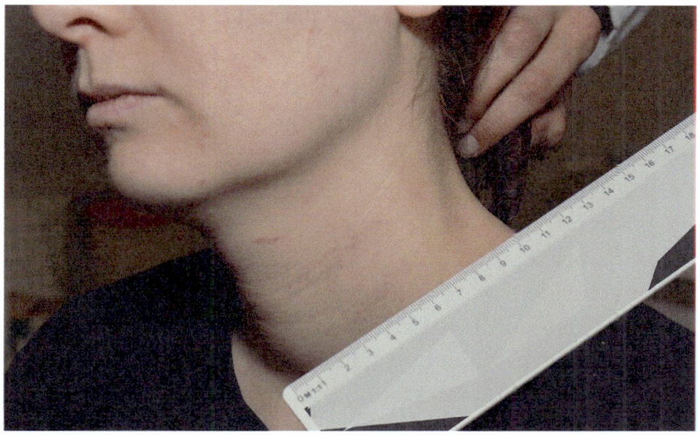

Abb. 15.6 **Befund:** An der linken Halsseite, zwei zwischen Halsvorderseite und vorderem Rand des M. sternocleidomastoideus gelegene annähernd parallelstreifige Hautrötungen, bis ca. 0,8 cm hoch, Abstand ca. 1,5 cm. Oberhalb des Randes des linken Schildknorpels eine ca. 1 cm lange mehr kratzerartige Hautläsion. Nicht abgebildet: vor dem Rand des rechten M. sternocleidomastoideus vorne ein feiner ca. 1,5 cm langer Kratzer, absteigend zum Kehlkopf. In den mittleren Abschnitten über dem M. sternocleidomastoideus eine spindelförmige bis ca. 0,4 × 0,3 cm messende Oberhautläsion, ca. 1,5 cm darunter eine schräge nach unten vorne weisende oberflächliche Hautläsion. Ansonsten sog. Griffspuren an den Armen

Diagnose: Seitensymmetrische Verletzungen im Sinne von Würgemalen

Anamnese: 33 Jahre alte Frau, sei vom Ehemann angegriffen worden. In der Notaufnahme: Luftnot, Kribbeln am ganzen Körper, verschwommenes Sehen, Schwäche der unteren Gliedmaßen, habe nicht mehr frei stehen können. Am nächsten Morgen Schmerzen im Nacken. Bei Untersuchung Druckschmerz am Mundboden

15.2 Drosseln

Beim Drosseln wird ein Strang- bzw. Drosselwerkzeug meist zirkulär um den Hals gelegt und im Regelfall mit Muskelkraft zusammengezogen. Es resultiert eine eher horizontale Drosselmarke. In Abhängigkeit von der Beschaffenheit des Werkzeugs oder von der Art des Vorgehens kann die Strang- bzw. Drosselmarke stellenweise unterbrochen sein. Ein sehr weiches und breites Drosselwerkzeug muss sich nicht in allen Fällen abbilden bzw. kann nur Hautrötungen produzieren, die rasch reversibel sind. Grundsätzlich ist ein tödlich endendes „Selbsterdrosseln" möglich, wenn das Drosselwerkzeug mechanisch nach dem Zuziehen arretiert werden kann, wie dies zum Beispiel mit einem Kabelbinder möglich ist. Beim Drosseln finden sich je nach Intensität ausgeprägte Zeichen der hämodynamischen Wirksamkeit der Halskompression und vom Gewaltopfer berichtete Symptome. Nicht selten wird die getragene Kleidung als Drosselwerkzeug benutzt, zum Beispiel durch torquierendes bzw. drillendes Drehen des Kragens eines Hemdes oder Pullovers oder es wird eine Halskette als Drosselwerkzeug genutzt. Dann können sich im Einzelfall entsprechende Konturen des Kleidungsstückes in der Hals- bzw. Nackenhaut in Kombination mit einem sog. Stauungssyndrom oberhalb der Strangulationsebene finden (vgl. auch ▣ Abb. 15.7, 15.8, 15.9, 15.10, 15.11, 15.12).

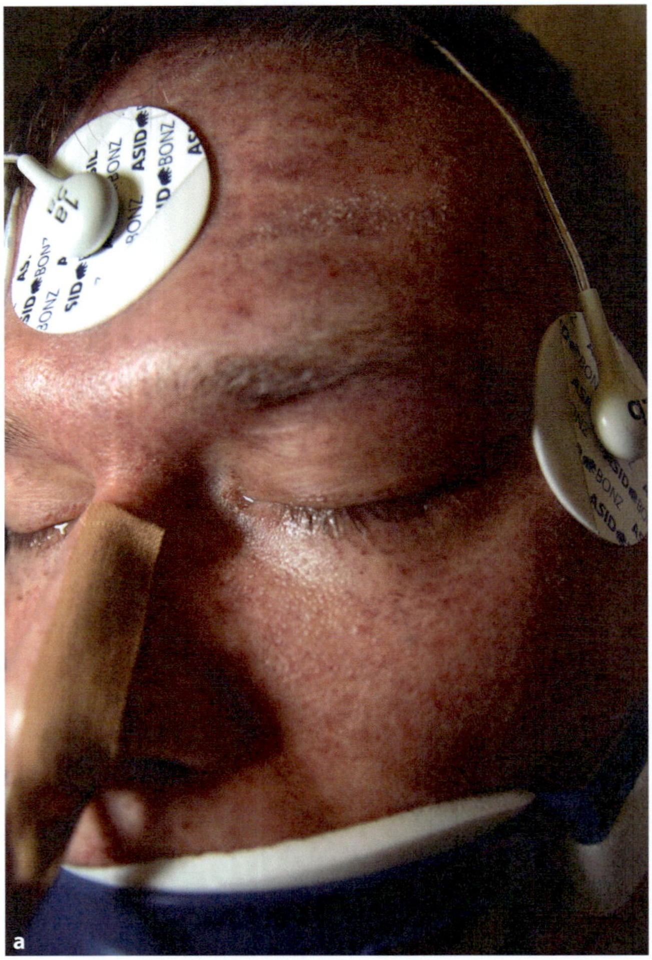

▣ Abb. 15.7a–e **Befund:** **a** Blaulividverfärbung und zahlreiche flohstichartige (petechiale) Blutungen in der Gesichtshaut unter Betonung der Augenregionen

Diagnose: Sog. Stauungssyndrom

Anamnese: massives Drosseln

15

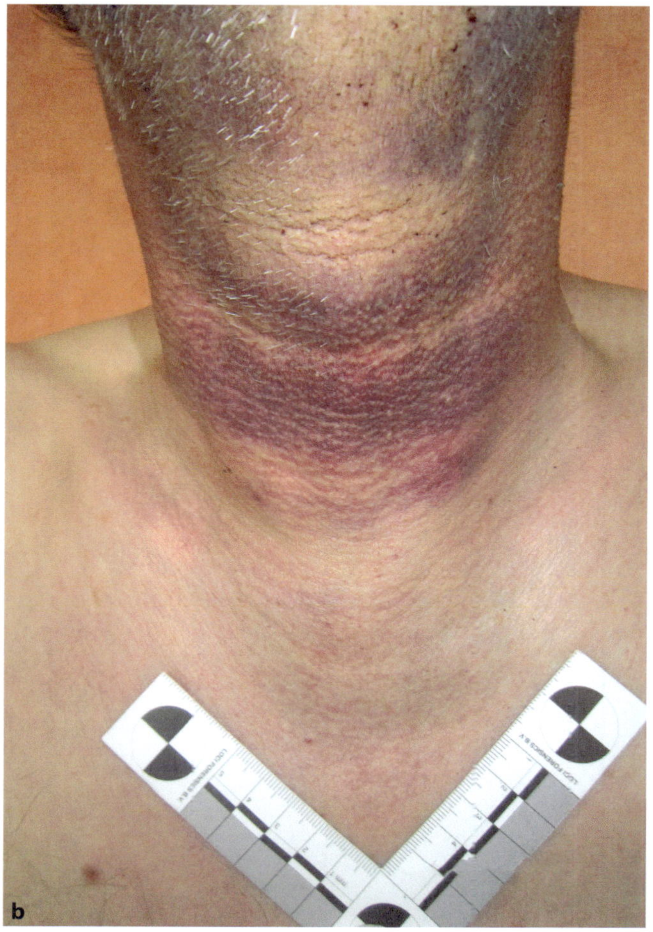

Befund: b Quergestellte deutliche blaulivide Verfärbung der vorderen Halshaut, dazwischen zwei streifige Aufhellungen.

Diagnose: Drosseln in offenbar unterschiedlicher Höhe

Anamnese: Drosseln mit einem breiten, weichen Schal bei heftiger Gegenwehr

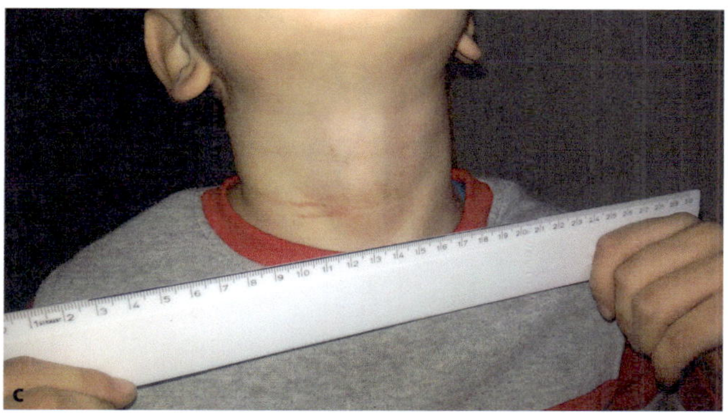

Befund: c Parallelstreifige feinlinienartige Hautrötungen in gleichbleibendem Abstand zueinander gelegen und nahezu horizontal verlaufend.

Diagnose: V. a. Halskompression mit einem entsprechend breiten Drosselwerkzeug

Anamnese: V. a. Drosseln, eine abschließende Klärung war nicht möglich

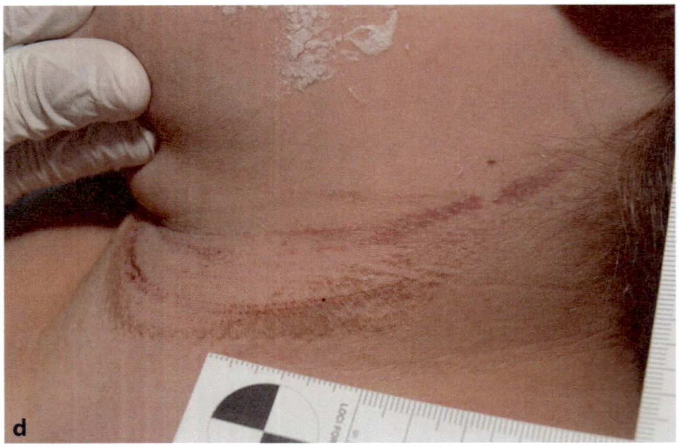

Befund: **d** Streifige, vorderseitig horizontal verlaufende, seitlich ansteigende konturierte Halshautrötungen, die ein feines Muster erkennen lassen.

Diagnose: Halskompression mit einem entsprechend geformten Werkzeug

Anamnese: Es sei bei sitzendem Gewaltopfer von hinten mit einer getragenen mittelgrobgliedrigen Halskette gedrosselt worden, verbunden mit einem nackenwärts erfolgten Hochziehen der Kette

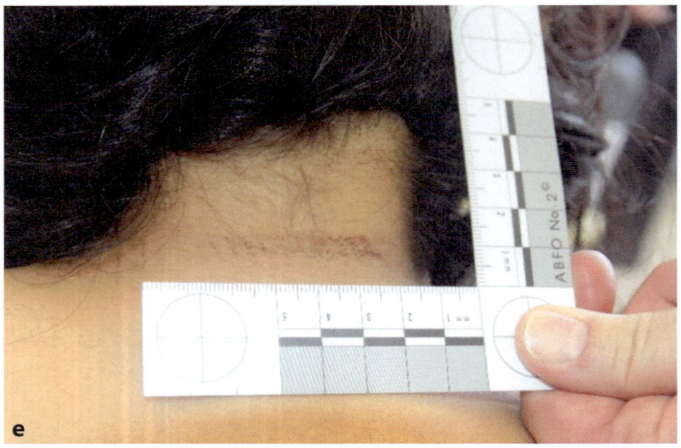

Befund: **e** Querstreifig verlaufende bis 8 mm breite geformte Hauteinblutung („Suggillationen") mit in regelmäßigen Abständen sichtbaren längsgestellten feinstreifigen Hautrötungen.

Diagnose: Abdruckprofil des Kragenbündchens der getragenen Kleidung in der Nackenhaut

Anamnese: Berichtetes Torquieren bzw. Verdrillen der Kleidung von vorne und versuchtes Drosseln

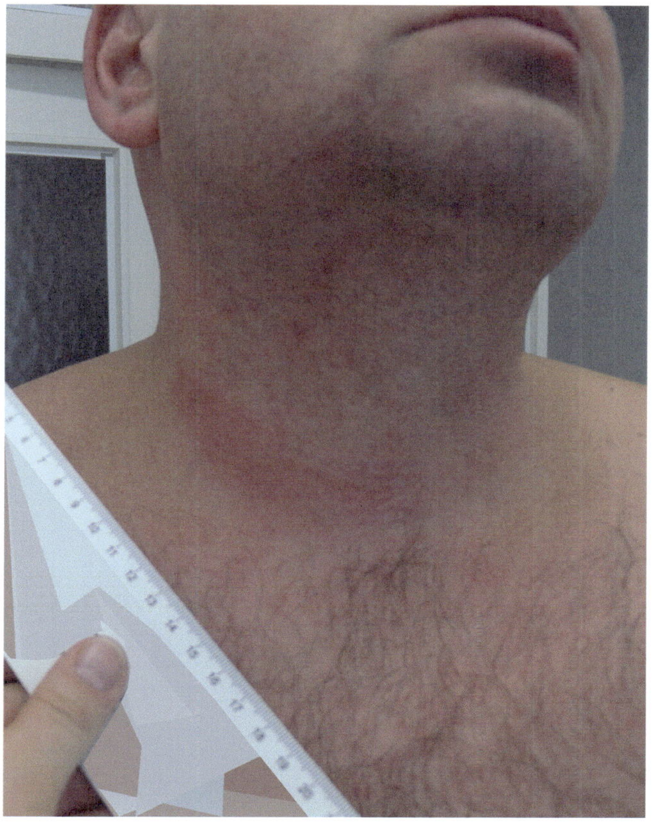

Abb. 15.8 **Befund:** Die rechte Halsseite nahe dem vorderen Halsansatz zeigt eine nicht geschlossene, angedeutet zirkulär anmutende bis ca. 3 cm breite Hautrötung. Halspartie links ohne frische Verletzungen. Sonst fleckförmige Rötungen im Kehlkopfbereich und periorale Kratzer

Diagnose: Verdacht auf inkomplette Drosselmarke

Anamnese: Angegebenes Drosselwerkzeug: Kragen der Oberbekleidung. Schluckbeschwerden, kann keine feste Nahrung schlucken. Heiserkeit. Kopfschmerz, orthostatischer Schwindel. Schmerzen der Kaumuskeln. Schmerzhafte Kopfdrehung. Schmerzen bei Anspannen der Halsmuskeln

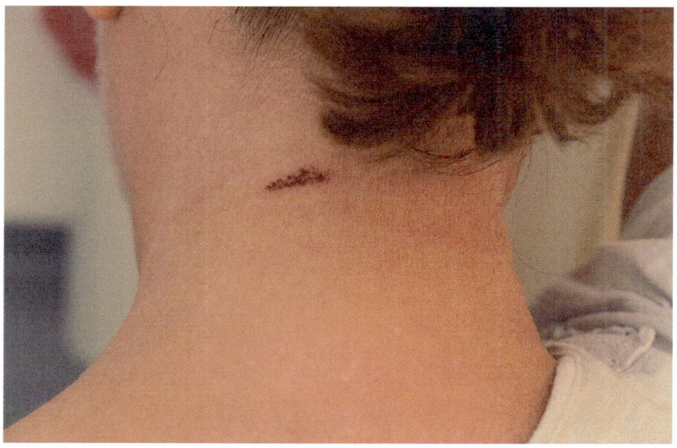

Abb. 15.9 **Befund:** Ca. 0,5 cm hohe, teils unterbrochene und nur minimal ansteigende, teilweise diskrete, horizontal-zirkuläre Strangmarke in der Nackenhaut, dort stellenweise auseinanderweichend mit umschriebener rot-brauner, jetzt verschorfter Oberhautabschürfung

Diagnose: Drosselmarke, vereinbar mit den Angaben der Geschädigten

Anamnese: 32 Jahre alte Frau, es sei das Kabel einer Mehrfachsteckdose als Drosselwerkzeug benutzt worden

Fälle von überlebtem „Selbstdrosseln“ sind extrem selten, sodass bei Nachweis einer Drosselmarke in der Halshaut im Regelfall von einer Fremdbeibringung auszugehen ist. Nicht immer müssen Drosselmarken deutlich sichtbare Spuren in der Hals- bzw. Nackenhaut hinterlassen, im Einzelfall können die Befunde eher diskret sein, was die Frage nach der Dauer des Drosselns und die Frage nach der Handlungs- bzw. Abwehrmöglichkeit des Opfers aufwirft.

Bei weniger eindeutigen Befunden und unterbrochener Strangmarke ist die Inspektion der Nackenhaut besonders wichtig, da dort bei einem Drosseln vom Drosselwerkzeug resultierende Hautrötungen und Hautimpressionen möglich sind.

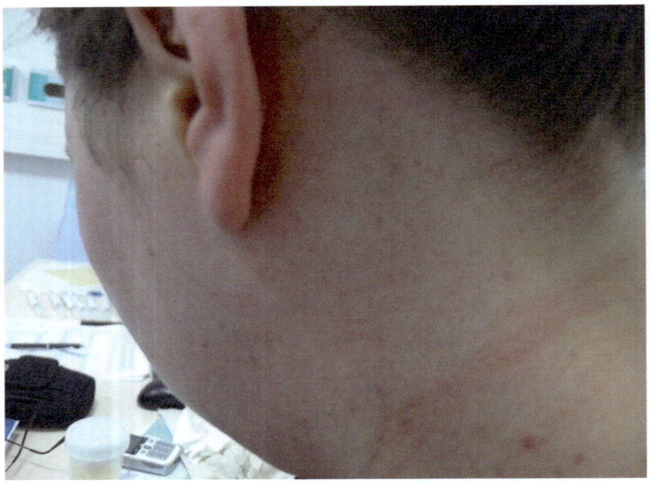

Abb. 15.10 Befund: Inkomplette horizontal-zirkuläre Rötung am Hals seitlich sowie der Nackenhaut nur linksseitig, Stauungssyndrom mit Dunsung des Gesichtes und flohstichartigen (petechialen) Blutungen in der Gesichtshaut

Diagnose: Drosselmarke mit Zeichen der hämodynamischen Wirksamkeit des Drosselns

Anamnese: Tatsächlich Vortäuschung eines angeblich sadistisch gefärbten Sexualdelikts. Drosselmarke durch weichen Gürtel (Selbstdrosseln bis zur hämodynamischen Wirksamkeit der Halskompression). Psychische Ausnahmesituation bei psychiatrischer Anamnese

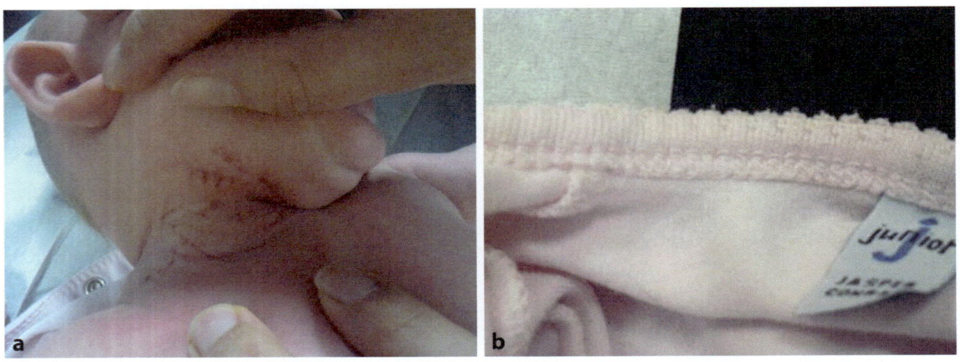

Abb. 15.11a,b Befund: **a** In der Halshaut rechtsseitig betonte geformte Hauteinblutungen („Suggillationen"). **b** Die Formung korrespondierend zu dem Muster des Bündchens der Kleidung am Hals

Diagnose: Kompression des Halses durch die eigene Kleidung

Anamnese: Verdacht auf sog. Torquierung der Kleidung in Halshöhe mit nachfolgender Kompression bzw. nachfolgendem Drosseln in einem Fall von Kindesmisshandlung

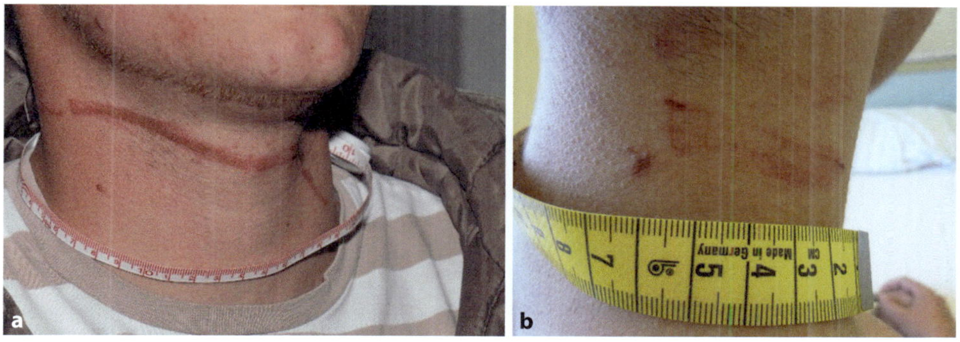

Abb. 15.12a,b Nahezu zirkulär-horizontal verlaufende gut demarkierte Drosselmarke mit messbarer Breite des Drosselwerkzeuges (**a**) und lediglich einseitig in der rechten Halshaut horizontal verlaufend eine zentral aufgehellte gut begrenzte Drosselmarke bei unbekanntem Drosselwerkzeug (**b**)

15.3 Hängen

Grundsätzlich kann ein sog. typisches und ein sog. atypisches Hängen unterschieden werden (Tab. 15.1). Dabei ist das sog. atypische Hängen wesentlich häufiger anzutreffen als das typische Hängen. Wesentlich häufiger als ein überlebtes Hängen ist jedoch das tödliche Erhängen. Im Falle des Überlebens können jedoch entsprechende Verletzungen nachweisbar sein, die dann in erster Linie an einen Suizidversuch denken lassen sollten.

Typisches Hängen

Beim sog. typischen Erhängen lagert der Knoten des Strangwerkzeugs im Nacken. Die Schlinge wird durch das gesamte Körpergewicht zugezogen. Hierbei werden im Regelfall sowohl die Blutadern des Halses (beiderseits: V. jugularis und V. vertebralis) als auch die Schlagadern (A. carotis communis und A. vertebralis) komprimiert.

Die Strangmarke verläuft dann meist beidseits symmetrisch ansteigend zur Nackenregion und lässt sich dort in die behaarte Kopfhaut verfolgen. Da es zu einer sofortigen Kompression auch der Halsarterien kommt, kann sich ein sog. Stauungssyndrom nicht ausbilden, die Gesichtshaut ist daher eher blass, keinesfalls gedunsen, sie zeigt keine flohstichartigen Einblutungen.

Atypisches Hängen

Beim sogenannten atypischen Hängen werden die Gefäße des Halses nur inkomplett verschlossen, weil entweder lediglich Teilkörpergewicht wirkt (Position: halb-stehend, sitzend, liegend) und/oder der Knoten des Strangwerkzeuges nicht im Nacken, sondern an anderer Stelle liegt. Es prägt sich ein sog. Stauungssyndrom aus (Abb. 15.13).

> **Ein atypisches Hängen mit erheblicher Halskompression erfordert nicht das freie Hängen des Körpers.**

Etwaige Hautverletzungen unmittelbar oberhalb oder in Höhe der Strangulationsmarke können vor allem beim Drosseln und Hängen als Zeichen von Selbstrettungsversuchen gewertet werden. Gerade beim überlebten Würgen, Drosseln und Hängen sind zum Nachweis petechialer Blutungen gute Lichtverhältnisse zu fordern.

Tab. 15.1 Kriterien des typischen und des atypischen Hängens

Typisches Hängen	Atypisches Hängen
Freies Hängen des Körpers	Körperposition ist variabel, der Körper muss nicht frei hängen
Lage des Knotens des Strangwerkzeuges in der Nackenregion	Lage des Knotens des Strangwerkzeuges ist variabel
Komplette und rasche Kompression der Halsgefäße	Inkomplette Kompression der Halsgefäße
Keine Ausbildung eines sog. Stauungssyndroms, eher blasse Gesichtshaut	Ausbildung von Zeichen der akuten Blutstauung oberhalb der Strang- bzw. Kompressionsebene mit Dunsung und Zyanose der Gesichtshaut
Keine flohstichartigen oder flächenhaften Blutungen	Flohstichartige oder feinfleckige Blutungen in der Hals- und Gesichtshaut oberhalb der Kompressionsebene
Sehr rascher Eintritt der Bewusstlosigkeit	Eintritt der Bewusstlosigkeit in Abhängigkeit von der Intensität der Strangulation mehr oder weniger rasch

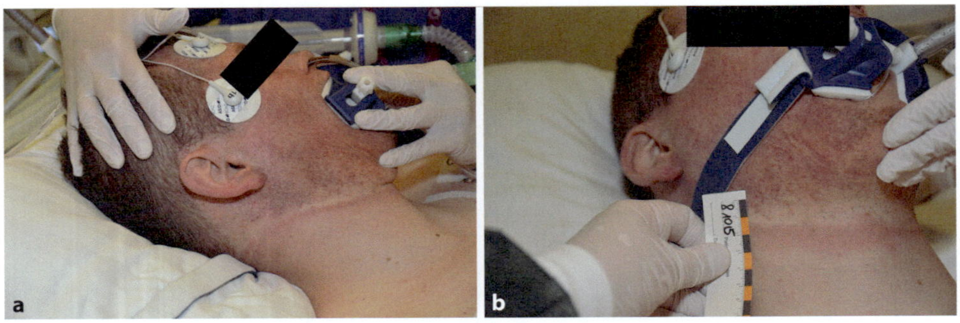

◘ Abb. 15.13 **Befund:** Rechte Halsseite. Bis in Höhe des Warzenfortsatzes ansteigende streifige Hautrötung (Strangmarke). Dunsung des Gesichtes, sog. Stauungsblutungen (= Petechien) in den Lidhäuten, den Augenbindehäuten, der Gesichtshaut und sonstigen Schleimhäuten, insbesondere auch in der Schleimhaut des Mundvorhofes (hier nicht abgebildet)

Diagnose: Atypisches Hängen mit ausgeprägtem Stauungssyndrom

Anamnese: 27 Jahre alter Mann. Als Strangwerkzeug wurde ein kordelartiges Seil benutzt

Kindesmisshandlung

C. G. Birngruber, G. Lasczkowski, R. B. Dettmeyer, *Forensische Verletzungskunde*,
https://doi.org/10.1007/978-3-642-54279-4_16

Auch bei Kindern gibt es Verletzungen in sturztypischer und Verletzungen in schlagtypischer Lokalisation (◘ Abb. 16.1). Es handelt es sich jedoch nur um Erfahrungswerte, deren Gültigkeit im Einzelfall immer kritisch geprüft werden muss.

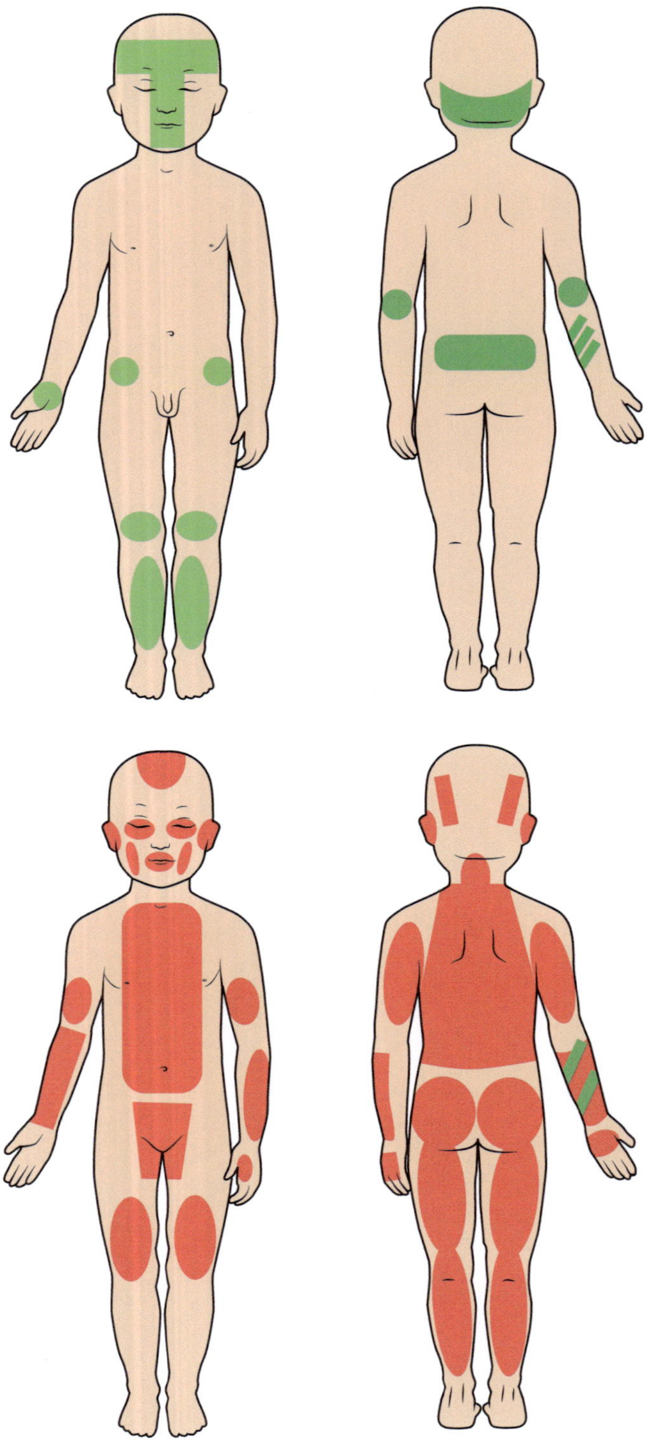

◘ **Abb. 16.1** Markierte Areale für sturztypische (*grün*) und für schlag- bzw. misshandlungstypische (*rot*) Verletzungen. (Aus Herrmann et al. 2016, S. 67, Abb. 4.1)

Dabei sind das Alter des Kindes, die Mobilität, die Entwicklungsstufe und etwaige Behinderungen zu bedenken.

Zu den häufigeren Ursachen von Verletzungen bei einer Kindesmisshandlung zählen Schläge, ausgeführt z. B. mit einem länglichen Gegenstand (Stock, Rohr, Gürtel etc.). Dabei bleibt die Auftrefffläche des Werkzeuges auf die Haut häufig verletzungsfrei, jedoch reißen in Höhe der Ränder des auftreffenden Schlagwerkzeuges unter der Haut gelegene Kapillaren ein, was zu zwei parallelen streifigen Hautein- und Hautunterblutungen führt, sog. Doppelstriemen (◘ Abb. 16.2). Andere als längliche Schlagwerkzeuge führen zu flächigen, ggf. auch anders geformten Hämatomen.

Sog. Doppelstriemen als parallelstreifige Hautunterblutungen bei einem Kind sind immer misshandlungsverdächtig und bedürfen der Abklärung.

Andere Verletzungen sind zum Beispiel Ohrverletzungen mit Hautunterblutungen in Höhe des Ansatzes der Ohren beim Ziehen, Reißen oder Hochheben des Kindes an den Ohren. Ebenfalls häufiger sind streifige Rötungen der Wangenhaut zu finden als Folge des Schlagens mit der flachen Hand auf die kindliche Wange. Auch bei Kindern gelten dagegen Verletzungen in Höhe der Streckseiten der Knie, in Höhe der Ellenbogenaußenkanten und über der Schienbeinvorderkante als sturz- bzw. spieltypisch.

Weisen Säuglinge Verletzungen des Zungenbändchens oder der Schleimhaut des Mundvorhofes auf, so ist an sog. Fütterungsverletzungen zu denken. Möglich sind auch misshandlungsbedingte Verletzungen des Gaumens, der Tonsillen und des Rachens durch Essbesteck. Bei älteren Kindern können umblutete Zahnhälse oder Zahnabbrüche, mit den Zähnen als Widerlager, schlagbedingt auftreten, im Einzelfall ist aber auch ein ursächliches Sturzgeschehen zu prüfen.

Bei Kindern und nur teilweise widerstandsfähigen Personen, die sich gegen Schläge nur begrenzt wehren können, lassen sich unter Umständen mehrere Verletzungen nachweisen. Dann ist einerseits an ein mehr- bis vielaktiges Geschehen mit zahlreichen Schlägen zu denken, aber auch an eine zwei- oder mehrzeitige Gewalteinwirkung. Während bei der zeitlichen Einordnung von Verletzungen eine gewisse Zurückhaltung geboten ist, lassen die Verletzungen als solches und deren Lokalisation dann den Rückschluss auf eine Misshandlung bzw. eine Vielzahl von Schlägen zu (◘ Abb. 16.3).

Penetrierende Verletzungen der Anogenitalregion

Bei Säuglingen und Kleinkindern führt penetrierende Gewalt in der Anogenitalregion eher, aber nicht zwingend, zu gravierenderen lokalen Verletzungen. Es können Einrisse am äußeren weibliche Genitale auftreten, auch in Höhe des Scheideneingangs. Verletzungen des Hymens sind bei Kleinkindern mit vaginaler Penetration zwar wahrscheinlich, aber nicht zwingend. Mit steigendem Alter können penetrierende Gewalteinwirkungen zunehmend verletzungsarm erfolgen.

Anale Penetrationsverletzungen bestehen bei Kindern je nach Größe des penetrierenden Gegenstandes in radiären

Einrissen der Analhaut, teilweise blut- bzw. fibrinbedeckt und begleitet von einem mehr oder weniger zirkulären analen Hämatom (Abb. 16.4).

Weitere misshandlungsbedingte Verletzungen bei Kindern, neben thermischen Verletzungen, können sein: das Ausreißen von Haaren (Abb. 16.5), das „Ziehen" oder „Reißen" an den Ohren (Abb. 16.6) oder Verletzungen am Genitale (Abb. 16.7).

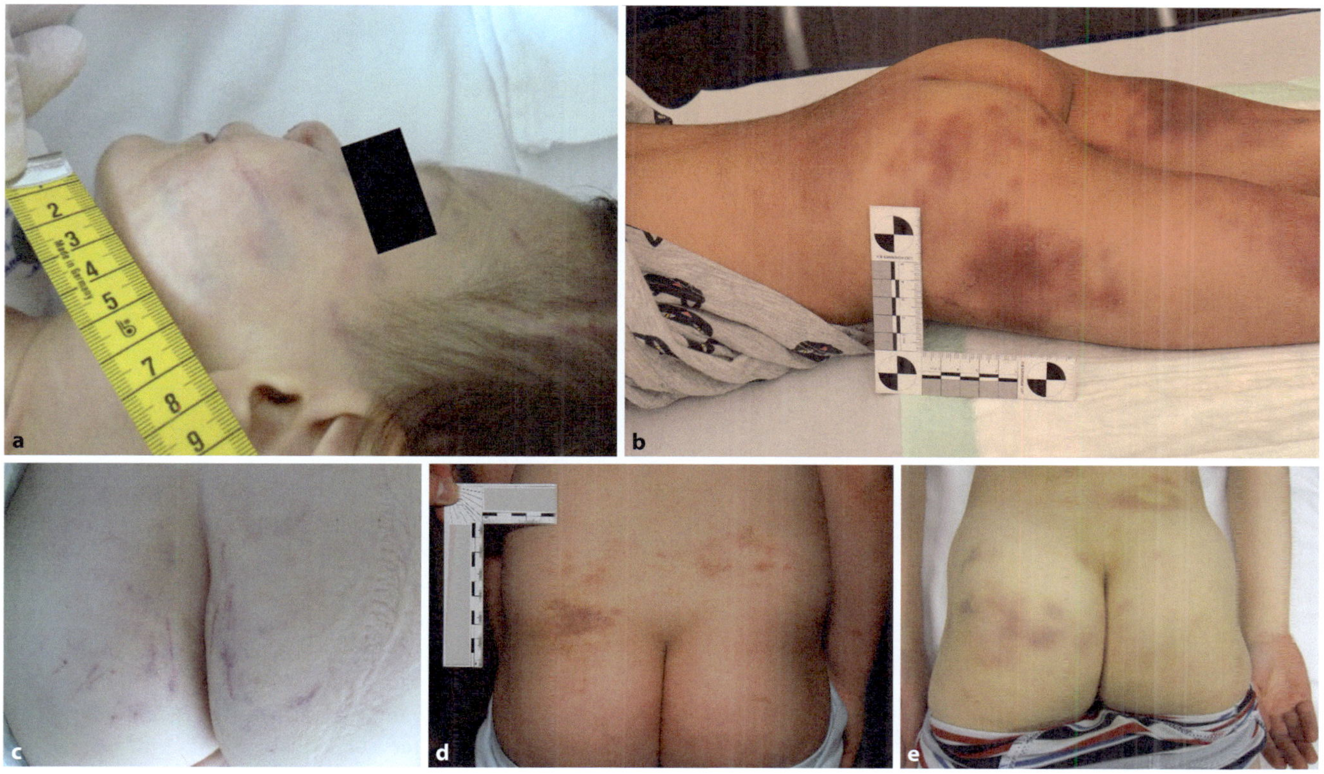

Abb. 16.2a–e **Befund:** Parallelstreifige Hauteinblutungen mit dazwischenliegender Aufhellung in der Wangen-, Rücken- und Gesäßhaut

Diagnose: Sog. Doppelstriemen in jeweils schlagtypischer Lokalisation

Anamnese: Häusliche Gewalt und Schläge mit einem Stock bzw. stockartigen Gegenstand

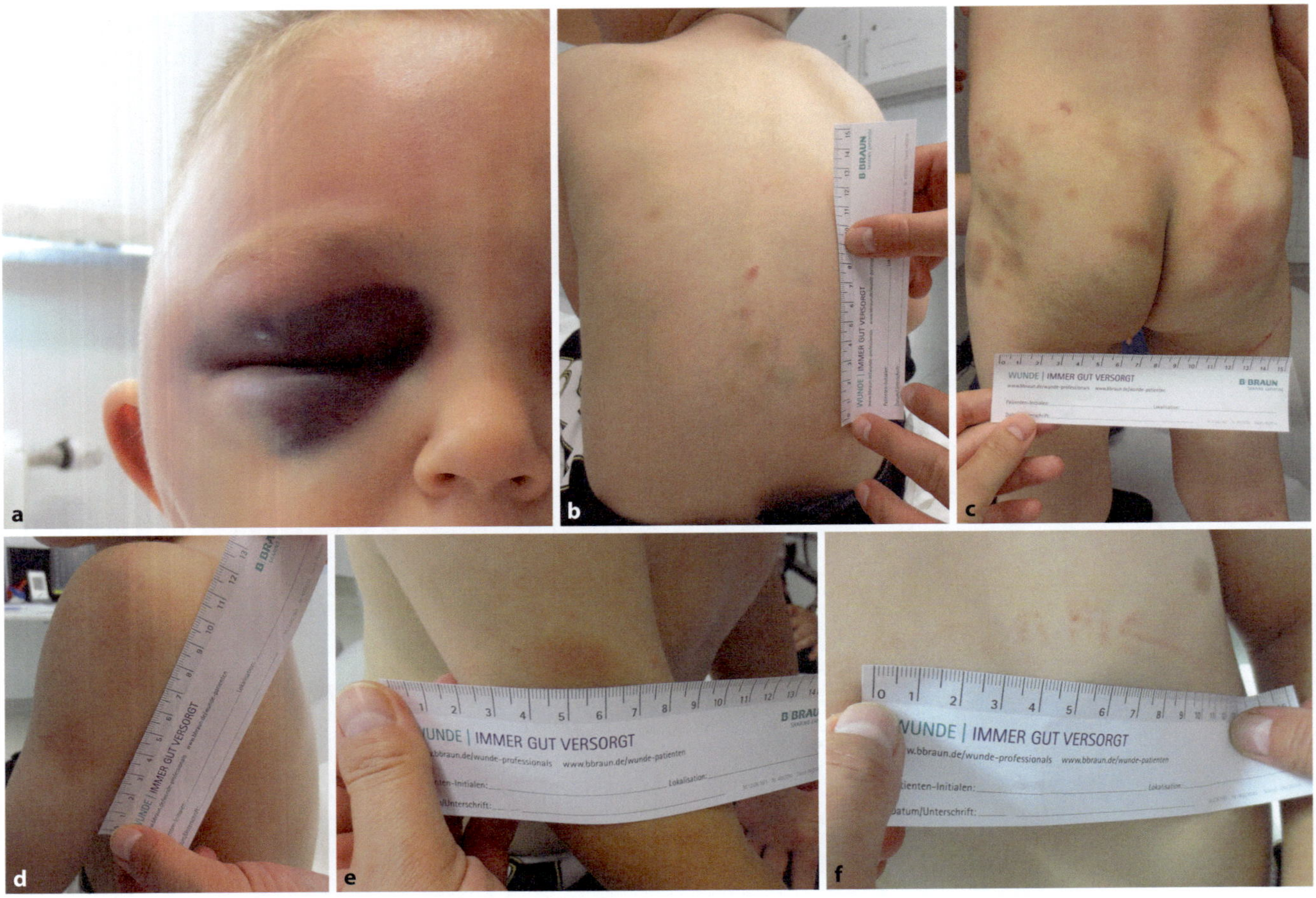

▪ Abb. 16.3a–f **Befunde:** **a** Schwellung und Blaulividverfärbung des rechten Augenober- und Augenunterlides. **b** Kleine fleckig-braune Hautverfärbungen der Rückenhaut in Projektion auf einzelne Dornfortsätze der Wirbelkörper. **c** Flächige und streifige braunrote, teilweise am Rande leicht ocker-grüne Verfärbungen der Gesäßhaut links und rechts sowie jeweils außenseitig mit streifigen Aufhellungen. **d** und **e** blassbraune Hautverfärbungen außenseitig an beiden Oberarmen seitensymmetrisch im mittleren Drittel. **f** Kleine blass-parallelstreifige Hautrötungen der Brusthaut mit dazwischenliegender zentraler Aufhellung

Diagnose: Monokelhämatom rechts, sog. Widerlagerverletzungen in der KML der Rückenhaut, Hämatome der Gesäßhaut in schlagtypischer Position, Doppelstriemen der Brusthaut, Griffspuren an beiden Oberarmen – insgesamt im Sinne eines vielaktigen Schlag- bzw. Misshandlungsgeschehens, am ehesten zweizeitiges Geschehen

Anamnese: Häusliche Gewalt mit zahlreichen Schlägen gegen einen 3 1/2-jährigen Jungen

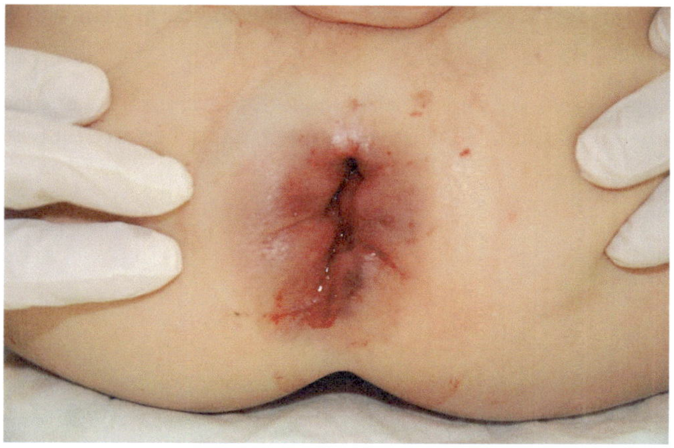

Abb. 16.4 **Befund:** Analregion eines Kindes mit wechselnd intensiver, zirkulärer rot-livider Hautunterblutung, radiären Hautdurchtrennungen Richtung Analöffnung und kleinen Blut- bzw. Fibrinbelägen

Diagnose: Anale Penetrationsverletzung

Anamnese: Nach Angaben eines tatverdächtigen Mannes sei das Kind in der Duschwanne ausgerutscht und mit der Afteröffnung auf den emporragenden Duschstöpsel gefallen.

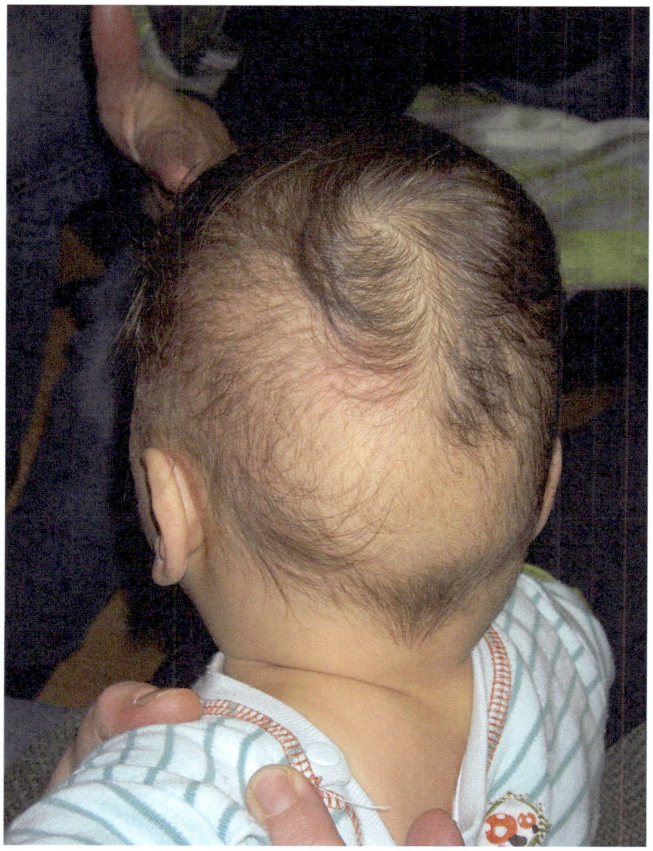

Abb. 16.5 **Befund:** Flächenhaftes Fehlen der Kopfhaare am Hinterkopf mit Ausdehnung zu beiden Seiten der KML

Diagnose: Kopfhaarverlust unklarer Genese

Anamnese: Von Zeugen behauptetes Ausreißen der Kopfhaare, sog. Epilation durch Dritte

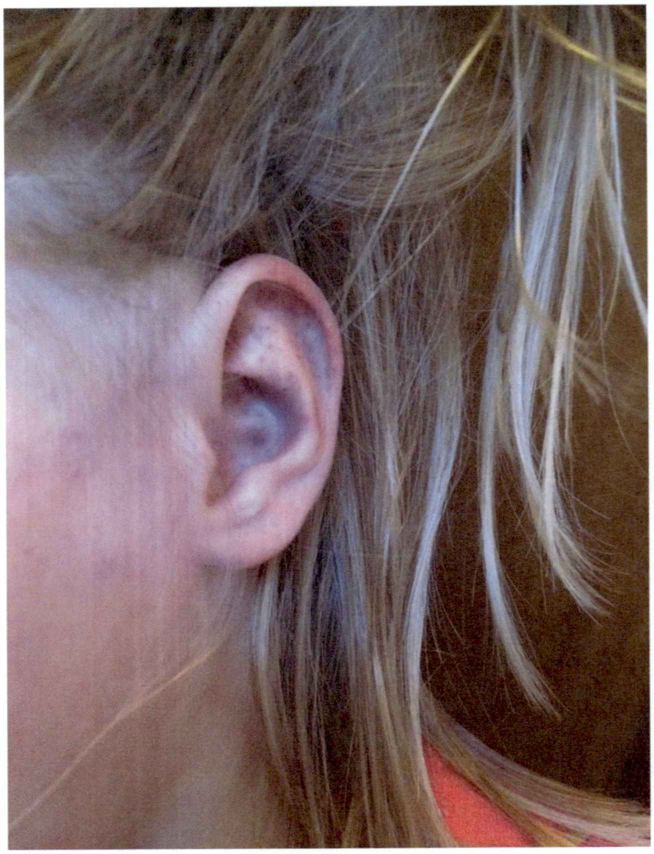

▪ Abb. 16.6 **Befund:** Ausschließlich in der oberen Hälfte der Ohrmuschelhaut gelegene punktförmige Hautrötungen, vorderseitig und rückseitig

Diagnose: V. a. Kompression der oberen Ohrmuschelhälfte links

Anamnese: Kräftiges Fassen bzw. Zusammendrücken der oberen Ohrmuschelhälfte, verbunden mit Ziehen an dem Ohr

16

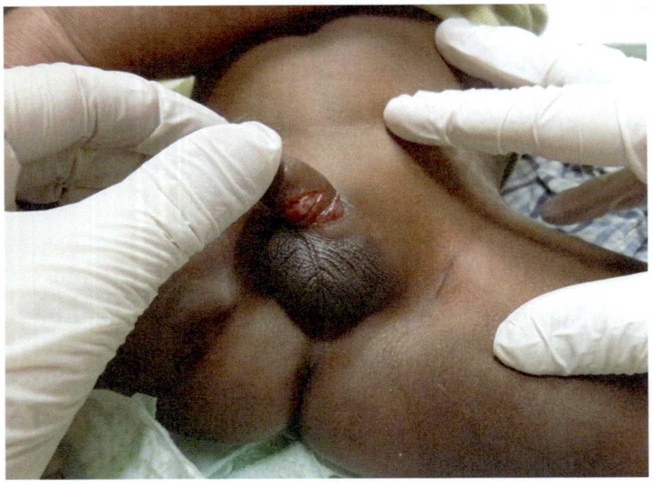

▪ Abb. 16.7 **Befund:** Semizirkuläre, glattrandige Durchtrennung der Haut der Penisrückseite bis in das Unterhautweichteilgewebe nahe der Umschlagfalte zum Hodensack bei einem 2-jährigen Jungen

Diagnose: Schnittverletzung des Penis nahe der Peniswurzel

Anamnese: Behauptete Schnittverletzung beim Hantieren mit einer Schere durch ein älteres Geschwisterkind

16.1 Schütteltrauma

Nach einem Schütteltrauma (SBS; Shaken-baby-syndrome; NAHI, non-accidental head injury) welches am häufigsten im 1. Lebensjahr, also im Säuglingsalter, vorkommt, aber auch noch Kleinkinder im 2. und 3. Lebensjahr betreffen kann, müssen äußerlich sichtbare Verletzungen nicht gegeben sein.

Im Rahmen des Schütteltrauma-Syndroms kommt es typischerweise zu neurologischen Auffälligkeiten und einem subduralen Hämatom in Kombination mit häufig punktförmigen, teilweise auch flächenhaften Einblutungen in die Netzhaut eines oder beider Augen (retinale Blutungen). Ein zunehmender Hirndruck kann zum sog. „Sonnenuntergangsphänomen" der Augen führen (Abb. 16.8). Zusätzlich ist an griffbedingte, eher rückseitig neben der Wirbelsäule, also paravertebral gelegene Rippenfrakturen zu denken, evtl. auch an Griffspuren an den Oberarmen oder der Haut des Brustkorbes.

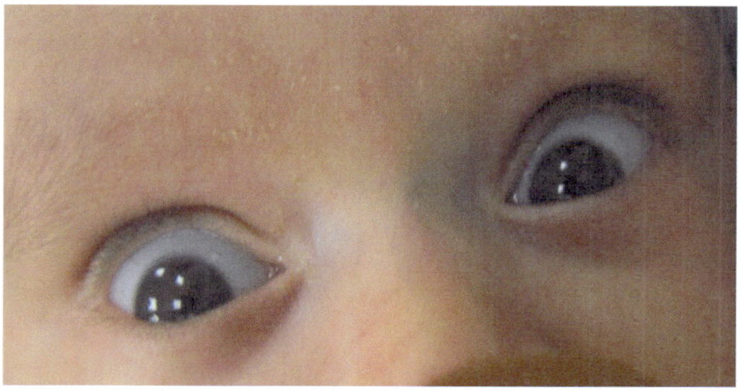

Abb. 16.8 **Befund:** Auffällige Verlagerung der Pupillen beider Augen nach unten, sodass oberhalb davon das Augenweiß sichtbar wird

Bei jedem Verdacht auf ein Schütteltrauma muss, auch wenn äußerlich sichtbare Verletzungen fehlen, immer eine augenärztliche Untersuchung des Augenhintergrundes zum Nachweis bzw. Ausschluss von Netzhautblutungen (retinale Blutungen) veranlasst werden.

Wird das geschüttelte Kind zusätzlich auf den Boden oder gegen einen Gegenstand geworfen oder schlägt der Kopf beim Schütteln gegen ein Widerlager, so spricht man vom „Shaken-Impact-Syndrome", welches in 15 bis 27 % der Fälle von Schütteltrauma-Syndrom beobachtet wird. Dann finden sich entsprechende Anschlagverletzungen in Form von Hämatomen oder Quetsch-Riss-Wunden, vor allem am Kopf.

Vermeintlich alternative Erklärungen für ein Schütteltrauma-Syndrom, wie Sturz vom Wickeltisch oder die Verletzungen seien Folge einer Impfung bzw. als Impfschaden anzusehen, konnten nicht überzeugen. Zum Schütteltrauma-Syndrom gibt es eine umfangreiche Fachliteratur.

Diagnose: Sog. Sonnenuntergangsphänomen; V. a. Erhöhter Hirndruck

Anamnese: V. a. Schütteltrauma

16.2 Vernachlässigung

Fälle von pflegerischer Vernachlässigung finden sich im Säuglings- und Kleinkindalter, aber auch z. B. bei älteren pflegebedürftigen und/oder behinderten Menschen. Dabei führen Defizite bei der Körperpflege zu Verschmutzungen und Entzündungen der Hautfalten, gerade in der Anogenitalregion auch zu flächenhaften Hautentzündungen (sog. „Urinekzem" bzw. „Windeldermatitis"; ◘ Abb. 16.9). Je nach Dauer der Vernachlässigung können ausgedehnte Hautschäden resultieren. Ist Hintergrund der Vernachlässigung gerade von Säuglingen und Kleinkindern die Alkohol- bzw. Drogensucht eines Elternteils oder beider Eltern, dann sollte auch an die Gabe von Alkohol bzw. Drogen an betroffene Kinder gedacht werden. In solchen Fällen können chemisch-toxikologische Untersuchungen von Blutproben, Urinproben oder Haaren der Kinder einen Beitrag zur Prüfung des aufgekommenen Verdachts leisten.

Bei Fällen von Vernachlässigung sind immer auch Daten zur Entwicklung des Körpergewichts und der Körperlänge zu erfassen und als Abweichung von der Norm bzw. von den Wachstumsperzentilen zu dokumentieren (Mangelernährung?).

16.3 Münchhausen-Syndrom-by-proxy (MSbP)

Das Münchhausen-Syndrom-by-Proxy (MSbP) wird im deutschen Sprachraum auch Münchhausen-Stellvertreter-Syndrom genannt und gilt als Sonderform einer kombinierten Kindesmisshandlung:

1. Es finden sich Elemente körperlicher wie emotionaler Misshandlung und von Vernachlässigung.
2. In der Regel instrumentalisiert die Mutter (selten der Vater oder eine andere betreuende Person) das Kind und täuscht Anzeichen einer Krankheit vor, die teilweise aktiv erzeugt wurden oder bestehende Symptome wurden gezielt verstärkt.
3. Ziel ist es, das Kind wiederholt für medizinische Untersuchungen vorzustellen, um letztlich für die eigene Person Aufmerksamkeit und Zuwendung zu bekommen.
4. Die Mütter sind auffällig intensiv besorgt, können stark manipulatives Verhalten entwickeln und veranlassen Ärzte zu auch invasiven diagnostischen Maßnahmen. Teilweise lernen die Mütter medizinische Termini um mitdiskutieren zu können.
5. Vermutet wird eine ausgeprägte Persönlichkeitsstörung der Mütter, die regelmäßig das Wissen um die wahren Ursachen der Symptome bei ihrem Kind leugnen.

Werden Mutter und Kind getrennt, bilden sich die Symptome beim Kind häufig rasch zurück. In Einzelfällen wurden Kin-

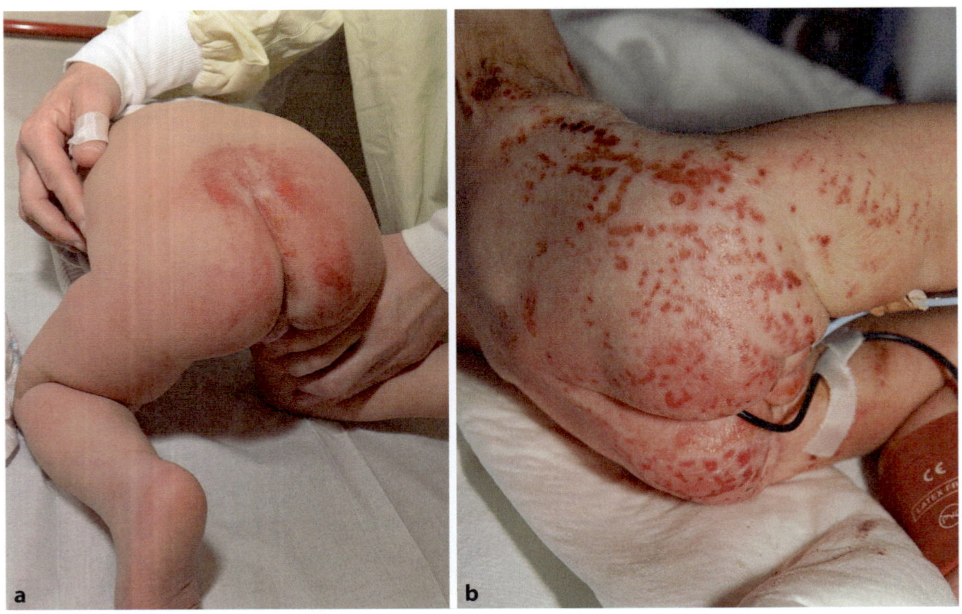

◘ **Abb. 16.9a,b** **Befund:** Ein Säugling (**a**) und ein Kleinkind (**b**): teils streifige, teils grobfleckige Hautrötungen und oberflächliche Hauterosionen der Anogenitalregion beidseits der KML, in einem Fall mit Ausdehnung auf die angrenzende Bauchhaut und die Haut der Oberschenkel

Diagnose: V. a. sog. Windeldermatitis

Anamnese: Pflegerische Versorgung in häuslicher Umgebung, berichtet wird allgemein von einer Überforderungssituation der Eltern, in Fall **a** kurzzeitig, in Fall **b** über einen längeren Zeitraum der verletzt, ihre Wunden wurden gezielt verunreinigt oder es wurden die Infusionen genutzt zum Verabreichen von z. B. Urin, flüssigem Stuhl oder anderen bakteriell kontaminierten Substanzen. Auch die Beibringung von Medikamenten bei MSbP ist bekannt (z. B. Abführmittel, Psychopharmaka, Benzodiazepine usw.). Die Inzidenz des MSbP wird auf 2,5 Fälle pro 100.000 Kinder im 1. Lebensjahr und 0,5 Fälle pro 100.000 Kinder vom 2.–16. Lebensjahr geschätzt. Auch bei Fällen von sog. Beinahe-Ersticken soll es sich gelegentlich um ein MSbP handeln.

16.4 Genitalverstümmelung – Female Genital Mutilation (FGM)

Das Parlament der Europäischen Union (EU) geht davon aus, dass in Europa ca. 500.000 Mädchen und Frauen von der „Beschneidung", besser „Verstümmelung" weiblicher Genitalien betroffen sind, 180.000 Mädchen und Frauen sollen gefährdet sein. Nach einer Schätzung bzw. Dunkelzifferstatistik von Terre des Femmes sollen in Deutschland 58.000 betroffene Frauen leben und 13.000 Mädchen gefährdet sein.

Eher selten wird eine körperliche Untersuchung auf behördliches Ersuchen zur Abklärung der Frage nach einer stattgehabten Genitalverstümmelung bei Mädchen bzw. Frauen erfolgen. Eine solche Genitalverstümmelung wird noch immer in zahlreichen Ländern durchgeführt, eine drohende Genitalverstümmelung ist in der Bundesrepublik Deutschland ein anerkannter Asylgrund, im Einzelfall kann den Eltern das Aufenthaltsbestimmungsrecht für ihre Tochter entzogen werden, wenn im Heimatland eine Genitalverstümmelung droht und die Eltern mit ihrer Tochter das Heimatland besuchen wollen.

Unterschieden werden gemäß der Klassifikation der WHO vier Formen (siehe auch ◘ Abb. 16.10):

- **Typ I (Sunna):** Exzision der Klitorisvorhaut mit der ganzen oder einem Teil der Klitoris.
- **Typ II (Exzision):** Klitoridektomie, die Klitoris wird vollständig entfernt, die kleinen Labien teilweise oder vollständig, die Vaginalöffnung wird nicht verschlossen.

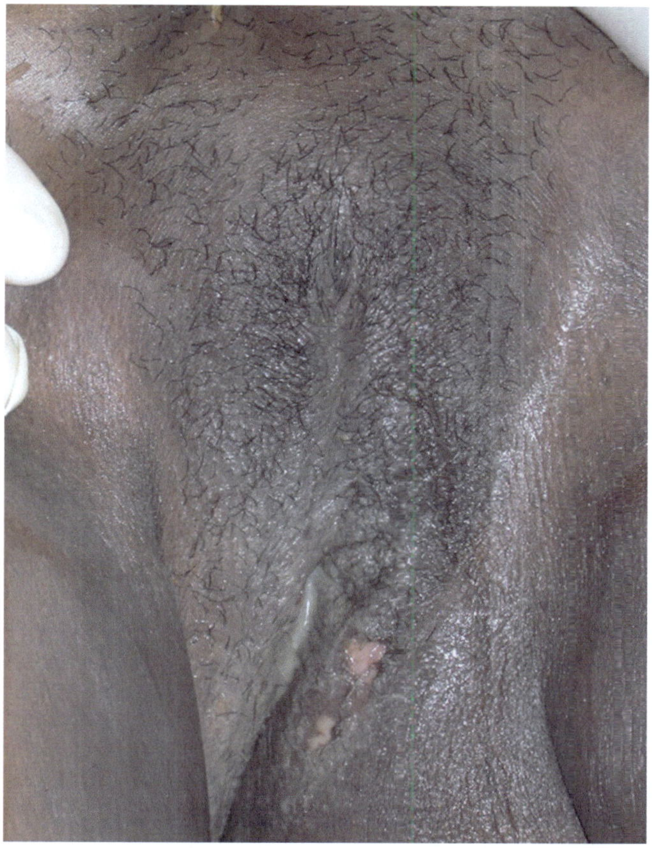

◘ **Abb. 16.11** Zustand nach Infibulation. Narbiger Verschluss und Verbleiben einer sehr kleinen Öffnung zur Ableitung von Menstrualblut. (Aus Herrmann et al. 2016)

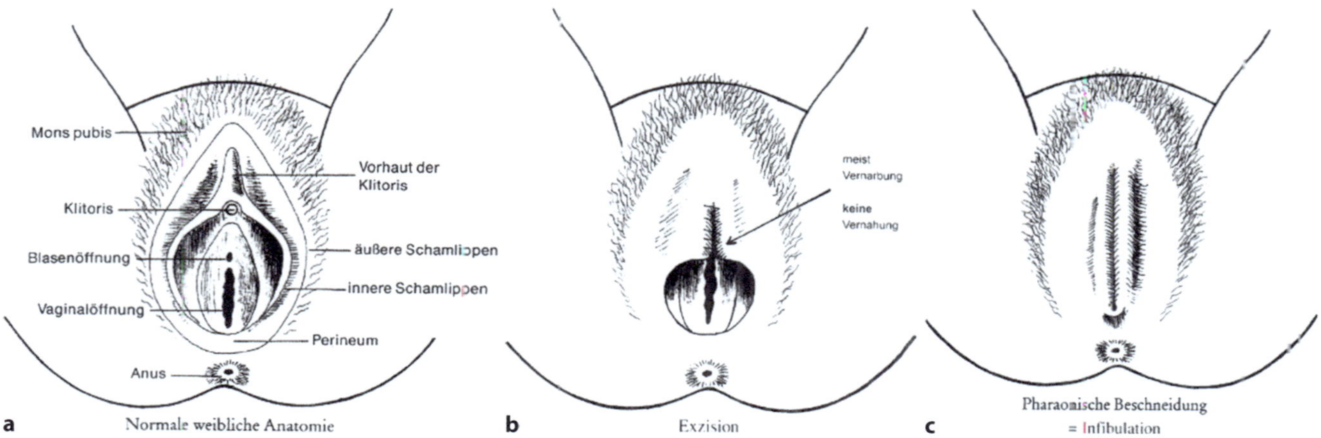

◘ **Abb. 16.10a–c** Formen weiblicher Genitalverstümmelung: In Deutschland ist die Vornahme einer Genitalverstümmelung bei Mädchen bzw. Frauen eine Straftat (Kap. 26, § 226a StGB). Zu den z. T. schwerwiegenden gesundheitlichen Nebenwirkungen gibt es zahlreiche Publikationen. Die gravierendste Form der Genitalverstümmelung ist die sog. pharaonische Beschneidung bzw. Infibulation (◘ Abb. 16.11). Patientinnen mit gegebener Genitalverstümmelung müssen rücksichtsvoll untersucht und behandelt werden. Im Kulturkreis vieler Patientinnen ist die Vornahme einer Genitalverstümmelung Normalität und sozial akzeptiert

- **Typ III (Infibulation oder pharaonische bzw. sudanesische Genitalverstümmelung):** Klitoris und Labia minora werden vollständig entfernt, die Labia majora teilweise durch Abtrennung der inneren Seiten der großen Labien, evtl. auch eines Teils des Venushügels. Die verbleibenden Hautanteile werden zusammengenäht, sodass beim Zusammenwachsen eine Brücke aus Narbengewebe über der vaginalen Öffnung bleibt, eine sehr kleine Öffnung (bis erbsengroß) für Menstruationsblut wird belassen.
- **Typ IV:** verschiedene nicht klassifizierbare Praktiken.

16.5 Nicht misshandlungsbedingte Differenzialdiagnosen

Im beruflichen Alltag werden gelegentlich insbesondere Säuglinge und Kinder ärztlich vorgestellt mit Befunden, die zunächst an eine Kindesmisshandlung denken lassen. So sollte z. B. bei einem Hämatom des Gesäßes eines Neugeborenen differenzialdiagnostisch an ein geburtstraumatisches Hämatom bei vaginaler Entbindung in Beckenendlage gedacht werden. Grundsätzlich können geburtstraumatisch bedingt auch einmal retinale Blutungen auftreten, die jedoch regelmäßig nach 4 bis 6 Wochen verschwunden sind. Gerade bei Hämatomen muss im Kindesalter immer auch an eine noch nicht diagnostizierte Blutgerinnungsstörung gedacht werden und an weitere Differenzialdiagnosen im Einzelfall (z. B. Ausschluss einer Glutarazidurie, einer primären Knochenerkrankung bei Frakturen etc.). Insbesondere diffus verteilte Hämatome oder Hämatome in nicht schlagtypischer oder ungewöhnlicher Lokalisation müssen an eine vorbestehende Blutgerinnungsstörung denken lassen (◘ Abb. 16.12).

Verwechselungen bzw. die irrtümliche Annahme einer Kindesmisshandlung kann es z. B. geben bei Hämatomen als Folge naturheilkundlicher Methoden (Schröpfen), beim sog. Mongolenfleck, krankheitsbedingten Blutungen (Leukämie, Blutgerinnungsstörungen). Auch insoweit darf auf die Literatur zu Kindesmisshandlung und Kindesmissbrauch verwiesen werden.

▪ Striae distensae (syn. Striae cutis atrophicae)

Gelegentlich werden v. a. Jugendliche vorgestellt, bei denen verdächtige Hautveränderungen aufgefallen sind, die an misshandlungsbedingte streifige Hämatome denken lassen. Derartige sog. Striae distensae, die wie sog. „Dehnungsstreifen" aussehen, können sich z. B. in der unteren (thorakolumbalen) Rückenhaut finden (◘ Abb. 16.13). Sie verlaufen typischerweise parallel zueinander mit relativ gleichgroßem Abstand, weisen jedoch keine zentrale Aufhellung auf wie bei sog. Doppelstriemen. Eine solche zentrale Aufhellung kann jedoch vorgetäuscht werden, wenn die Striae distensae dicht beieinander liegen. Zusätzlich ist eine rote bis rotviolette Farbe nicht ungewöhnlich. Am Rande fallen allerdings „Ausfransungen" auf, feine Hautfalten sind beschrieben und eine fehlende Veränderung der Farbgebung im Verlauf. Tatsächlich handelt es sich um eine Schwäche unterhalb der Epidermis gelegener elastischer und kollagener Bindegewebsfasern. Da die Striae distensae eine unterschiedliche Farbe und Breite aufweisen können, ist gelegentlich mit der unzutreffenden Zuordnung zu misshandlungsbedingten Verletzungen zu rechnen.

▪ Mongolenfleck

Ein sog. Mongolenfleck kann bei Unkenntnis dieses Phänomens fehlinterpretiert werden als gewaltbedingtes Hämatom in schlagtypischer Lokalisation, sodass unzutreffender Weise der Verdacht auf eine Kindesmisshandlung bejaht wird (◘ Abb. 16.14).

16

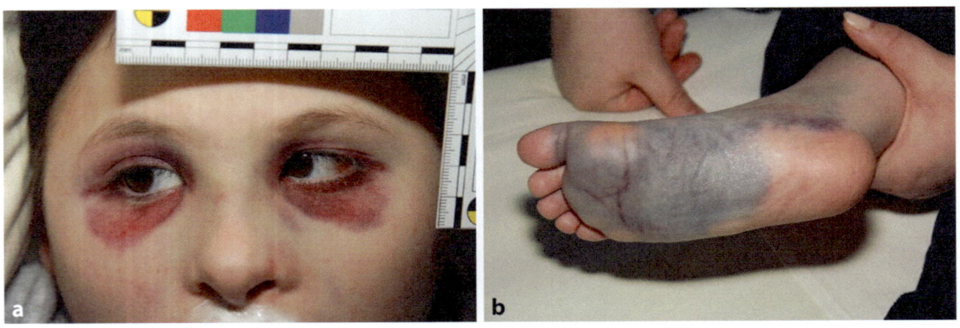

◘ **Abb. 16.12a,b** **Befund:** **a** Unterblutungen der Haut beider Augenober- und Augenunterlider von mehr rotbrauner Farbe und ohne begleitende Schwellung sowie ohne Hautverletzung. **b** Flächige rotblaue Verfärbung der Haut des rechten Fußballens und der rechten Fußsohle mit Ausdehnung Richtung rechtem Innenknöchel

Diagnose: Brillenhämatom und Fußsohlenhämatom unklarer Genese

Anamnese: Kein Trauma in der Vorgeschichte. Bis zum Untersuchungszeitpunkt unbekannte, später diagnostizierte Blutgerinnungsstörung

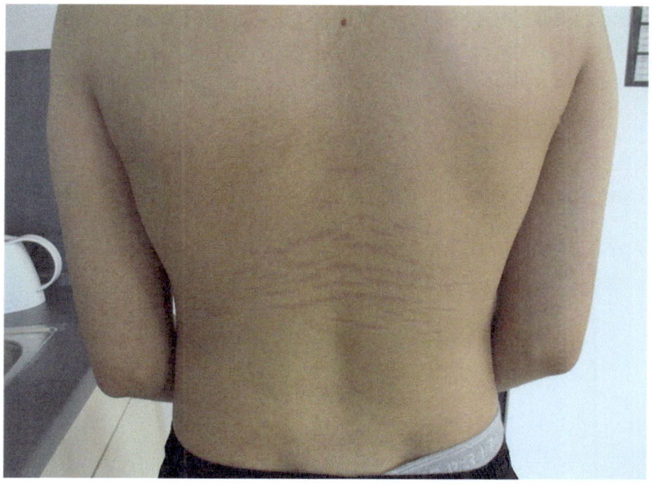

■ Abb. 16.13 **Befund:** Querverlaufende streifige Hautverfärbungen der unteren Rückenhaut mit randständigen kaum erkennbaren „Ausfransungen"

Diagnose: Sog. Striae distensae

Anamnese: Seitens einer Sportlehrerin geäußerter Verdacht auf Kindesmisshandlung durch Schläge

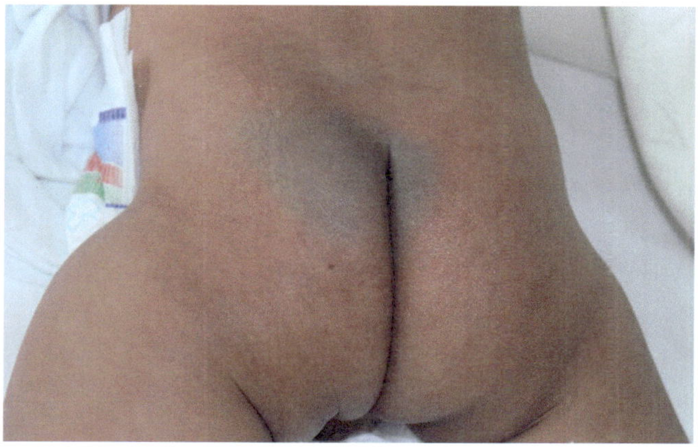

■ Abb. 16.14 **Befund:** Säugling mit einer ca. 4,5 × 3 cm messenden, blaugrauen Verfärbung der Haut beidseits der steißbeinnahen Gesäßfalte ohne begleitende Schwellung

Diagnose: Sog. Mongolenfleck

Anamnese: Irrtümlich als schlagbedingtes Hämatom angesehen, deshalb Verdacht auf Kindesmisshandlung

■ Herpesinfektion

Unscharf begrenzte, womöglich landkartenartige und verschorfte Hautläsionen der Mundregion, insbesondere der Lippen, lassen bei unklarer Vorgeschichte durchaus auch einmal an eine zwangsweise Beibringung von Säuren oder Laugen mit verschorfter Nekrose denken. Differenzialdiagnostisch sollte in solchen Fällen an eine Herpesinfektion gedacht werden (■ Abb. 16.15).

Eine zirkuläre betonte Rötung der perianalen Hautregion kann im Einzelfall zu dem Verdacht auf eine anale Penetrationsverletzung führen. Während die Weite der Analöffnung als Kriterium für einen analen Missbrauch sehr zurückhaltend zu interpretieren ist (siehe Literatur zum Thema Kindesmissbrauch), ist auf eine begleitende Schwellung, radiäre Einrisse der Perianalhaut, Blutungen und Fibrinbelägen zu achten. Fehlen solche weiteren Verletzungskriterien, dann muss eine lokale Infektion differentialdiagnostisch in Betracht gezogen werden (Abb. 16.16).

Auch vermeintliche Narben können gelegentlich Anlass für Fehlinterpretationen sein. So handelt es sich bei der sog. Linea alba der Dammregion nicht um eine echte Narbe als Folge einer vorangegangenen Verletzung, sondern um ein angeborenes Phänomen (Abb. 16.17).

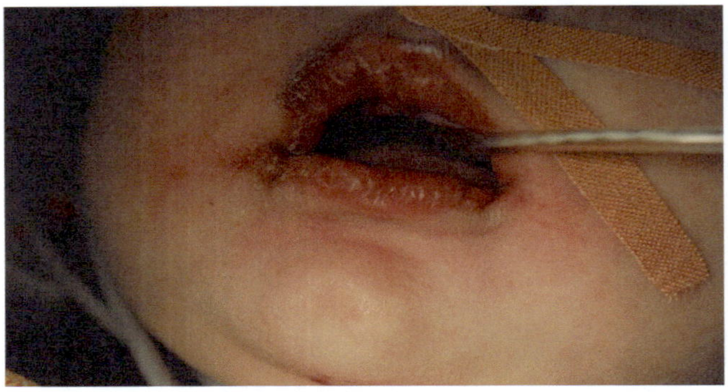

Abb. 16.15 **Befund:** Verschorfte, trockene Aufwerfungen des häutigen und angrenzenden schleimhäutigen Anteils der Ober- und geringer auch der Unterlippe nahe des rechten Mundwinkels

Diagnose: Herpesinfektion

Anamnese: Vom Jugendamt geäußerter Verdacht auf Kindesmisshandlung

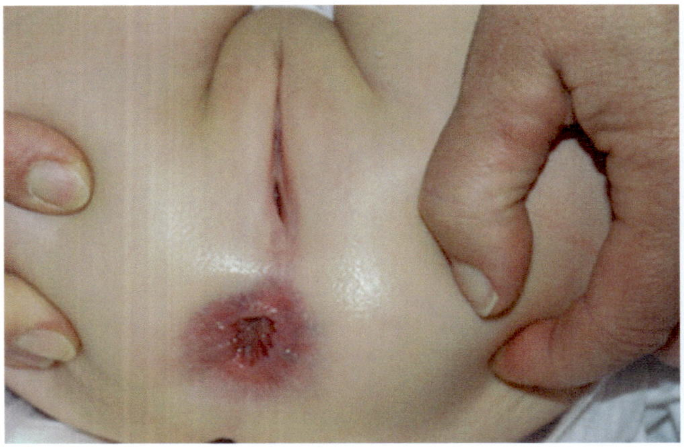

Abb. 16.16 Keine anale Penetrationsverletzung. Zufallsbefund einer eher rötlich-verwaschenen Verfärbung der Analhautregion bei Infektion mit β-hämolysierenden Streptokokken der Gruppe A. Initial wurde an eine anale Penetrationsverletzung gedacht. Relativ weite Analöffnung unter Narkose. (Aus Isa et al. 2016)

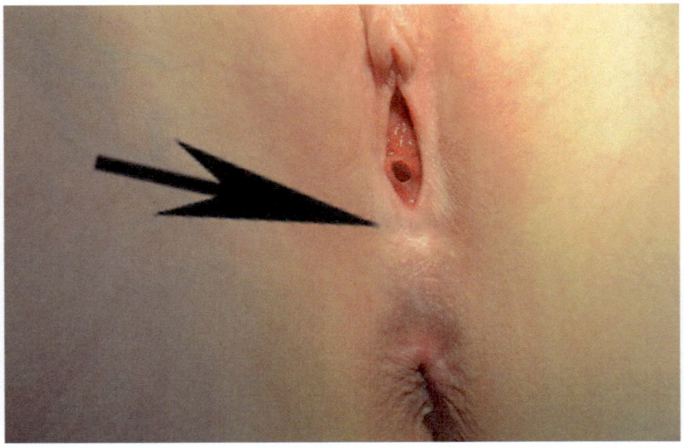

Abb. 16.17 Weiße Linie der Dammregion bei einem Kleinkind – irrtümlich als Narbe fehlinterpretierte sog. Linea alba (*Pfeil*)

Verletzungen bei Sexualdelikten

C. G. Birngruber, G. Lasczkowski, R. B. Dettmeyer, *Forensische Verletzungskunde*,
https://doi.org/10.1007/978-3-642-54279-4_17

Bei Sexualdelikten können eine Reihe von extragenitalen Begleitverletzungen und Symptomen vorhanden sein, deren Zahl und Intensität jedoch wesentlich von der Vehemenz der Gegenwehr eines Gewaltopfers abhängt. An extragenitalen Verletzungen können insbesondere auftreten: Bissmarken, Griffspuren (Fixierverletzungen), Fesselungsmarken, Abwehrverletzungen, Verletzungen von Lippen und Mundwinkeln, sog. Widerlagerverletzungen der Rückenhaut und sog. Spreizverletzungen in Höhe der Innenseiten der Oberschenkel.

Das Spektrum reicht von massiven Verletzungen im genitalen und extragenitalen Bereich bis hin zum gänzlichen Fehlen von Verletzungen. Ein eher mäßig ausgeprägtes Verletzungsbild oder gar das Fehlen von Verletzungen bedeutet nicht, dass ein sexuell motivierter Übergriff nicht stattgefunden haben kann.

Aus vorhandenen Verletzungen können gegebenenfalls Hinweise erlangt werden, wie ein Täter Gewalt über sein Opfer bekommen hat (z. B. durch einen Schlag) und wie er diese Kontrolle über sein Opfer hat aufrecht erhalten können (z. B. Griffe, Fesselung, Drosseln, stumpfe Gewalt, Würgen). Zudem können etwaige Abwehrhandlungen zu charakteristischen Verletzungen geführt haben (Abwehrverletzungen). Mitunter können Korrelate der sexuellen Handlung (z. B. genitale Verletzungen, anale Verletzungen, Antragung von z. B. Sekretspuren) und der persönlichen Vorlieben eines Täters/einer Täterin (z. B. Bissverletzungen) festgestellt werden. Als extragenitale Verletzungen finden sich alle Verletzungen, die auch im Rahmen einer nicht sexuell motivierten tätlichen Auseinandersetzung gefunden werden können (Schlagverletzungen, Griffspuren, Abwehrverletzungen, Widerlagerverletzungen, Zeichen der Halskompression, Verletzungen durch Zerren und Herunterreißen der Kleidung).

Allerdings sind bestehende Verletzungen, auch wenn diese vermeintlich gut mit dem angegebenen Übergriff zu vereinbaren sind, nicht immer beweisend für einen solchen gewaltsamen Übergriff. In diesem Zusammenhang muss darauf hingewiesen werden, dass die Frage nach einer etwaigen Selbstbeschädigung nicht immer allein aus dem Verletzungsbild beantwortet werden kann. Es ist immer auch die Persönlichkeit der (vermeintlich) geschädigten Person, deren lebensgeschichtliche Erfahrung, etwaige psychiatrische Erkrankungen und die aktuelle Lebenssituation (bei Selbstbeschädigung meist drängende, scheinbar unüberwindbare Hindernisse und/oder schier unlösbare Probleme in der nahen Zukunft) in die Bewertung einzubeziehen. Darüber hinaus sind die Schilderungen zum Tathergang und die Verletzungen vor dem Hintergrund der Tatortsituation und der übrigen Spurenlage zu prüfen. Epidemiologische Daten können bei der Einordnung einer Verletzung als Selbstbeschädigung als zusätzliches Indiz helfen. So betreffen Fälle von Selbstverletzung tendenziell eher Jugendliche bzw. jüngere Frauen.

Die Klärung solcher Fälle erfordert häufig eine interdisziplinäre Kommunikation und kann teilweise nicht aus der ärztlichen Expertise allein anhand der Verletzungen erfolgen.

17.1 Genitale Verletzungen

Genitale Verletzungen mit hoher Aussagekraft für eine gewaltsame penile Penetration finden sich beim weiblichen Genitale in der Regel an den hinteren Strukturen des äußeren Genitale als sog. Penetrationsverletzungen, also zwischen 3 Uhr und 9 Uhr bei Untersuchung der Betroffenen in Rückenlage (Steinschnittlage) (◘ Abb. 17.1). Hier sind gegebenenfalls Rötungen und Einrisse anzutreffen, je nach Alter blutend oder mit Fibrin bedeckt, eventuell Richtung Dammregion ziehend. Bei vaginaler Penetration mit den Fingern oder Gegenständen sind, bei Rückenlage der Geschädigten, eher Verletzungen zwischen 9 Uhr und 3 Uhr zu erwarten. Die Befunderhebung genitaler Verletzungen sollte durch erfahrene Gynäkologinnen bzw. Gynäkologen erfolgen, da ohne

17

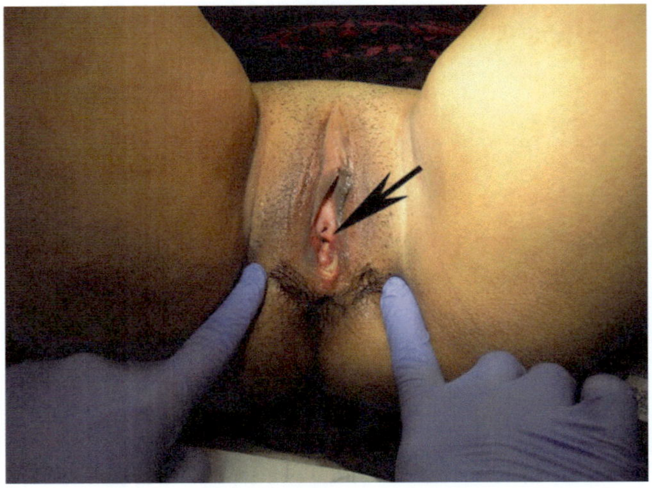

◘ **Abb. 17.1** **Befund:** Ca. 2 cm lange Rissverletzung (*Pfeil*) an der hinteren Kommissur der Scheide. Wundgrund mit gelben fädigen Auflagerungen

Diagnose: Verdacht auf wenige Stunden alte Penetrationsverletzung

Anamnese: 18 Jahre alte Frau. Keine näheren Angaben zur Vorgeschichte entsprechende anatomische Kenntnisse und berufliche Erfahrung das Risiko einer unzutreffenden Beurteilung höher ist.

Nicht jede genitale Verletzung nach erfolgter Penetration ist Folge eines Sexualdeliktes. Je nach Art und Intensität der Sexualpraktiken können auch bei einvernehmlichem Verhalten genitale Verletzungen resultieren.

Sexueller Missbrauch von Kindern Es wird geschätzt, dass es in Deutschland ca. 250.000 Menschen mit pädophilen Neigungen gibt. Die Mehrzahl dieser Menschen wird jedoch weder strafrechtlich auffällig noch tatsächlich übergriffig im Sinne konkret begangener Sexualstraftaten an Kindern. Sollte der sexuelle Missbrauch eines Kindes in Betracht kommen, so erfordert die differenzierte Erhebung und Beschreibung genitaler Verletzungen entsprechende anatomische Kenntnisse und diagnostische Erfahrung. Für den sexuellen Missbrauch von Kindern wird auf die sog. Adams-Beurteilung verwiesen, deren vereinfachte Version lautet:

- **Adams I:** Normalbefunde und medizinisch anderweitig erklärbare Befunde
- **Adams II:** Befunde mit unklarer Signifikanz, verdächtig auf ursächlichen sexuellen Missbrauch
- **Adams III:** Verletzungsbefunde, die die Diagnose eines sexuellen Missbrauchs erlauben

Bei begründetem Verdacht auf sexuellen Missbrauch eines Kindes ist, wie bei Erwachsenen, bei hinreichend zeitnaher Untersuchung eine vollständige körperliche Untersuchung geboten und die Entnahme von Abstrichen zur Spurensicherung.

Differentialdiagnostisch sind bei genitalen Verletzungen Pfählungsverletzungen in die Überlegungen einzubeziehen, insbesondere wenn entsprechend geformte Gegenstände zum Einsatz gekommen sein sollen. Hier wäre dann eine entsprechende Tat- bzw. Unfallanamnese zu eruieren und auf Plausibilität zu prüfen. Werden vaginal oder anal größere stumpfe Gegenstände eingeführt, kann es zu inneren Rissverletzungen kommen, z. B. der Vaginalwand oder der Wand des Enddarms. Je nach Intensität der Gegenwehr können entsprechende extragenitale (Abwehr- bzw. Gegenwehr-)Verletzungen gefunden werden.

17.2 Extragenitale Verletzungen

Bei erzwungenem Sexualkontakt bzw. Penetration (= Vergewaltigung) können je nach Intensität der Gegenwehr des Gewaltopfers Begleitverletzungen auftreten, deren Vorhandensein oder auch Fehlen bei entsprechender Anamnese dokumentiert werden sollte. Die wichtigsten extragenitalen Verletzungen bei Sexualdelikten und deren mögliche Interpretation nennt Tab. 17.1.

Neben den in Tab. 17.1 genannten Verletzungen können im Rahmen einer Sexualstraftat, insbesondere aber bei vollendeter Vergewaltigung, zahlreiche weitere Verletzungen nachweisbar sein. Im Einzelfall können allerdings zu einem Sexualdelikt passende Verletzungen vorgetäuscht sein, z. B. Fesselungsspuren (Abb. 17.4). Auf typische Verletzungen soll hier explizit aufmerksam gemacht werden.

Tab. 17.1 Extragenitale Verletzungsbefunde und deren mögliche Interpretation im Kontext eines Sexualdeliktes

Verletzung	Mögliche Interpretation
Hämatome an den Innenseiten der Oberschenkel (Abb. 17.2)	Abwehr durch Zusammenpressen der Oberschenkel und gewaltsames Dagegenhalten durch die tatverdächtige Person
Hämatome der Haut an den Oberarmen ein- oder beidseits (Abb. 17.3)	Verdacht auf sog. Griffspuren zur Fixierung des Opfers
Kleine Hämatome der Rückenhaut in Projektion auf die Dornfortsätze der Wirbelkörper	Folge heftigen Druckes auf den Körper von vorne bei liegendem Gewaltopfer, v. a. bei hartem Untergrund und relativ schlankem Gewaltopfer (als sog. Widerlagerverletzungen)
Einrisse der Haut in Höhe der Mundwinkel	Mögliche Verletzung durch Zuhalten des Mundes um ein Schreien zu verhindern; möglicherweise auch beim Knebeln
Verletzungen der Schleimhaut des Mundvorhofes	Als Folge des (versuchten) Zuhaltens des Mundes, um Schreien zu verhindern; unter Umständen ist auch an ein „Knebeln" zu denken
Rötungen bzw. Verletzungen der Halshaut	Verdacht auf begleitende komprimierende Gewalt gegen den Hals
Halbkreisartige Hautrötungen mit angedeuteten oder gut erkennbaren Konturen	Verdacht auf eine oder mehrere Bissspuren
Hämatome der Haut in Höhe der Streckseiten der Unterarme	Sog. Abwehrverletzungen gegen Schläge
Fingernagelabbrüche	Können entstanden sein im Rahmen der Gegenwehr des Gewaltopfers, v. a. bei vorbestehenden längeren Fingernägeln
Hautschürfungen über den Streckseiten der Kniegelenke und/oder der Ellenbogenaußenkanten	Verdacht auf zusätzliche sturzbedingte Verletzungen im Rahmen des Zu-Boden-Bringens des Gewaltopfers

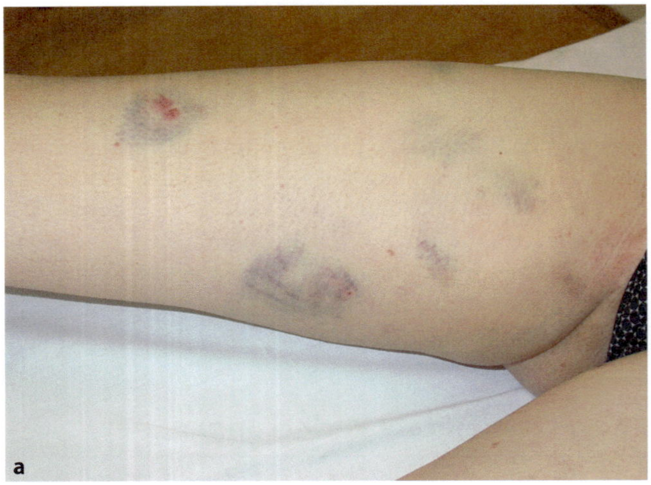

Diagnose: Multiple, teilweise geformte Hämatome an den Innenseiten der Oberschenkel, stellenweise an Fingernagelabdruckkonturen erinnernd

Anamnese: Gewaltsames Entkleiden und Auseinanderdrängen der Oberschenkel gegen Widerstand des Gewaltopfers

Abb. 17.2a–f **Befund:** **a** Teils fleckige, teils zentral abgeblasste, teils streifige, teils fingerkuppenartig geformte Hämatome, teils mit diskreter zentraler Schürfung versehene Hämatomverfärbungen an den Innenseiten beider Oberschenkel, hier insbesondere rechtsseitig

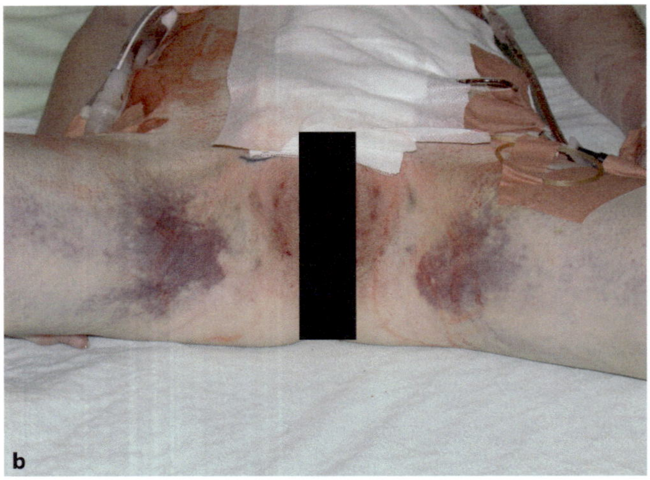

Diagnose: Multiple, teilweise ausgedehnte Hämatome symmetrisch an den Innenseiten beider Oberschenkel sowie beidseits der großen Labien

Anamnese: Vergewaltigung

Befund: **b** Beidseits in Höhe der Innenseiten der Oberschenkel im körpernahen Drittel ausgedehnte, intensiv blaulivide Hautverfärbungen, linksseitig mit zentraler streifiger Aufhellung; weitere fein- und grobfleckige braun-livide Hautverfärbungen jeweils ca. 1 cm neben den großen Labien und parallel-streifig dazu verlaufend.

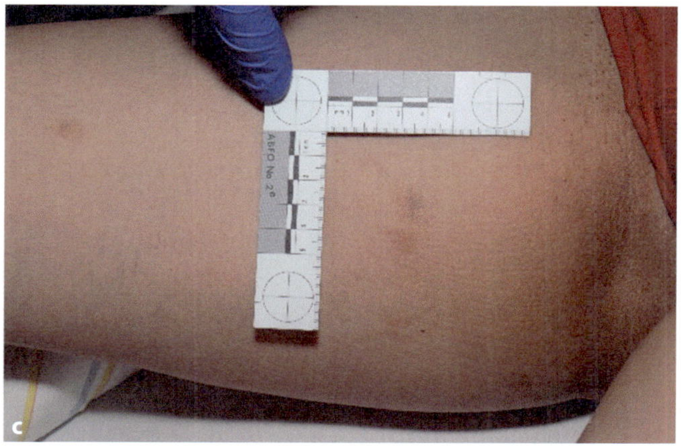

Befund: **c** Lediglich in Höhe der Innenseite des rechten Oberschenkels einzelne kleinfleckige, jeweils knapp 1 cm durchmessende rotbraune Hautverfärbungen.

Diagnose: Nicht mehr frische kleine Hämatome der Oberschenkelinnenseite rechts

Anamnese: Ca. 5 Tage zurückliegende versuchte Vergewaltigung

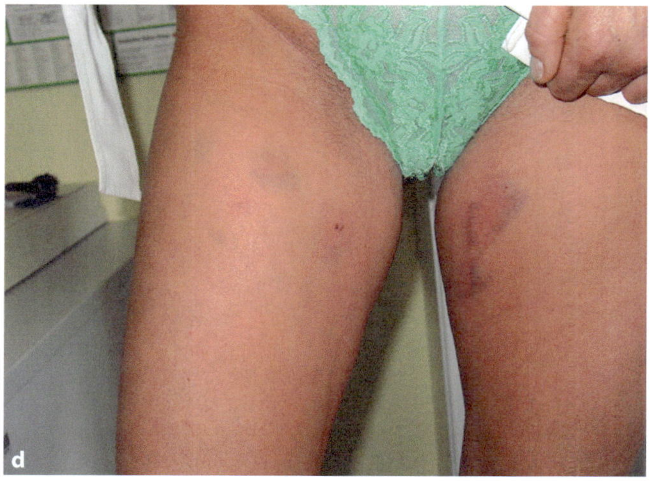

Befund: **d** Unterschiedlich große Hämatome an den Innenseiten beider Oberschenkel, teils mit kleinen, semilunaren, teils mit langstreckigen, mitunter verkrusteten Hautkratzern, wie z. B. von Fingernägeln.

Diagnose: Hämatome der Innenseiten beider Oberschenkel, stellenweise mit Oberhautverletzungen wie bei Fingernagelabdrücken

Anamnese: Versuchte Vergewaltigung

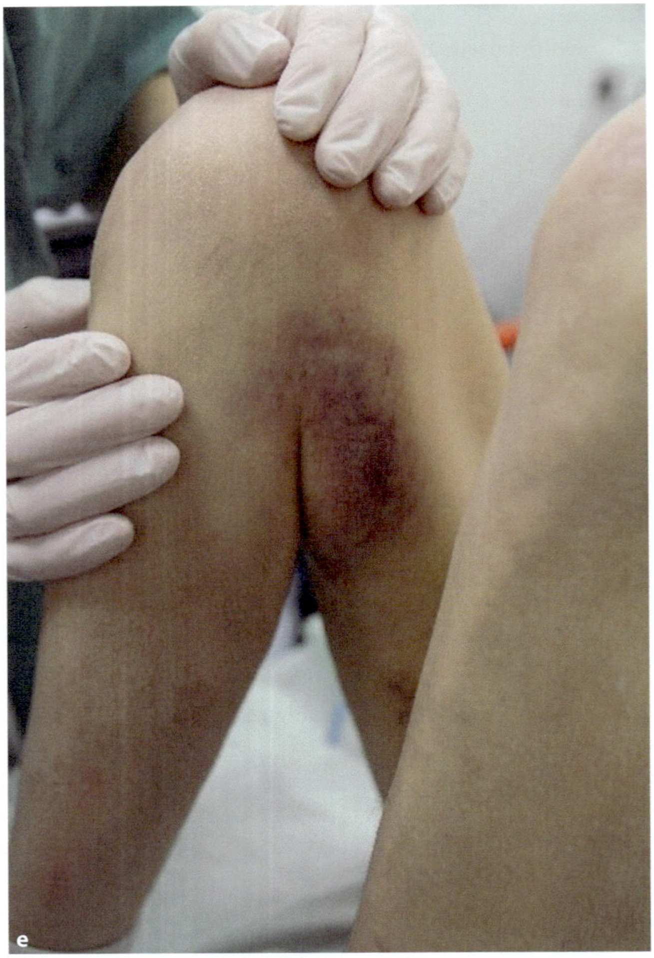

Befund: **e** Flächenhafte zentral mehr blau-livide Verfärbung der Haut an der Innenseite des rechten Oberschenkels, am Rand gelblich-ockerfarben und verwaschen.

Diagnose: An der Innenseite des rechten Oberschenkels, knienahe, ein nicht mehr frisches Hämatom

Anamnese: Vergewaltigung drei Tage vor der Untersuchung

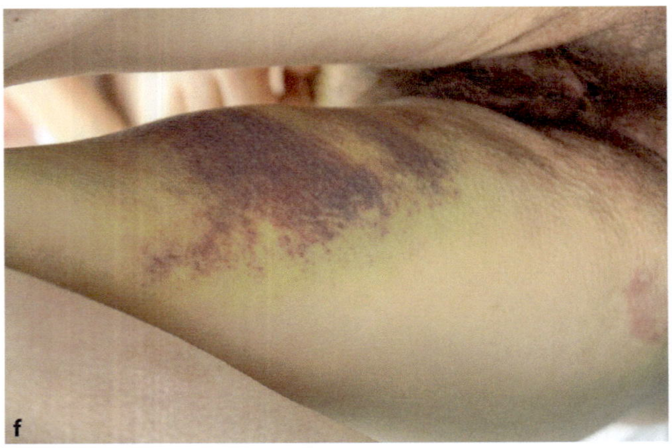

Befund: **f** Flächenhaft entlang nahezu der gesamten Innenseite des linken Oberschenkels ausgedehnte, teils blau-livide, teils grün-gelb-ockerfarbene Verfärbung der Haut.

Diagnose: Ausgedehntes, nicht mehr frisches Hämatom an der Innenseite des linken Oberschenkels

Anamnese: Vergewaltigung drei Tage vor der Untersuchung

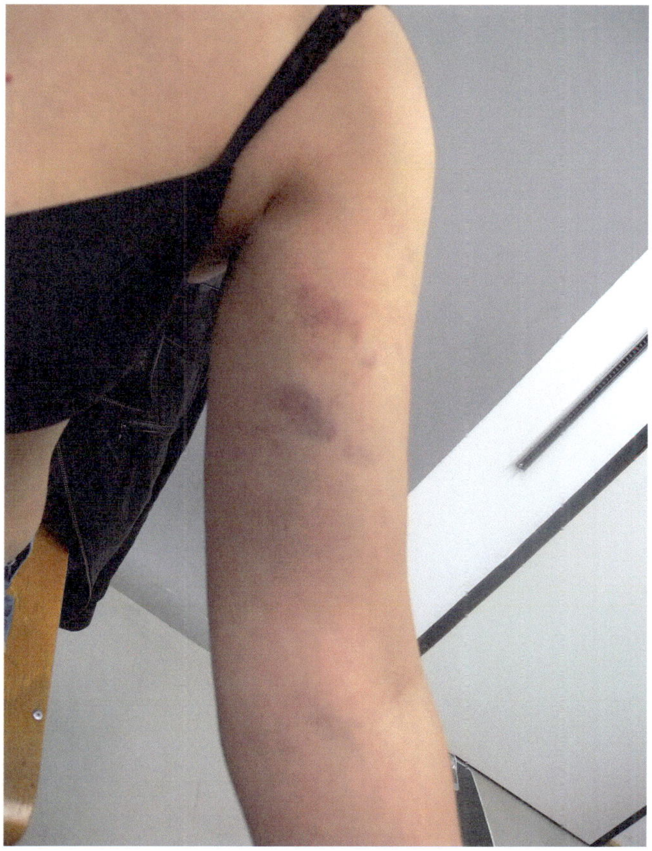

Abb. 17.3 **Befund:** Nahezu parallelstreifige Hämatome an der Innenseite des linken Oberarms, teils in sich unterbrochen

Diagnose: Verdacht auf sog. Griffspur

Anamnese: Angabe eines fixierenden, festen Griffs im Rahmen eines Sexualdelikts

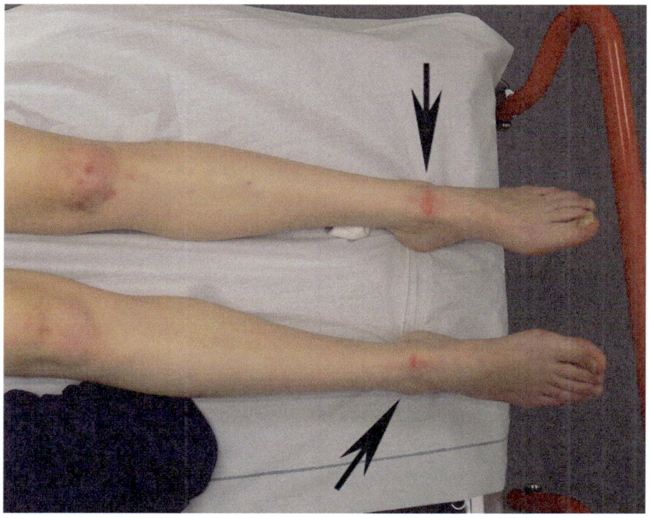

Abb. 17.4 **Befund:** Bandförmige, inkomplett-zirkuläre Rötungen der Haut in Höhe beider Fußgelenke, punctum maximum über den großzehseitigen Anteilen (*Pfeile*)

Diagnose: Verletzungen wie bei Fesselungsmarken beidseits

Anamnese: Fixierung der unteren Gliedmaßen sei erfolgt mit den Schnürsenkeln der mit Turnschuhen bekleideten Füße. Hier vermutete Selbstbeibringung bei einer Vorgeschichte mit Falschbezichtigungen bzw. Vortäuschung einer Straftat

Fesseln und Knebeln

C. G. Birngruber, G. Lasczkowski, R. B. Dettmeyer, *Forensische Verletzungskunde*,
https://doi.org/10.1007/978-3-642-54279-4_18

18.1 Fesseln

Im Regelfall sieht man als Folge des Fesselns charakteristische komplett oder nahezu komplett zirkulär in Höhe der Handgelenke und/oder der Fußgelenke verlaufende mehr oder weniger intensiv einschnürende Hautrötungen (◘ Abb. 18.1 und 18.2). Selbst bei nicht primär einschnürender Fessel, wie bei den von der Polizei verwandten Handfesseln, kann es als Folge heftiger Gegenwehr zu den beschriebenen Spuren der Fesselung kommen. Werden die Arme durch eine Fesselung an den Oberkörper fixiert, so kann es je nach Intensität zu Hämatomen an den Armaußenseiten kommen (◘ Abb. 18.2).

Allein die mehr oder weniger deutlich zirkuläre Verletzung der Haut in Höhe der Handgelenke erlaubt keine Aussage dahingehend, ob es sich um eine Verletzung durch Handfesseln der Polizei handelt oder um Verletzungen durch ein anderes Fesselungsmaterial.

18.2 Knebeln

Als „Knebeln" bezeichnet man das Verbringen von Fremdmaterial in die Mundhöhle, im Regelfall, um ein Schreien des Opfers zu verhindern. Verletzungen betreffen vor allem die Mundwinkel, die Lippenhaut, Hautabschürfungen und auch Unterblutungen der Schleimhaut des Mundvorhofes. Wurde das Knebelmaterial mit einem Klebeband im Mund fixiert, so sind möglicherweise entsprechende Konturen auf der Wangenhaut erkennbar. Bei grobem Knebelmaterial muss auch an Verletzungen der Mundschleimhaut in der Tiefe der Mundhöhle gedacht werden. Gelangt das Knebelmaterial zu tief in die Mundhöhle, dann ist ein tödliches knebelungsbedingtes Ersticken möglich.

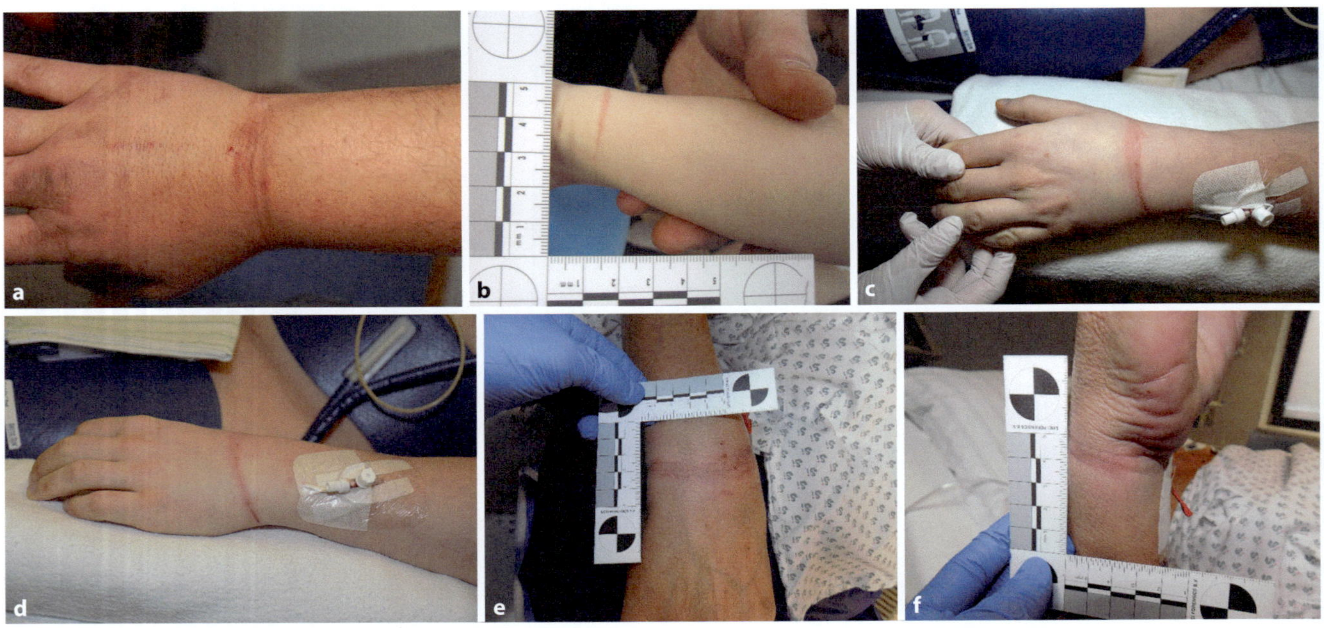

◘ **Abb. 18.1a–f** **Befunde:** Querverlaufende, z. T. doppelstreifige, nahezu zirkuläre, rotbraune Hautverfärbungen in Höhe der Handgelenke, teilweise parallel verlaufend mit dazwischenliegender Aufhellung

Diagnose: Fesselmarken

Anamnese: Zustand nach einschnürender Fesselung, teils mit sog. Kabelbinder, teils nach Anlegen von Handfesseln durch Polizeibeamte

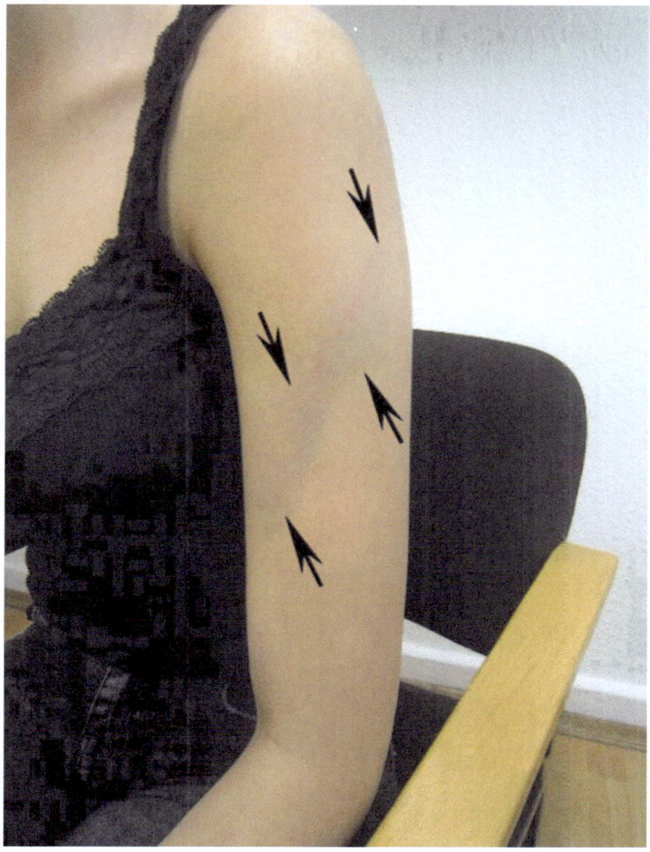

Abb. 18.2 **Befund:** An der Außenseite des linken Oberarmes eine eher breitstreifige, von hinten außen oben nach vorne innen unten ziehende Blaulividverfärbung mit etwas verwaschenen Rändern

Diagnose: V. a. Fesselungsspur

Anamnese: Straffe Fesselung des Oberkörpers mit einem umschlingenden Fesselungswerkzeug über beiden Oberarmen bei zweilagiger Kleidung

Misshandlung im Alter

C. G. Birngruber, G. Lasczkowski, R. B. Dettmeyer, *Forensische Verletzungskunde*,
https://doi.org/10.1007/978-3-642-54279-4_19

Eine gesetzliche Definition, ab wann ein Mensch „alt“ ist, gibt es nicht. Teilweise werden darunter Menschen mit einem Alter über 65 Jahren verstanden. Nimmt man diese Altersgrenze, dann leben in der Bundesrepublik Deutschland aktuell mehr als 17,7 Mio. „alte“ Menschen, was einem Bevölkerungsanteil von 21,8 % entspricht. In den nächsten Jahren wird dieser Anteil weiter zunehmen. Gewalt gegen alte Menschen ist vor allem psychische Gewalt, die gerade bei alten Menschen noch weniger aktenkundig wird als die Folgen physischer Gewalt. Insofern verwundert die Forderung nach einem Monitoring-System zur Gewaltprävention ebenso wenig wie die Forderung nach einem besseren „Pflege-TÜV“ für Altenpflegeheime.

Sicherlich ist vorrangig die Gewalt gegen ältere, pflegebedürftige Menschen zu beachten, aber auch Gewalt von älteren Patienten bzw. pflegebedürftigen Menschen gegen Pflegepersonal und Ärzte kommt vor. Präventionsstrategien und Interventionsmöglichkeiten bei Gewalt im Alter müssen daher verstärkt gesucht und gefunden, Empfehlungen zum Verhalten betroffener Menschen bzw. zum Verhalten des Pflegepersonals und der Ärztinnen und Ärzte entwickelt werden. Dabei ist keineswegs nur die Situation der Pflege in Heimen zu beachten, vielmehr müssen gerade Pflegekräfte im ambulanten Sektor einbezogen werden.

Im Jahre 2015 waren in Deutschland ca. 2 Mio. Menschen pflegebedürftig im Sinne des Pflegeversicherungsgesetzes (SGB XI) und wurden zu Hause gepflegt. Geschätzt erfolgte die Pflege nur bei etwa einem Drittel der ambulant pflegebedürftigen Menschen gemeinsam mit einem ambulanten Pflegedienst. Insofern können schwierige, belastende Situationen für pflegende Angehörige ohne pflegerisches Fachwissen in eine Überforderungssituation münden. Gewalt gegen pflegebedürftige und ältere Menschen durch pflegende Angehörige ist neben der Gewalt unter Partnern und der Gewalt gegen Kinder eine Form der familiären, häuslichen Gewalt. Zu den Gewaltformen, die in diesem Zusammenhang genannt werden, gehören: körperliche Gewalt, psychische Gewalt, sexualisierte Gewalt, ökonomische Gewalt, Vernachlässigung und freiheitsentziehende Maßnahmen.

Der Anteil älterer Menschen unter den zu untersuchenden Opfern körperlicher Gewalt ist derzeit in Deutschland eher klein, jedoch offenbar mit leicht steigender Tendenz. Allerdings gibt es Schätzungen, dass ca. 80 % aller Fälle von Gewalt gegen ältere Menschen nicht bekannt werden. Gerade ältere und pflegebedürftige, weniger mobile und kognitiv beeinträchtigte Menschen werden gelegentlich Opfer von Gewalt, wobei auch eine Dunkelziffer unterstellt werden muss. Als Risikofaktoren für Gewalt im Alter gelten ein höherer Grad der Pflegebedürftigkeit, Demenzerkrankungen, die Notwendigkeit der gleichzeitigen Pflege mehrerer Menschen in der Familie, Substanzmissbrauch (Alkohol, Drogen, Medikamente) seitens der pflegenden Person und beengte Wohnverhältnisse. Auch finanzielle Aspekte und die persönliche Beziehung zwischen der pflegenden Person und der pflegebedürftigen Person spielen eine Rolle.

Als körperliche Folge von Gewalt drohen insbesondere Verletzungen durch Schläge. Beobachtet werden Quetsch-Riss-Wunden, Hämatome, Frakturen, Verbrennungen, Verbrühungen, aber auch Verletzungen der Mundregion, des Kiefers und der Zähne. Zusätzlich drohen dauerhafte Behinderungen mit Einschränkungen der Mobilität, Störungen der Seh- und Hörfähigkeit, aber auch psychosomatische Folgestörungen (chronische Schmerzen, Angstzustände, Schlafstörungen, weitere psychische Folgen). Gerade bei älteren

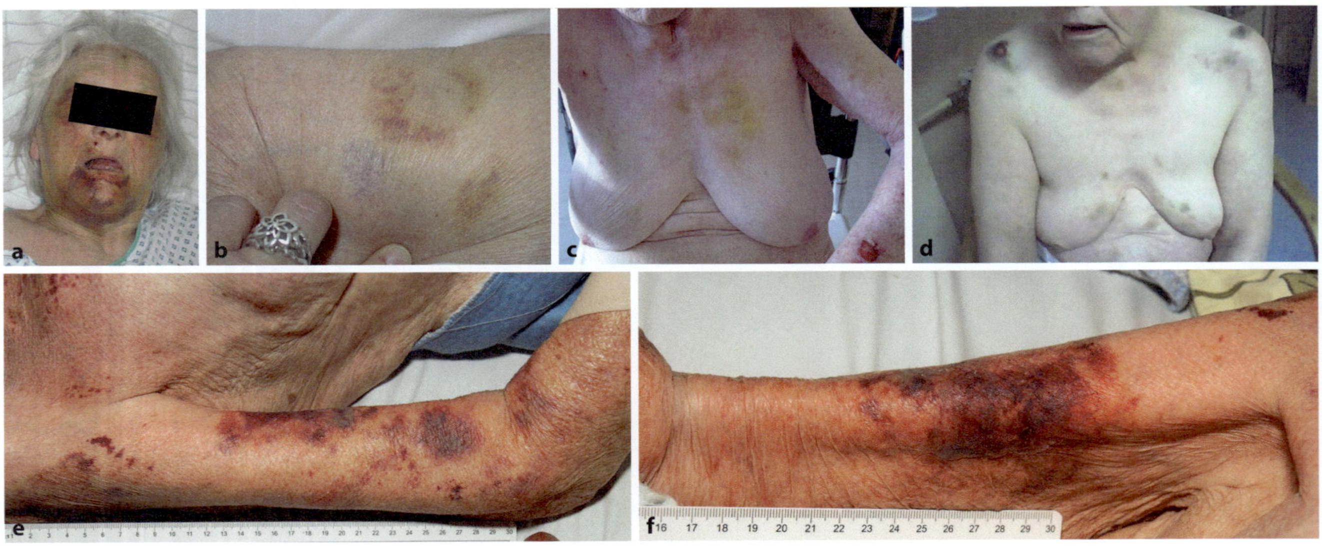

Abb. 19.1a–f Verdacht auf Misshandlung von Senioren mit folgenden Diagnosen: **a** Brillenhämatom und schlagbedingte Verletzungen der Haut des Mundbodens, des Kinns und der Unterlippe beidseits der KML. **b** Altershaut mit Verdacht auf eine Bissspur. **c** Ocker-gelbe Hautverfärbungen oberhalb des inneren oberen Quadranten der linken Brust im Sinne älterer Hämatome, Verdacht auf Schläge. **d** Auffällig symmetrische blaulivide Verfärbungen der äußeren Schulterhaut bzw. der Schulterhöhe – unklare Genese, aber Verdacht auf Misshandlung. **e** Vermehrt pigmentierte Altershaut, darin abgrenzbare dunkel-livide Verfärbungen der Haut der Oberarme im Sinne sog. Griffspuren. **f** Oberarmhaut rechts im mittleren Drittel mit Verdacht auf Hämatom im Sinne einer sog. Griffspur bei altersbedingt vermehrt pigmentierter Haut

motorisch eingeschränkten Menschen spielt die Differenzialdiagnose zwischen sturzbedingten und schlagbedingten Verletzungen eine größere Rolle. Neben Körperverletzungsdelikten sind Fälle unzureichender Pflege bekannt mit Entwicklung von Dekubiti (sog. Druckgeschwüren), aber auch Fälle von sexuellem Missbrauch.

Bei stumpfer Gewalt in Form von Schlägen finden sich bekannte Verletzungsmuster (Hämatome, Doppelstriemen, Abwehrverletzungen etc.). Diese können jedoch überlagert sein durch größere Hämatome bei vorangegangener Gabe blutgerinnungshemmender Medikamente (z. B. ASS, Marcumar®, Heparin). Bei solchen Patienten entstehen beispielsweise schon im Rahmen des Umlagerns im Krankenbett schneller Hämatome, zum Beispiel im Sinne sog. Griffspuren an den Oberarmen. Zugleich muss bedacht werden, dass die sog. Altershaut vermehrt Pigmentierungen aufweist, auch aktinische Schäden, und gerade bei tangentialer Gewalt in höherem Maße fragil ist. Blutergüsse an den Brüsten, Verletzungen der Anogenitalregion und/oder der Nachweis einer sexuell übertragbaren Erkrankung sprechen auch bei älteren Menschen für sexualisierte Gewalt. Beispiele von misshandlungsbedingten Verletzungen bei Seniorinnen zeigen ◻ Abb. 19.1 und 19.2.

Neben unmittelbar gewaltbedingten Verletzungen können Verletzungen entstehen als Folge unzureichender ärztlicher und/oder pflegerischer Versorgung bzw. im Rahmen einer Vernachlässigung. Zu denken ist hier zunächst an sog. Druckgeschwüre (Dekubiti). Der Vorwurf einer unzureichenden Dekubitusprophylaxe wird gelegentlich als Behandlungs- bzw. Pflegefehlervorwurf erhoben. Dann müssen alle dekubitustypischen Lokalisationen kontrolliert werden:

- Haut in Projektion auf das Steißbein (◻ Abb. 19.3)
- Haut in Projektion auf die knöchernen Darmbeinschaufeln (Hüftknochen/Trochanterregion)
- die Fersenhaut
- die Haut des behaarten Hinterkopfes
- die Haut der Ellenbogenaußenkanten
- die Haut in Projektion auf die Schulterblätter, insbesondere über den Schulterblattspitzen oder den Schulterblattgräten
- die Rückenhaut über den Dornfortsätzen der Wirbelkörper

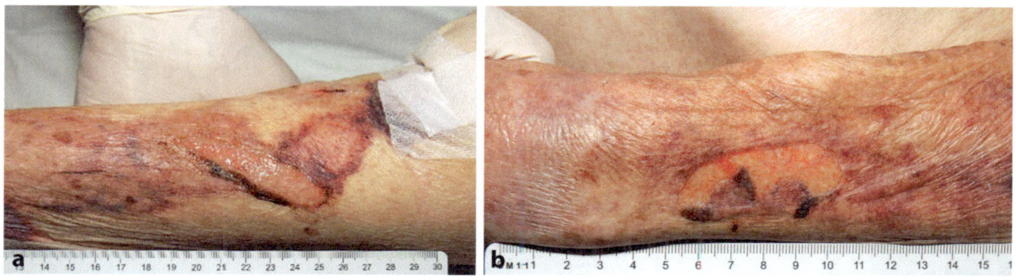

◻ **Abb. 19.2a,b** **Befund:** Jeweils eher längs-ovale Ablederung der sehr dünnen Haut mit feuchtem Wundgrund und teils randständigen, annähernd schwarz vertrockneten Hautfähnchen

Diagnose: Hautablederung durch tangentiale stumpfe Gewalt

Anamnese: Unangemessen grobes Zupacken mit abscherender Bewegung der packenden Hand und dadurch bewirkter Ablederung der fragilen sog. Altershaut

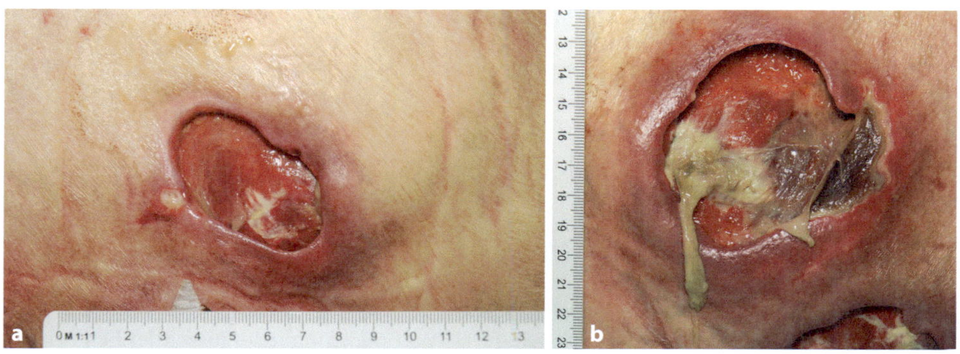

◻ **Abb. 19.3a,b** **Befund:** Jeweils nach chirurgischer Abtragung von Nekrosen glattrandige Defekte der Haut über der Steißbeinregion mit Verlust der Haut und des unmittelbar angrenzenden Unterhautweichteilgewebes, teilweise bedeckt von grün-schmierigem Material, teilweise am Rande schwarzrot vertrocknet und jeweils umgeben von einer zirkulären Rötung nahe der Wundränder

Diagnose: Jeweils Dekubitus Grad II–III

Anamnese: Von Angehörigen geltend gemachte unzureichende Dekubitusprophylaxe im Altenpflegeheim

Im Einzelfall kann zur Frage eines Behandlungs- bzw. Pflegefehlers bei Dekubiti erst nach Einsicht in die vollständigen Kranken- bzw. Pflegeunterlagen Stellung genommen werden vor dem Hintergrund anerkannter Pflegestandards und der sog. Dekubitus-Rechtsprechung des Bundesgerichtshofes (BGH). Für die Beschreibung eines Dekubitus als Dokumentation für forensische Zwecke sollte der Dekubitus-Grad angegeben werden:

- **Grad 1:** Druckzone mit nicht wegdrückbarer Rötung bei intakter Haut
- **Grad 2:** Teilverlust der Haut mit Einbeziehung von Epidermis und/oder Dermis (Oberhaut und/oder Oberhaut mit Lederhaut)
- **Grad 3:** Verlust aller Hautschichten mit Schädigung oder Nekrose des subkutanen Gewebes, die bis auf die darunter liegende Faszie reichen kann
- **Grad 4:** ausgedehnte Schädigung mit Nekrose von Muskeln, Knochen (Osteomyelitis) oder stützenden Strukturen, zum Beispiel Sehnen oder Gelenkkapseln

Im Einzelfall sollte zusätzlich angegeben werden, ob sich am Dekubitusrand unterminierbare Ränder finden und/oder ob Eiterbeläge vorhanden sind.

Nicht jeder Dekubitus gilt als absolut sicher vermeidbar: Vor allem bei Patienten/innen mit Bettlägerigkeit, fortgeschrittener Arterio-/Arteriolosklerose, Diabetes mellitus, weitgehender Immobilität, Stuhl- und Harninkontinenz, Zustand nach Chemotherapie und/oder Kortisontherapie etc. können Dekubiti auch einmal bei bester Pflege nicht komplett vermieden werden.

Neben Dekubiti können ein deutlicher Flüssigkeitsverlust (Dehydratation) und Zeichen der Unter- bzw. Fehlernährung Hinweise auf eine vorangegangene Vernachlässigung sein. Auch die mangelnde Sorgfalt bei der Versorgung bestehender Erkrankungen, z. B. nicht erfolgte Insulininjektionen bei Diabetes, gilt als Vernachlässigung. Gerade bei älteren Menschen muss beim Auftreten von Hämatomen an die Medikation mit blutgerinnungssenkenden Medikamenten gedacht werden (◘ Abb. 19.4).

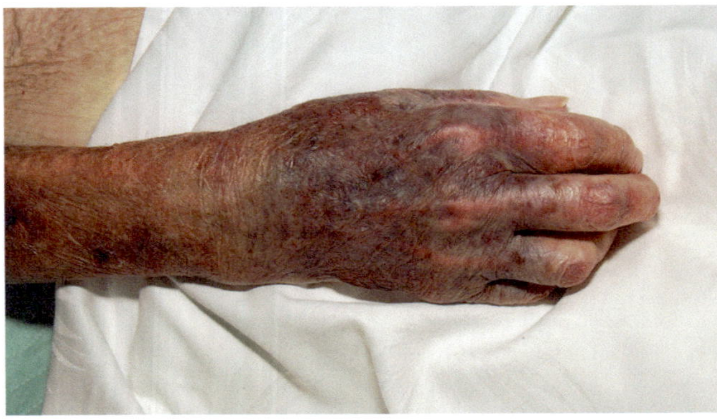

◘ **Abb. 19.4** **Befund:** Pigmentierte Altershaut mit dunkel blaulivider Verfärbung und Schwellung der Haut und des Unterhautweichteilgewebes über dem rechten Handrücken mit Ausdehnung auf die Streckseiten über den Fingergrundgliedern der Finger D II bis D V

Diagnose: Handrückenhämatom rechts mit Schwellung

Anamnese: Zunächst wegen weiterer Hämatome bei der marcumarisierten Patientin Verdacht auf sog. passive Abwehrverletzung des rechten Handrückens gegen Schläge, tatsächlich Zustand nach Venenpunktion zum Zweck der Blutentnahme und dadurch verursachter Blutung. Das feine Punktionsmal war in der alterspigmentierten und aktinisch veränderten Haut nicht (mehr) erkennbar

19

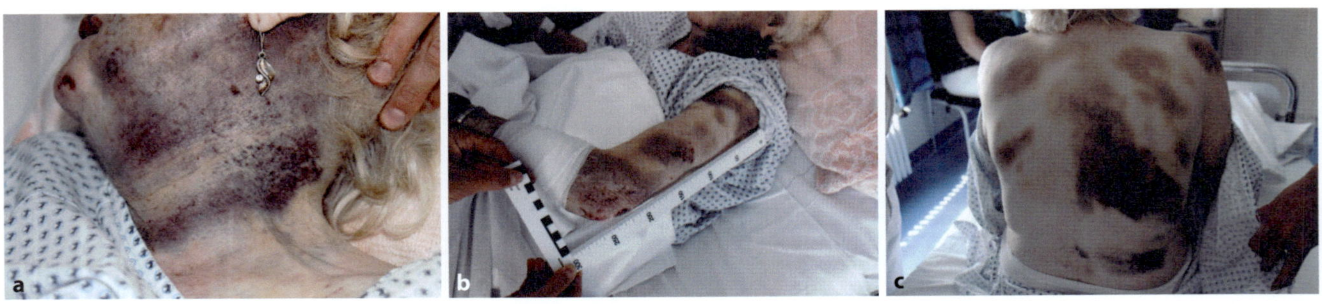

◘ **Abb. 19.5a–c** **Befund:** Teils flächenhafte, teils grobfleckige und randständig gut demarkierte dunkel-blaulivide Verfärbungen der linksseitigen Gesichts- und Halshaut, am linken Arm und diffus verteilt der Rückenhaut im oberen, mittleren und unteren Drittel

Diagnose: Nicht allein durch gerinnungshemmende Medikation erklärbare Hämatome in nahezu ausschließlich schlagtypischer Position

Anamnese: Zustand nach massiver Misshandlung durch zahlreiche Schläge mit der flachen Hand, der Faust, grobem Griff an den linken Arm und fraglicher Halskompression durch Torquierung der getragenen Kleidung

> **Bei bettlägerigen Patienten mit gerinnungshemmender Medikation können im Rahmen des Umbettens bzw. der pflegerischen Versorgung Hämatome an den Oberarmen im Sinne sog. Griffspuren auftreten.**

Daneben gibt es aber auch Fälle mit ausgedehnten Verletzungen, bei denen die herabgesetzte Blutgerinnung die Größe der Blutungen begünstigt oder Fälle schwerer pflegerischer Vernachlässigung (Abb. 19.5 und 19.6).

Bei der Pflege älterer Menschen im Heim oder bei der häuslichen Pflege, mit und ohne ambulanten Pflegedienst, muss im Einzelfall bei erheblicher pflegerischer Vernachlässigung auch an eine unzureichende oder missbräuchliche Gabe von Medikamenten gedacht werden. Gelegentlich kann eine fehlerhafte Medikation den Zustand eines pflegebedürftigen Menschen zusätzlich verschlechtern. Entsprechende Untersuchungen erfordern im Regelfall eine Blutprobe und/oder Urinprobe, zur Verlaufskontrolle der Aufnahme von Wirkstoffen über einen etwas längeren Zeitraum kann eine Haaranalyse hilfreich sein.

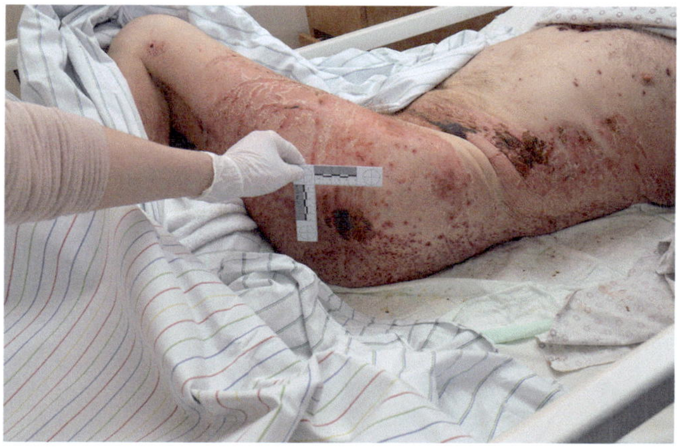

Abb. 19.6 **Befund:** Ausgedehnte, flächenhafte Verschmutzung der Haut am Körperstamm, in Hautfalten und an den Extremitäten mit erheblicher Schuppenbildung der Haut, teils groben, teils kleinen schwarzbraunen Borken und kleinen vernarbten Hautnekrosen

Diagnose: Erhebliche pflegerische Vernachlässigung

Anamnese: Überforderte Angehörige bei häuslicher Pflege über mehrere Monate

Narben und Narbenmuster

C. G. Birngruber, G. Lasczkowski, R. B. Dettmeyer, *Forensische Verletzungskunde*,
https://doi.org/10.1007/978-3-642-54279-4_20

Das Erkennen von Narben und die Interpretation von Narben setzen Kenntnisse der Physiologie der Narbenbildung voraus. Wie bei frischen Verletzungen ist eine Interpretation von Narben aufgrund ihrer Lokalisation und Art grundsätzlich möglich.

20.1 Physiologie der Narbenbildung

Zur Physiologie der Narbenbildung kann auf ▶ Kap. 2 – Wundheilung, Wundaltersschätzung – verwiesen werden. Abweichungen vom regulären Verlauf der Vernarbung einer Verletzung durch Infektionen, auffälliger Dehiszenz der Wundränder und/oder überschießender Reaktion in Form von sog. Narbenkeloid sind bei der Interpretation zu berücksichtigen.

20.2 Abschätzung des Narbenalters

Bereits der Begriff „Narbe" bezieht sich auf einen Zustand der – meist abgeschlossenen – Heilung einer Verletzung. Ist eine Wunde geheilt bzw. vernarbt, dann ist ein Endzustand erreicht, der über Jahre und Jahrzehnte unverändert persistiert. Mit „Narbe" wird also per se bereits ein älterer bzw. alter Zustand bezeichnet. Handelt es sich um eine noch rot-graue Narbe, darf mit großer Zurückhaltung ein noch nicht ganz abgeheilter Narbenzustand angenommen werden, da von einer noch bestehenden deutlicheren Kapillarisierung bzw. Vaskularisierung des Narbengewebes auszugehen ist. Auch ein solcher Zustand kann jedoch lange Zeit bestehen bleiben, weil eine weitere Entwicklung hin zu einem reinen bradytrophen kollagenen Narbengewebe ausbleiben oder sehr langsam über viele Jahre erfolgen kann. Von einer Altersschätzung bei Narben ist daher eher abzuraten. Dies schließt nicht aus, dass Narben als solches bestimmte Rückschlüsse erlauben.

20.3 Interpretation von Narben und Narbenmustern

Die Interpretation von Narben der Haut verlangt präzisere Angaben hinsichtlich Lokalisation, Verlauf und Art der Narben.

▪ Narben der Haut – Lokalisation und Beschreibung

Hautnarben am Körper können als Folge eines Unfalls, einer Straftat, einer Selbstbeibringung oder eines medizinischen Eingriffs auftreten. Narben können mit einem charakteristischen Begriff ausreichend bezeichnet werden, sie können aber auch nach Lokalisation, Verlaufsrichtung und Art beschrieben werden.

Bei der Beschreibung von Narben soll, wie bei der Beschreibung von frischen Verletzungen, in der Mehrzahl der Fälle mit der größeren anatomischen Lokalisation begonnen werden (z. B.: „in der Bauchhaut") mit dann anzugebender Bezugslokalisation (z. B.: „1 cm unterhalb des Nabels und 2 cm rechts der Körpermittellinie beginnend"), Verlaufsrichtung (z. B. „in Körperlängsrichtung fußwärts") und Länge (z. B.: „eine 14 cm lange Narbe"). Kurzbeschreibungen wie „Cholezystektomiennarbe" oder „Kocher´scher Kragenschnitt" sind auch möglich.

Charakteristische Narben lassen zugleich den zuverlässigen Rückschluss auf die Ursache ihrer Entstehung zu. Somit kann auch die Kurzbenennung der Narbe in einen Befund mitaufgenommen werden. Die nachfolgenden ◘ Tab. 20.1, 20.2, 20.3

◘ Tab. 20.1 Häufige Narben nach operativen Eingriffen (Auswahl)

Narbe (Kurzbegriff)	Beschreibung der Narbe (zusätzliche Angabe der Narbenlänge in cm ist erforderlich)
Cholezystektomie-Narbe	Im rechten Oberbauch parallel zum Rippenbogen von links oben nach rechts unten verlaufende Narbe
Sectio-Narbe	Unmittelbar oberhalb der Schamhaargrenze zu nahezu gleichen Teilen beidseits der Körpermittellinie in Körperquerrichtung verlaufende Narbe
Sternotomie-Narbe	Beginnend über dem Oberrand des Brustbeins in der Körpermittellinie in Körperlängsrichtung verlaufende Narbe über dem Brustbein
Sog. Kocher'scher Kragenschnitt	In Höhe der Vorderseite des Halsansatzes beidseits der Körpermittellinie in Körperquerrichtung leicht nach kopfwärts konkav verlaufende Narbe
Appendektomie-Narbe	Im rechten Unterbauch gelegene von rechts oben nach links unten verlaufende Narbe
Nephrektomie-Narbe	In der rechten/linken Flankenregion von links/rechts oben nach rechts/links unten verlaufende Narbe
Bypass-Narben	An der Innenseite des rechten/linken Ober-/Unterschenkels in Beinlängsrichtung verlaufende Narben
Laparotomie-Narbe	Beginnend unterhalb des Brustbeins in der Körpermittellinie links des Nabels in Körperlängsrichtung verlaufende Narbe
Bandscheiben-OP-Narbe	In der Rückenhaut in Körperlängsrichtung in der Körpermittellinie über der Wirbelsäule gelegene Narbe
Carotis-OP-Narbe	Im oberen bis mittleren Drittel der Halsaußenseite in Körperlängsrichtung verlaufende Narbe
Leistenhernien-OP-Narbe	Schräg von links/rechts oben nach rechts/links unten in Höhe des oberen Drittels der Leistenregion verlaufende Narbe

20

Tab. 20.1 (*Fortsetzung*)

Narbe (Kurzbegriff)	Beschreibung der Narbe (zusätzliche Angabe der Narbenlänge in cm ist erforderlich)
Tracheotomie-Narbe	Rundovale in der Drosselgrube gelegene Narbe mit trichterartiger Einziehung der Haut
Hauttransplantations-Narbe (sog. „Spalthauttransplantat")	Rechteckig-flächige Narbe – meist der Haut des Beines, v. a. der Oberschenkelhaut
Mastektomie-Narbe	Links/rechts in Höhe der Brustregion in Querrichtung gebogen verlaufende Narbe
Brustwarzenvorhof-Narbe	Zirkuläre Narben um die Brustwarzenvorhöfe – bei Mammareduktionsplastik kombiniert mit in Körperlängsrichtung vom Brustwarzenvorhof zur Unterbrustfalte verlaufender und weiterer bogenförmiger, der Unterbrustfalte folgender Narbe
TEP-Narbe	In Körperlängsrichtung verlaufende Narbe an der Außenseite des rechten/linken Hüftgelenkes, bis auf die Oberschenkelaußenseite verfolgbar
Knie-TEP-Narbe	In Beinlängsrichtung über der Streckseite des Kniegelenkes (oder seitlich davon) ober- und unterhalb der Kniescheibe endende Narbe
Drainage-Narben, Narben nach minimal-invasiven bzw. endoskopischen Eingriffen	Kleinere runde/rundovale Narben z. B. seitlich in der Brustkorbhaut oder in der Bauchhaut lassen an einen Zustand nach Anlage von Drainagen denken (z. B. Bülau-Drainage bei Pneumothorax); differentialdiagnostisch kommt je nach Lokalisation eine Narbenbildung nach endoskopischem Eingriff in Betracht bzw. ein Zustand nach minimal-invasivem Eingriff (z. B. kleine Narbe der Leistenregion nach Koronarangiographie oder eine Narbe im Bereich des Nabels)
Herzschrittmacher- bzw. Defibrillator-Narbe	Links oder rechts in der Haut unterhalb des Schlüsselbeins in Körperquerrichtung verlaufende Narbe mit im Unterhautweichteilgewebe tastbarem Herzschrittmacher (Narbe bleibt auch nach Explantation bzw. Seitenwechsel)
Sog. „Port-Narbe"	Meist schräg-quer verlaufende Narbe der seitlichen oberen Brusthaut nahe dem Verlauf des rechten oder linken Schüsselbeines (wenn vorhanden, dann sicht- und tastbarer Fremdkörper)
Dammschnitt- oder Dammriss-Narbe	In der Dammregion gelegene meist schräg nach hinten verlaufende Narbe
Bohrloch-Narbe(n)	In der (behaarten) Kopfhaut gelegene, wenige mm durchmessende rundovale Narbe (nach Bohrlochtrepanation)
Fixateur-externe-Narbe	Linienartig meist an den Extremitätenaußen- und/oder -innenseiten in relativ gleichmäßigem Abstand zueinander angeordnete runde bis rundovale Narben von ca. 1 bis 2 cm Durchmesser
Z. n. Operation einer Lippen-Kiefer-Gaumenspalte	Nahe der Körpermittellinie in Körperlängsrichtung verlaufende Narbe der Oberlippenhaut
Z. n. OP bei sog. Dupuytren'sche Kontraktur (DD: OP bei Karpaltunnelsyndrom)	In der rechten/linken Handinnenfläche etwa in Armlängsrichtung verlaufende und Richtung Handgelenksbeuge ziehende Narbe
Sog. Impfnarben (bei älteren Menschen als Z. n. früher obligatorischer Pockenschutzimpfung)	An der Außenseite des oberen Drittels des (meist) rechten Oberarmes in der Haut eine/zwei kreisrunde bis rundovale Hautnarben
Z. n. Anlage eines Shunts (bei dialysepflichtigen Patienten)	In Armlängsrichtung verlaufende beugeseitig in der Haut des Unterarmes gelegene Narbe mit benachbarten prominent hervortretenden Blutgefäßen
Z. n. OP einer Verletzung des oberen Sprunggelenkes	In Höhe des Fußgelenkes vor/hinter dem rechten/linken Außenknöchel/Innenknöchel etwa in Längsrichtung verlaufende Narbe
Z. n. Anlage einer sog. PEG-Sonde	Etwa in der Körpermittelinie in der Bauchhaut mehrere cm unterhalb des unteren Endes des Brustbeines gelegene kleine rundovale Narbe
Rituelle Narbenbeibringung (bei Menschen aus einem entsprechenden Kulturkreis) als „Body Modification"	Parallel symmetrisch angeordnete gleichartige Hautnarben von musterartigem Charakter
Chirurgische Narbe	Narbe mit Verlaufsrichtung und beidseits der Narben in gleichförmigem Abstand gelegene kleine rundliche Narben (nach chirurgischer Naht)

Hinweis: Im Einzelfall kann es für eine vermeintlich charakteristische und für einen ärztlichen Eingriff sprechende Narbe eine andere Erklärung geben listen häufig anzutreffende Narben, nennen zugehörige charakteristische Begriffe und liefern eine jeweils passende Narbenbeschreibung sowie die naheliegende Ursache der Narbe. Bei der Beschreibung soll die Narbenlänge und die Narbenbreite in cm angegeben werden bzw. die Narbenlänge sollte auf einem Foto mit Maßstab rekonstruierbar sein. Eine überschießende Narbenbildung (sog. Narbenkeloid) sollte gesondert vermerkt werden.

Besonderheiten betreffend den Zustand der Haut sollen stichwortartig erwähnt werden, z. B. „Altersflecken", sog. „Pergamenthaut" (im Alter bei Hautatrophie oder nach einer Kortisontherapie), Ekzeme, bekannte Psoriasis vulgaris, altersbedingte Depigmentierungen. Bei einer größeren Zahl an Narben reicht eine Beschränkung der Beschreibung soweit im Kontext des konkreten Einzelfalles sinnvoll. Gibt es ausnahmsweise für eine in suspekter oder charakteristischer Lokalisation gelegene Narbe eine andere bekannte Erklärung, so sollte dies kurz erwähnt werden (z. B. querverlaufende Narbe in der Brusthaut links der Körpermittellinie als Z. n. Entfernung eines Nävus o. ä.).

Bei der Verletzungsbeschreibung bzw. der Beschreibung von Narben und den damit verbundenen Lokalisations-

Tab. 20.2 Narben nach Unfällen und Stürzen

Narbentyp	Beschreibung der Narbe
Kinn-Narbe	In der Kinnhaut in Körperquerrichtung gelegene Narbe (meist nach Sturz), häufig beidseits der Körpermittellinie
Flach-rundovale Narbe	Über den Ellenbogenaußenkanten/in Höhe der Streckseiten der Kniegelenke gelegen (sturztypische Lokalisationen)
Augenbrauen-Narbe	In oder unmittelbar neben und parallel zu der Augenbraue in Kopfquerrichtung verlaufende Narbe (sturztypische Lokalisation)
Flächenhafte Narbe	Je nach Lokalisation und Ausdehnung als Folge einer Verbrühung, Verbrennung, tieferreichenden Hautschürfung oder der Einwirkung von Säuren bzw. Laugen

Tab. 20.3 Fremd- oder selbstbeigebrachte Narben

Narbentyp	Beschreibung der Narbe
Ohrläppchen-Narbe(n)	Trichterartig das Ohrläppchen perforierende Narbe(n) zum Anlegen von Ohrschmuck (v. a. Ohrringe); narbige Ohrlochausrisse sind meist V-fömig bzw. kerbenartig
Piercing-Narbe	Hautnarbe zum Einbringen von Körperschmuck in der Lippe, dem Bauchnabel (Abb. 20.1), der Nasenflügelhaut, im Verlauf der Augenbrauen etc.
Sog. Probierschnitt-Narbe („Zauder-schnitt"-Narbe)	Beugeseitig in Höhe des/der Handgelenke/s in Armquerrichtung oder Armlängsrichtung verlaufende Narbe (Hinweis auf einen früheren Suizidversuch)
Inguinale Trichter-narbe	In der Leistenregion trichterartig tief eingesunkene Narbe (inguinale „Fistel" nach zahlreichen Drogeninjektionen)
Sog. „Schussstraße" („Nadelstraße")	Schräg in Armlängsrichtung verlaufende „Narbenstraße" in der Ellenbeuge bzw. in der Haut des Unterarms bei chronisch intravenösem Drogenmissbrauch; seltener Narbenstraßen in anderer Lokalisation
„Borderline-Narben"	Zahlreiche teils quer, teils längsgestellte Narben der Haut, v. a. der Unterarme/Oberschenkel (Selbstbeibringung bei sog. „Borderline-Syndrom") (Abb. 20.2)
Selbstbeschädigung	Parallel zueinander verlaufende fein-linienartige Narben – meist an den Armen und am Oberkörper (Region in der Regel den eigenen Händen zugänglich, nicht selten wird ein vorangegangener „Überfall" behauptet; meist Jugendliche oder junge Erwachsene, Messer oder Rasierklinge o. ä. als Werkzeug)
Halbkreisartige Narbe der Halshaut	Meist im mittleren Drittel der links- oder rechtsseitigen Halshaut gelegene größere Narbe mit etwas unregelmäßigen Verlauf (nach Attacke mit einer abgeschlagenen Flasche)
Abwehr-Narben der Finger	Feine in gleicher Höhe gelegene Narben der Haut der Beugeseiten der Finger (nach aktiver Abwehr)
Bissnarbe	Narbe, die nach Art und Konfiguration an eine abgeheilte Bissverletzung denken lassen muss (Abb. 20.3)
Tattoo-Narbe	Flache Hautnarbe mit Restanteilen von Farbpigmenten (nach – versuchter – Entfernung einer Tätowierung)

Hinweis: Bei kleineren Narben ist eine zurückhaltende Interpretation angebracht, je nach Art und Lokalisation der Narbe; gelegentlich ist der ausgeübte Beruf der betroffenen Person zu berücksichtigen mit u. U. arbeitsbedingt entstandenen nicht ärztlich versorgten und dann vernarbten Wunden

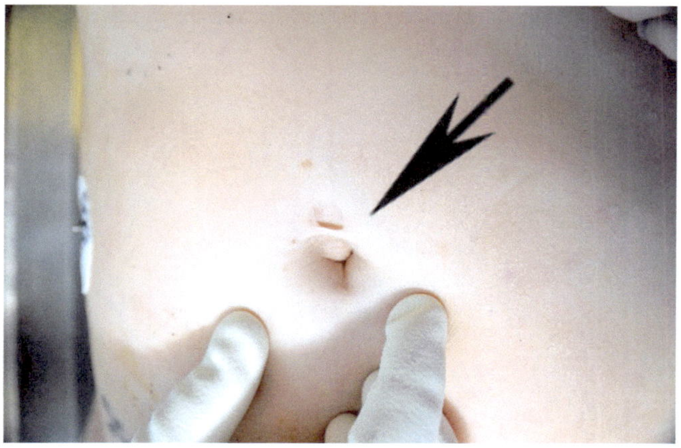

■ **Abb. 20.1** Typische, brückenartige sog. Piercing-Narbe (*Pfeil*) nach (jetzt entferntem) Bauchnabelpiercing

angaben haben sich bestimmte Abkürzungen eingebürgert, die teilweise bereits die Ursache der Narbe benennen und die selbstverständlich benutzt werden dürfen.

■ Beispiele für Narben nach Gewalteinwirkung

Im Einzelfall, jedoch keineswegs immer, lassen auch die Lokalisation, die Art, die Größe bzw. Länge und die Verlaufsrichtung von Narben Rückschlüsse auf die Entstehungsursache zu, das heißt ein Abgleich mit einem behaupteten Tatgeschehen zur Überprüfung der Plausibilität der Behauptung kann durchaus möglich sein (■ Abb. 20.4, 20.5, 20.6, 20.7, 20.8).

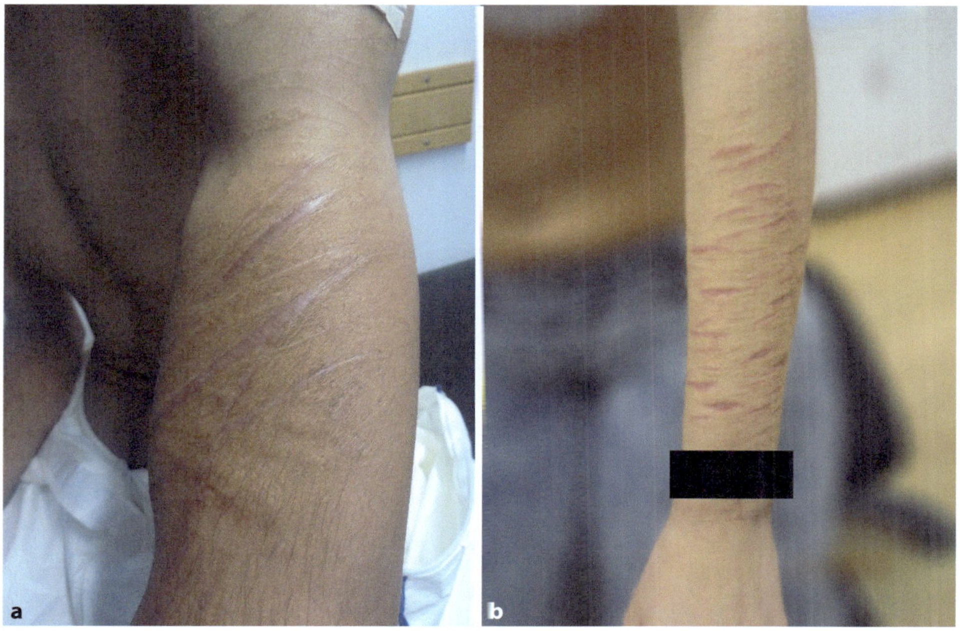

■ **Abb. 20.2** **Befund:** Mehr streckseitig in der Haut der Unterarme gelegene teils feine, teils grobe, parallel zueinander verlaufende, teils quer, teils schräg-längs gestellte Hautnarben

Diagnose: Zahlreiche Narben der Unterarmhaut

Anamnese: Narben der streckseitigen Unterarmhaut nach Selbstbeibringung vor dem Hintergrund eines psychiatrischen Krankheitsbildes (sog. Borderline-Syndrom)

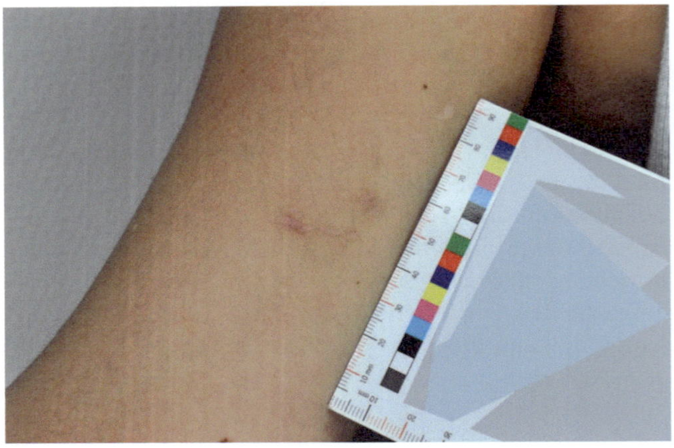

Abb. 20.3 **Befund:** Relativ schmale, halbkreisartige, stellenweise unterbrochene Narbe

Diagnose: Zustand nach geheilter Bissverletzung in der Haut des rechten Oberarmes

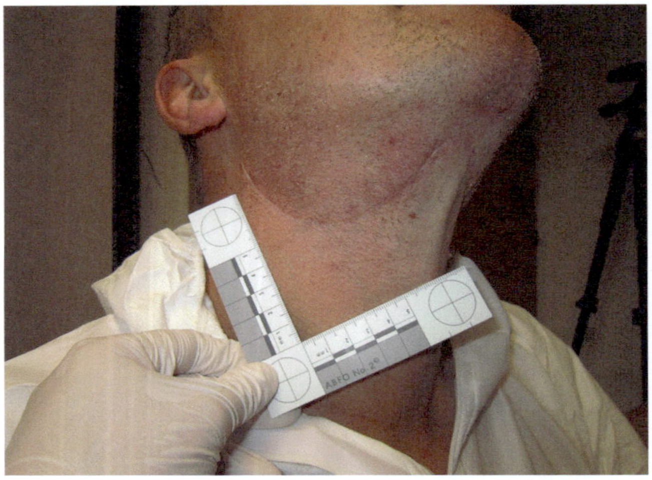

Abb. 20.4 **Befund:** Ca. 2,5 cm unterhalb des rechten Ohransatzes beginnende und halbkreis- bis muldenartig verlaufende nach kopfwärts offene Narbe der Halshaut und der Haut des angrenzenden Mundbodens – bis nahe an die KML reichend

Diagnose: Nach Lokalisation und Art operationsuntypische Narbe der rechtsseitigen Halshaut

Anamnese: Überlebter Messerangriff gegen die rechte obere Halsregion mit jetzt vernarbter Messerschnittverletzung

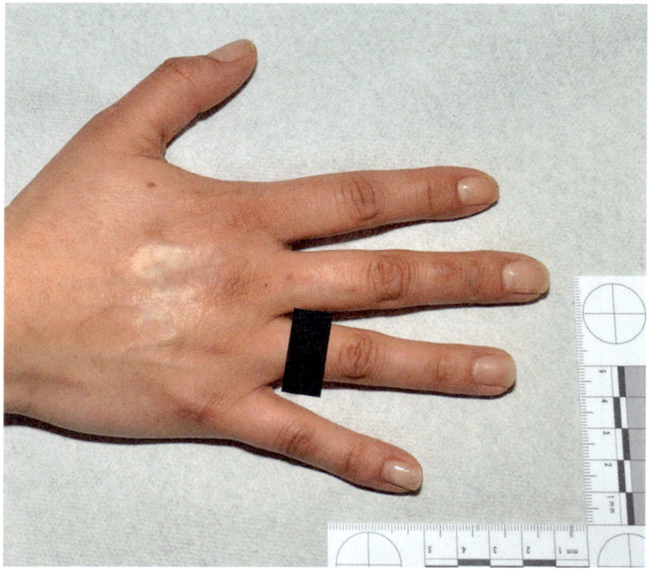

Abb. 20.5 **Befund:** Lokalisiert-flächenhafte Depigmentierung und Abflachung der Haut des rechten Handrückens handgelenkswärts der Grundgelenke der Finger D III und D IV

Diagnose: Flache Hautnarbe des rechten Handrückens

Anamnese: Vernarbte Verletzung der Haut des rechten Handrückens nach Verbrühung

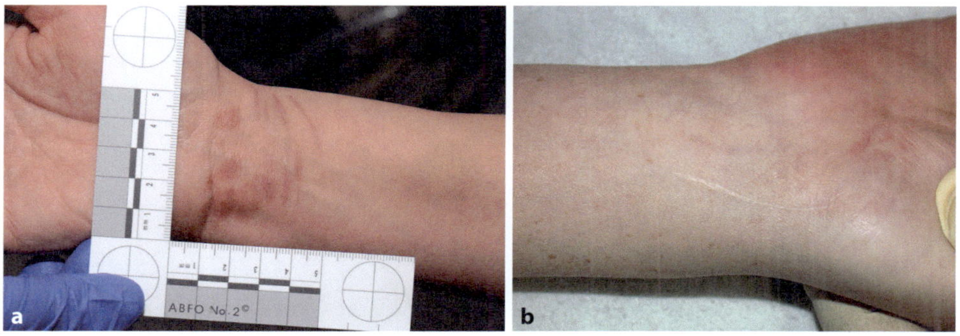

Abb. 20.6a,b **Befunde:** **a** Beugeseitig in Höhe des rechten Handgelenkes leicht gerötete, quergestellte parallel zueinander gelegene feine Hautnarben. **b** Feine, daumenseitig in Armlängsrichtung verlaufende reizlose Narbe beugeseitig über dem rechten Handgelenk

Diagnose: Hautnarben der Handgelenksbeuge im Sinne typischer sog. Probierschnittnarben

Anamnese: Jeweils mehrfache depressive Episoden, bekannte Suizidversuche mit sog. Aufschneiden der Pulsadern der Handgelenksbeuge

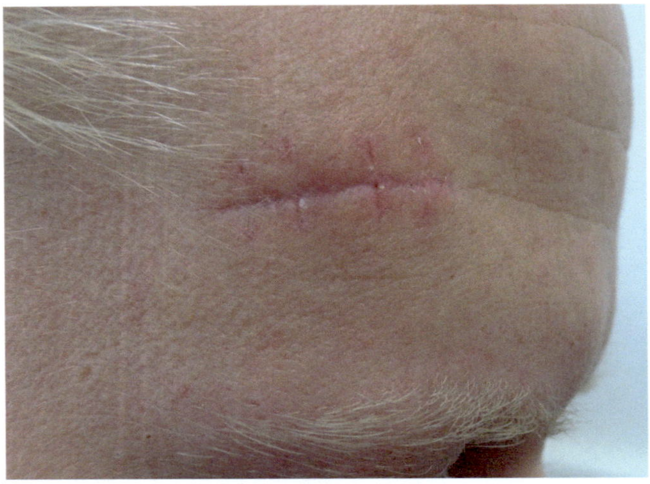

Abb. 20.7 **Befund:** Ca. 3 cm oberhalb der rechten Augenbraue und parallel zu dieser verlaufende ca. 3 cm lange in Querrichtung gestellte chirurgische Hautnarbe

Diagnose: Operativ versorgte, weitgehend vernarbte Stirnhautverletzung oberhalb der rechten Augenbraue

Anamnese: Die Narbe als solches lässt keinen Rückschluss zu auf die Entstehungsursache. Hier chirurgisch versorgte Schnittverletzung der Stirnhaut nach tätlicher Auseinandersetzung

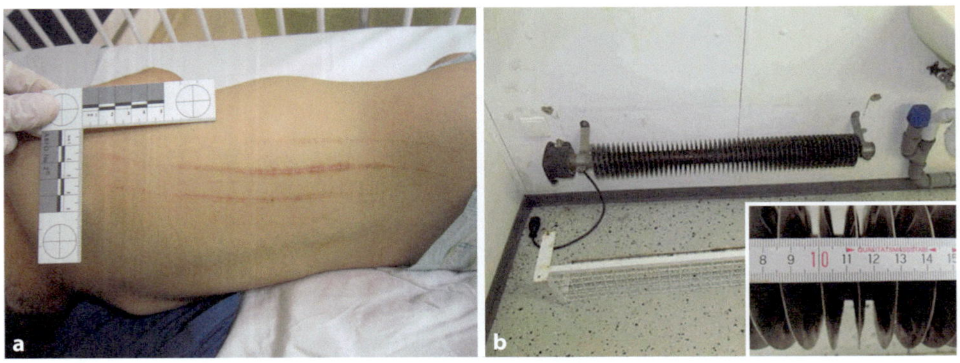

Abb. 20.8a,b **Befund:** In Körperlängsrichtung verlaufende, teilweise zentral aufgehellte parallele Narben der rechtsseitigen Rückenhaut eines 2-jährigen

Diagnose: Narben unklarer Genese in schlagtypischer Lokalisation

Anamnese: Das Kind sei bei defekter Abdeckung auf die heißen Lamellen des abgebildeten Heizkörpers (**b**) gefallen, was nach Rekonstruktion plausibel nachvollziehbar war

Intra- und subkutane Fremdkörper

C. G. Birngruber, G. Lasczkowski, R. B. Dettmeyer, *Forensische Verletzungskunde*,
https://doi.org/10.1007/978-3-642-54279-4_21

Bei der äußeren körperlichen Untersuchung sind gelegentlich Fremdkörper erkennbar, die sich teils oberhalb, teils innerhalb oder unterhalb des Hautniveaus befinden. Sehr kleine Fremdkörper sind unter Umständen nicht sichtbar, jedoch tastbar, denn nicht immer muss zwingend eine erkennbare (feine) Narbe abgrenzbar sein, die zu der Annahme einer erfolgten Fremdkörperimplantation führt. Neben größeren Gegenständen müssen auch eingebrachte oder unfallbedingt zugezogene Fremdkörper bedacht werden wie schwarze oder farbige Flüssigkeiten, die in Form von Tattoos bzw. Tätowierungen intrakutan abgelagert sind oder auch grauschwarze Pigmente durch Staub- oder Schotterablagerungen als Folge vorangegangener Schürfverletzungen (z. B. unfallbedingte Schürfungen auf geteerter Straße, die flach-narbig verheilen, jedoch unter Einschluss von Staubkörnern bzw. Teerbestandteilen in die meist flache Narbe; früher: berufsbedingte sog. „Bergmannstätowierung").

Andere Fremdkörper sind zwanglos erkennbar und können mit einem Begriff oder wenigen Worten präzise benannt werden. Vorrangig ist dabei an Körpermodifikationen, wie Piercings oder sog. Transdermals und implantierte Medizinprodukte zu denken:

- Zungenpiercing, Lippenpiercing, Nasenflügelpiercing, Bauchnabelpiercing, Genitalpiercing, Augenbrauenpiering etc.
- Herzschrittmacher/implantierter Defibrillator
- Port
- Medikamentenpumpen
- Fremdkörper unter der Penisvorhaut oder anderswo

Im Einzelfall können Verletzungen erklärt werden durch (gewaltsames) Ausreißen von Piercings, gelegentlich treten lokale Infektionen durch Piercings auf.

Auch bei dem in ◘ Abb. 21.1 dargestellten Befund bzw. Fremdkörper stellte sich die Frage, ob dieser intravaginal Verletzungen bzw. Rötungen verursachen könnte.

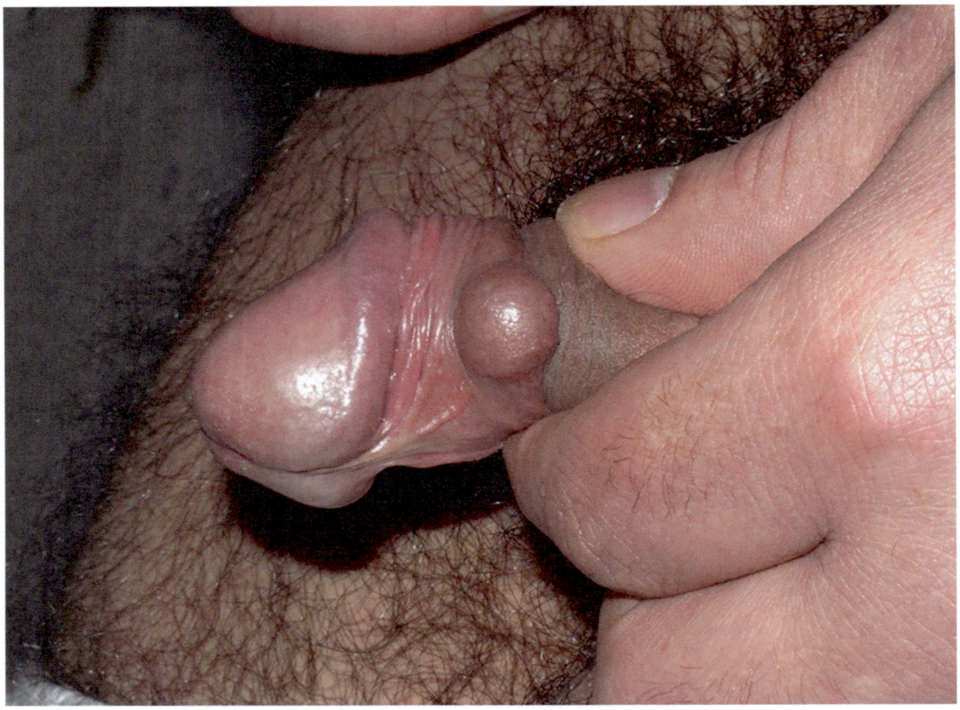

◘ **Abb. 21.1** **Befund:** Ovaläre, palpatorisch feste Vorwölbung unter der Penishaut, minimal verschieblich.

Diagnose: Subkutan implantierter Fremdkörper.

Tätowierungen

C. G. Birngruber, G. Lasczkowski, R. B. Dettmeyer, *Forensische Verletzungskunde,*
https://doi.org/10.1007/978-3-642-54279-4_22

Unter den Begriff der „Körpermodifikationen" werden vor allem Tätowierungen und Piercings verstanden. Bei der Untersuchung verletzter Personen können kleinere Verletzungen, aber auch z. B. Punktionsmale nach einer Injektion, innerhalb der z. B. dunkelblauen Farbe der Tätowierungen übersehen werden. Der Rückschluss von der Art bzw. dem Motiv eines Tattoos auf ein bestimmtes Milieu oder die Zugehörigkeit zu einer bestimmten Gruppe ist nur selten möglich oder häufig unbestimmt. Punktförmige Tätowierungen der Haut zwischen Daumen und Zeigefinger streckseitig bedeuten in der Regel, dass die betreffende Person zu einer Freiheitsstrafe verurteilt worden war (■ Abb. 22.1).

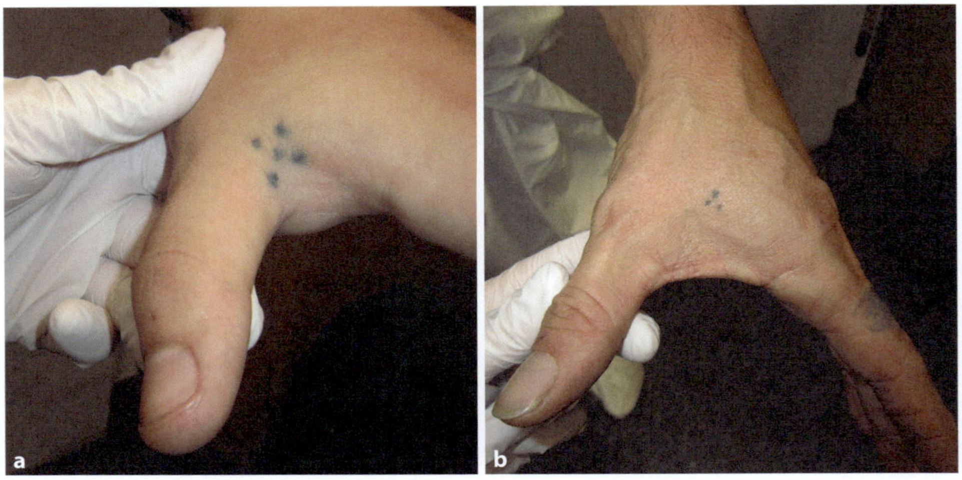

■ **Abb. 22.1a,b** Punktförmige Tätowierungen der streckseitigen Haut zwischen Daumen und Zeigefinger, hier der jeweils linken Hand als Zeichen einer vorangegangenen Haftstrafe

Befunde bei Drogenkonsum

C. G. Birngruber, G. Lasczkowski, R. B. Dettmeyer, *Forensische Verletzungskunde*,
https://doi.org/10.1007/978-3-642-54279-4_23

Nach insbesondere langjährigem intravenösem Drogenkonsum können drogenabhängige Menschen bei der körperlichen Untersuchung entsprechende Befunde aufweisen (Abb. 23.1):

- frische Punktionsmale, v. a. in den Ellenbeugen, aber auch auf den Handrücken, am Hals, in Höhe der Peniswurzel, auf dem Fußrücken, seltener zwischen den Fingern und Zehen, in den Leistenbeugen; sehr feine Punktionsmale können in Tätowierungen versteckt kaum erkennbar sein
- runde bzw. rundovale, an Zigarettenbrandnarben erinnernde Hautnarben als Folge verheilter sog. Spritzenabszesse
- linienartige Vernarbungen, v. a. beugeseitig an den Unterarmen, aber auch an den Unterschenkeln als Folge vielfacher, vernarbter Injektionen (sog. „Schussstraße")

Häufig tritt, eher bei Betäubungsmittelabhängigen Untergewichtigkeit auf, ein unzureichender Pflegezustand und ein mehr oder weniger schlechter Zustand des Gebisses, welches fehlende oder kariöse Zähne und Zahnstümpfe aufweisen kann.

Analog zur langjährigen intravenösen Drogensucht kann bei Rauchern eine sog. Nikotinverfärbung der Haut der Fingerendglieder entstehen, meist der Finger D II und D III der bevorzugten „Rauchhand".

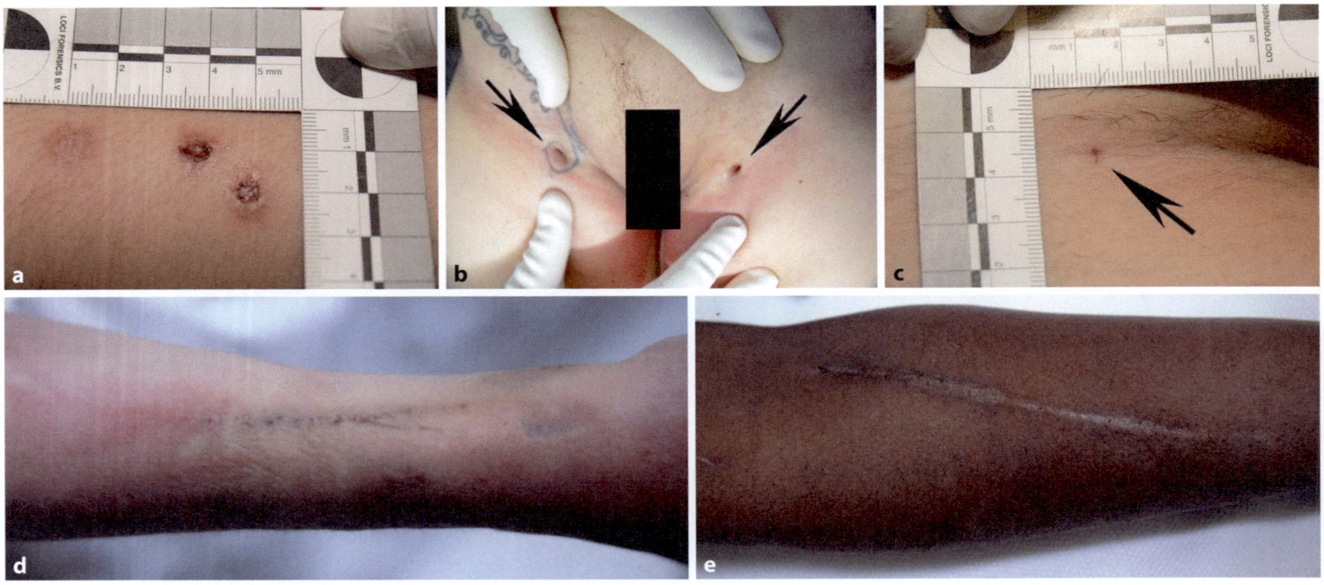

Abb. 23.1a–e **a** Zahlreiche rundovale flache Narben von ca. 0,8 bis 1,5 cm Durchmesser als Ausdruck vernarbter bzw. in narbiger Abheilung befindlicher sog. Spritzenabszesse nach häufiger Injektion von Drogen. **b** In der linken und in der rechten Leistenregion (*Pfeile*) typische, trichterartige, tiefreichende narbenartige Einsenkungen der Haut nach vielfacher Injektion von Drogen. **c** Sehr feines, 1–2 mm messendes Punktionsmal in der rechten Leistenbeuge zur Injektion von Drogen (*Pfeil*). **d** und **e** In einer Linie erfolgte Vernarbung der beugeseitigen Unterarmhaut nach vielfachen Injektionen von Drogen, sog. „Schussstraße"

Befunderhebung nach ärztlicher Versorgung von Verletzungen

C. G. Birngruber, G. Lasczkowski, R. B. Dettmeyer, *Forensische Verletzungskunde*,
https://doi.org/10.1007/978-3-642-54279-4_24

Häufig ist eine **zeitnahe Beschreibung** und **Dokumentation** frischer Verletzungen nicht möglich, auch deshalb, weil die medizinische Versorgung der verletzten Person Vorrang hat. Dennoch können medizinisch versorgte Verletzungen lokalisiert, beschrieben und interpretiert werden (▣ Abb. 24.1 und 24.2). Auch wenn durch die medizinische Versorgung von Verletzungen ihr ursprüngliches Aussehen nicht mehr gänzlich nachvollziehbar ist, kann eine präzise Verletzungsbeschreibung und -dokumentation auch nach ärztlicher Versorgung für spätere rekonstruktive Überlegungen bzw. für eine Beweisführung in einem (straf-)rechtlichen Verfahren hilfreich sein.

Reanimationsbedingte Verletzungen sind möglich und dürfen nicht mit vorbestehenden Verletzungen verwechselt werden. Nach erfolgreicher Reanimation können sich z. B. Abdrücke der Defibrillationspads auf der Haut, Rippenfrakturen und Punktionsmale (v. a. Hals, Unterarm, Armbeugen, Handrücken, Schienbeinvorderseite bei sog. Knochenkanüle) finden. Nach einer Ansammlung von Luft in der Brusthöhle (Pneumothorax) liegt bei der körperlichen Untersuchung häufig noch eine Drainage in der Brusthöhle (sog. Bülau-Drainage).

So kann auch allein die Lokalisation und Zahl der Verletzungen eine Aussagekraft haben, idealerweise kann später ggf. neben radiologischen Befunden ein die Verletzung präziser beschreibender OP-Bericht herangezogen werden. In den OP-Berichten sollten nach Möglichkeit die Wundränder beschrieben und insbesondere die Verletzungstiefe angegeben werden. Für die spätere Rekonstruktion eines Tatgeschehens können und sollen dann nach Möglichkeit auch Angaben der beteiligten Personen und von Zeugen berücksichtigt werden.

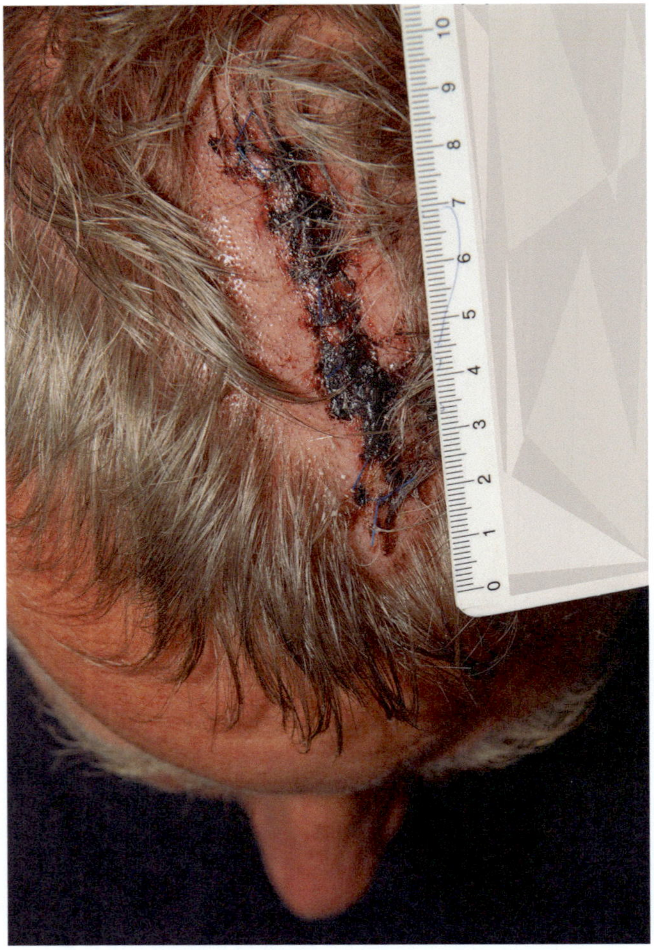

▣ **Abb. 24.1** **Befund:** Oberhalb der sog. Hutkrempenlinie und leicht links der KML sieht man eine in Pfeilrichtung verlaufende jetzt schwarzrot verkrustete Naht mit blauen Einzelknopfnähten von ca. 9 cm Länge

Diagnose: V. a. schlagbedingte Verletzung der behaarten Kopfhaut

Anamnese: Tätliche Auseinandersetzung mit einem Schlag auf den Kopf

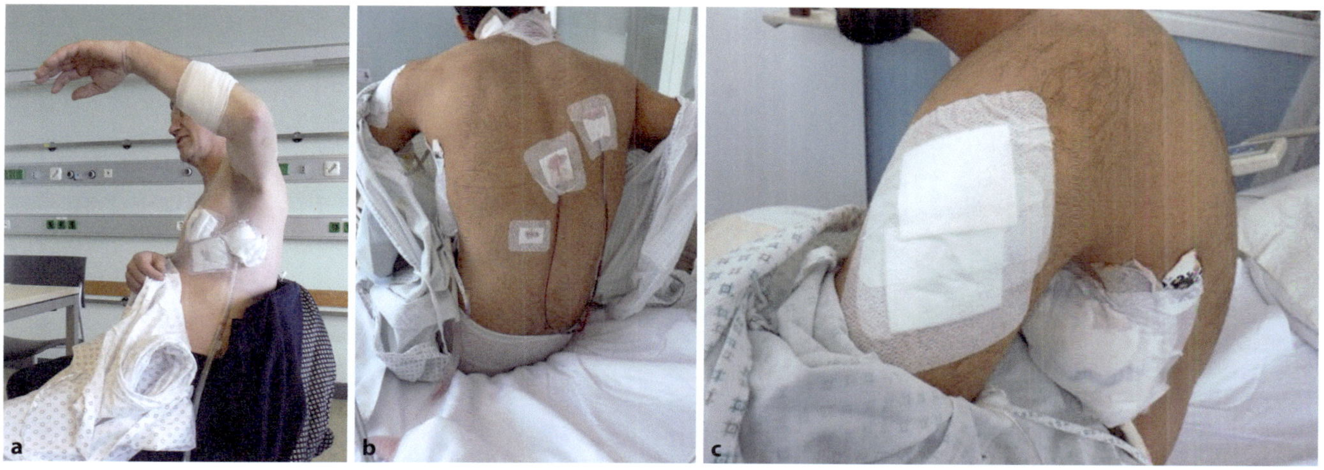

Abb. 24.2 Fotografische Dokumentation der Lokalisation von Verletzungen bzw. deren Versorgung mit einem Verband. Neben der Art der Verletzungen lässt auch deren so dokumentierte Lokalisation Rückschlüsse auf ein Tatgeschehen zu

Rechtliche Aspekte

Bei der ärztlichen Untersuchung von verletzten Personen hat es ggf. zuvor eine Straftat gegeben aus der Gruppe der Körperverletzungsdelikte des Strafgesetzbuches (StGB). Im Spannungsfeld zwischen der Respektierung der Autonomie des Patienten und dem Aufklärungs- bzw. Strafanspruch des Staates sind unterschiedliche Situationen und Wertungen denkbar. Regelmäßig stellt sich die Frage nach dem Stellenwert der ärztlichen Schweigepflicht gem. § 203 StGB, insbesondere wenn Minderjährige betroffen sind. Das Procedere beim Umgang mit verletzten Personen bzw. Gewaltopfern ist teils in der Strafprozessordnung (StPO), teils in den Richtlinien für Straf- und Bußgeldverfahren geregelt (RiStBV). Spezielle Formen der Körperverletzung, wie die Beschneidung von Knaben oder die weibliche Genitalverstümmelung, sind sehr unterschiedlich geregelt. Schließlich ist auch an Vorschriften zum Schutze alter Menschen zu denken und an die Rechte von Gewaltopfern in einem Strafverfahren sowie zur Erlangung von Schadensersatz und Schmerzensgeld. In Überlegungen einbezogen werden sollte auch die Frage einer künftigen Gefährdung eines Patienten bzw. einer Patientin und ob Maßnahmen nach dem Gewaltschutzgesetz hilfreich sein können. Die wichtigsten Punkte zu den genannten Fragen sollen angesprochen werden.

Ärztliche Schweigepflicht gem. § 203 StGB

C. G. Birngruber, G. Lasczkowski, R. B. Dettmeyer, *Forensische Verletzungskunde*,
https://doi.org/10.1007/978-3-642-54279-4_25

Grundsätzlich gilt die ärztliche Schweigepflicht. Soll diese Schweigepflicht verletzt werden, so bedarf es dafür eines von der Rechtsordnung anerkannten Rechtfertigungsgrundes, z. B. eines Gesetzes, welches die Weitergabe von Informationen ausdrücklich erlaubt. Dann ist der Geheimnisträger zur Weitergabe von Informationen befugt. Die der Schweigepflicht unterliegenden Berufsgruppen sind in § 203 StGB genannt. Es gibt jedoch zahlreiche gesetzliche Durchbrechungen der ärztlichen Schweigepflicht. Für die Schweigepflicht bei Verdacht auf Kindesmisshandlung sind Vorgaben im Bundeskinderschutzgesetz (BKiSchG) formuliert worden.

Der entscheidende Paragraph zur ärztlichen Schweigepflicht ist im Strafgesetzbuch der § 203 StGB:

> **§ 203 StGB [Verletzung von Privatgeheimnissen]**
> (1) Wer unbefugt ein fremdes Geheimnis, namentlich ein zum persönlichen Lebensbereich gehörendes Geheimnis oder ein Betriebs- oder Geschäftsgeheimnis, offenbart, das ihm als Arzt, Zahnarzt, Apotheker oder Angehörigen eines anderen Heilberufs, der für die Berufsausübung oder die Führung der Berufsbezeichnung eine staatlich geregelte Ausbildung erfordert, anvertraut worden ist oder sonst bekanntgeworden ist, wird mit Freiheitsstrafe bis zu einem Jahr oder mit Geldstrafe bestraft.
> (2) …
> (3) Den in Absatz 1 Genannten stehen ihre berufsmäßig tätigen Gehilfen und die Personen gleich, die bei ihnen zur Vorbereitung auf den Beruf tätig sind.

Während bei minderjährigen Gewaltopfern bis zum etwa 14. Lebensjahr und bei nach Begehungsart und Verletzungsmuster schwereren bzw. gefährlichen Körperverletzungen die Schwelle zur Information der Polizei und Staatsanwaltschaft eher niedrig ist, kann bei sog. Bagatellverletzungen und leichteren Formen von Körperverletzungen ein Verzicht auf die Information der Ermittlungsbehörden eher in Betracht kommen. Es kommt jedoch immer auf den Einzelfall an. Bei erstmaligem Schlagen eines Kindes kann dies unter Umständen einerseits situativ erklärbar sein, andererseits kann sich jedoch die Gewaltintensität im Laufe der Zeit steigern und es drohen wiederholte schwere Verletzungen. Grundsätzlich sind zwei Situationen zu unterscheiden:

1. Das Gewaltopfer ist der Polizei bekannt und kooperiert mit der Polizei, weil es eine Bestrafung des Täters wünscht. In diesem Fall ist es Aufgabe der Polizei, die Beweise bzw. Spuren zu sichern, die für eine sichere Beweisführung zur Überführung des Täters vor Gericht benötigt werden (Rechtsgrundlage u. a.: §§ 81a, 81c StPO). Dazu zählt immer auch die Dokumentation und Begutachtung von Verletzungen. Vorgaben für den Umgang mit minderjährigen wie erwachsenen Gewaltopfern finden sich in der Strafprozessordnung (StPO) und in den Richtlinien für das Straf- und Bußgeldverfahren (RiStBV).
2. Wünscht das Gewaltopfer keine Information der Ermittlungsbehörden und besteht sogar explizit auf die Einhaltung der ärztlichen Schweigepflicht, dann sind behandelnde Ärztinnen und Ärzte bei entscheidungsfähigen Patienten daran gebunden. Die Entscheidungsfähigkeit ist nicht an ein bestimmtes Alter gebunden, aber als orientierendes Alter wird v. a. das 14. Lebensjahr genannt. Im Einzelfall können also auch einmal minderjährige Gewaltopfer, also Jugendliche, aus mehr oder weniger nachvollziehbaren Gründen die Einhaltung der ärztlichen Schweigepflicht verlangen. Trotzdem müssen alle Verletzungen und alle Angaben zur Anamnese sorgfältig protokolliert bzw. dokumentiert werden, da ein Gewaltopfer sich zu einem späteren Zeitpunkt, wenn die erlittenen Verletzungen längst verheilt sind, doch an die Polizei wenden kann und dann für behauptete Verletzungen den Beweis erbringen muss. Dabei geht es auch in einem hohen Maße um die Frage der Glaubwürdigkeit eines Gewaltopfers.
3. Vor allem bei häuslicher Gewalt unter (Ehe-)Partnern ist das Gewaltopfer als Zeuge häufig unentbehrlich. Nicht selten wird jedoch eine zuvor erstattete Strafanzeige später wieder zurückgezogen. Entsprechend legt § 230 StGB fest:

> **§ 230 StGB [Strafantrag]**
> (1) Die vorsätzliche Körperverletzung nach § 223 und die fahrlässige Körperverletzung nach § 229 werden nur auf Antrag verfolgt, es sei denn, dass die Strafverfolgungsbehörde wegen des besonderen öffentlichen Interesses an der Strafverfolgung ein Einschreiten von Amts wegen für geboten hält. Stirbt die verletzte Person, so geht bei vorsätzlicher Körperverletzung das Antragsrecht nach § 77 Abs. 2 auf die Angehörigen über.

Während also für erwachsene, entscheidungsfähige Gewaltopfer gilt, dass deren Verzicht auf eine Einschaltung der Polizei im Regelfall zu respektieren ist, gilt dies nicht automatisch für minderjährige Gewaltopfer. Als Orientierung für die Annahme einer eigenen Entscheidungsfähigkeit wird gelegentlich ein Alter von 14 Jahren genannt, jedoch gibt es keine feste Altersgrenze. Vielmehr ist die sog. natürliche Einsichtsfähigkeit entscheidend, was im Einzelfall prüfende Gespräche mit den minderjährigen Gewaltopfern erfordert. Im Falle der Information von Polizei und Staatsanwaltschaft sind diese bei sog. Offizialdelikten verpflichtet, ein strafrechtliches Ermittlungsverfahren einzuleiten. Auch bei weniger schweren Fällen kann die Staatsanwaltschaft im Einzelfall das öffentliche Interesse an der Strafverfolgung bejahen, weitere Ermittlungen veranlassen und schließlich Klage beim zuständigen Strafgericht einreichen mit dem Ziel der Eröffnung einer Hauptverhandlung.

Es sind jedoch schwierige Situationen denkbar. So kann z. B. das untersuchte Gewaltopfer nach Entlassung aus ärztlicher Behandlung bei einem Fall von häuslicher Gewalt erneut in Gefahr sein. Auch im häuslichen Umfeld lebende Personen einschließlich Kinder können als (weitere) Gewaltopfer in Betracht kommen. In solchen Fällen bedarf es einer sorgfältigen Abwägung, ob die Schweigepflicht gebrochen werden darf bzw. zum Schutz höher wiegender Rechtsgüter als der Schweigepflicht eine Befugnis (nicht eine Pflicht) zur Offenbarung gegenüber der Polizei gegeben ist. Rechtliche Grundlage einer solchen Offenbarungsbefugnis ist § 34 StGB:

§ 34 StGB [Rechtfertigender Notstand]
Wer in einer gegenwärtigen, nicht anders abwendbaren Gefahr für Leben, Leib, Freiheit, Ehre, Eigentum oder ein anderes Rechtsgut eine Tat begeht, um die Gefahr von sich oder einem anderen abzuwenden, handelt nicht rechtswidrig, wenn bei Abwägung der widerstreitenden Interessen, namentlich der betroffenen Rechtsgüter und des Grades der ihnen drohenden Gefahren, das geschützte Interesse das beeinträchtigte wesentlich überwiegt. Dies gilt jedoch nur, soweit die Tat ein angemessenes Mittel ist, die Gefahr abzuwenden.

Überaus selten dürfte eine Anzeigepflicht geplanter Straftaten bestehen in Fällen, wo der Eintritt einer schweren Straftat angekündigt ist oder die Straftat bereits begonnen hat (vgl. § 138 StGB – Strafbarkeit der Nichtanzeige von geplanten, im Gesetzestext gelisteten Straftaten). Ausnahmen von der Schweigepflicht ergeben sich somit u. a. über die §§ 34 und 138 StGB oder gemäß Bundeskinderschutzgesetz (s. u.). Unabhängig davon haben Patientinnen und Patienten ein umfassendes Einsichtsrecht in die eigenen Krankenunterlagen einschließlich des Rechtes auf Überlassung einer Kopie (gegen Kostenerstattung). Die in den Krankenunterlagen möglichst gut dokumentierten Verletzungen werden z. B. in einem Zivilverfahren zur Erlangung von Schadensersatz und Schmerzensgeld benötigt. Dabei muss die verletzte Person als Anspruchsteller/in den Nachweis erbringen, Opfer einer Körperverletzung oder Gesundheitsbeschädigung geworden zu sein. Während dies im Regelfall erst längere Zeit nach der ärztlichen Behandlung bzw. nach einer erlittenen Körperverletzung geschieht, können gerichtlich angeordnete Sofortmaßnahmen einem Gewaltopfer Schutz gewähren. Die Rechtsgrundlagen für derartige Schutzmaßnahmen finden sich im Gewaltschutzgesetz. Bei Minderjährigen kann das Familiengericht Schutzmaßnahmen anordnen und hat dabei einen weiten Ermessensspielraum.

Ärztliche Schweigepflicht bei Kindesmisshandlung

C. G. Birngruber, G. Lasczkowski, R. B. Dettmeyer, *Forensische Verletzungskunde*,
https://doi.org/10.1007/978-3-642-54279-4_26

Das Bundeskinderschutzgesetz sieht für den Fall des begründeten Verdachts auf eine Kindesmisshandlung grundsätzlich vor der Durchbrechung der ärztlichen Schweigepflicht ein stufenweises Vorgehen vor:

Stufe 1 [§ 4 Abs. 1 BKiSchG] – Erörterung
Bei Anhaltspunkten für eine Kindeswohlgefährdung soll mit dem Kind bzw. Jugendlichen und den Sorgeberechtigten die Situation erörtert und auf die Inanspruchnahme von Hilfen hingewirkt werden, wenn dies den Schutz des Kindes gewährleistet.

Stufe 2 [§ 4 Abs. 2 BKiSchG] – Beratung
Die Personen nach Abs. 1 (u. a. Ärztinnen oder Ärzte, Hebammen etc.) haben zur Einschätzung der Kindeswohlgefährdung gegenüber dem Träger der öffentlichen Jugendhilfe Anspruch auf Beratung durch eine „insoweit erfahrene Fachkraft". Sie sind zu diesem Zweck befugt, dieser Person die dafür erforderlichen Informationen bzw. Daten zu übermitteln. Vor einer Übermittlung sind die Daten zu pseudonymisieren.

Stufe 3 [§ 4 Abs. 3 BKiSchG] – Information des Jugendamtes
Scheidet eine Abwendung der Gefährdung nach Abs. 1 aus oder ist ein Vorgehen nach Abs. 2 erfolglos und halten die in Abs. 1 genannten Personen ein Tätigwerden des Jugendamtes für erforderlich, um eine Gefährdung des Wohls des Kindes oder eines Jugendlichen abzuwenden, so sind sie befugt, das Jugendamt zu informieren; hierauf sind die Betroffenen vorab hinzuweisen, es sei denn, dass damit der wirksame Schutz [...] in Frage gestellt wird. Zu diesem Zweck sind die Personen nach Abs. 1 befugt, dem Jugendamt die erforderlichen Daten mitzuteilen.

Umstritten ist die Frage, ob neben den Regelungen im Bundeskinderschutzgesetz die behandelnden Ärzte auch direkt die Polizei bzw. Staatsanwaltschaft informieren dürfen, dies auf der Grundlage des § 34 StGB (sog. rechtfertigender Notstand). Dabei wird einerseits argumentiert, es sei nicht erkennbar, dass die Regelungen im Bundeskinderschutzgesetz als sog. abschließende Regelungen gemeint seien. Andererseits wird darauf hingewiesen, dass ärztliches Wissen und ärztliche Erfahrung im Einzelfall eine angemessenere Entscheidung herbeiführen können, während bei Mitarbeiterinnen und Mitarbeitern der Jugendämter, die ansonsten nach eigenem Ermessen entscheiden müssten, eine Hemmschwelle zur Information der Polizei bestehe. Schließlich muss als weiteres Argument angeführt werden, dass die Verneinung der Möglichkeit einer unmittelbaren Information der Polizei durch behandelnde Ärzte bei Gewalt gegen Minderjährige zu einer Einschränkung des notwendigen Kinderschutzes führen würde. Zumindest bei Sexualdelikten an Minderjährigen hat eine Arbeitsgruppe des Bundesministeriums der Justiz (BMJ) Empfehlungen formuliert, die eine Information der Polizei favorisieren, auch wenn diese Empfehlungen rechtlich nicht bindend sind.

Sind bei gegebenem Verdacht auf eine Kindesmisshandlung die Eltern bzw. Sorgeberechtigten zugleich die Tatverdächtigen, so gelten für die Frage der Information des Jugendamtes die o. g. Vorgaben des Bundeskinderschutzgesetzes. Ist der Verdacht noch vage und bedarf weiterer Abklärung, so gilt die Anlage einer zweiten Krankenakte, die dem Einsichtsrecht der Eltern zunächst entzogen wird, als vertretbar. In dieser zweiten Krankenakte können alle entscheidenden Befunde und Untersuchungsergebnisse sowie im Zusammenhang mit dem Verdacht auf Kindesmisshandlung geführten Gespräche gesondert dokumentiert werden (sog. „doppelte Aktenführung").

Rechtsgrundlagen für die körperliche Untersuchung

C. G. Birngruber, G. Lasczkowski, R. B. Dettmeyer, *Forensische Verletzungskunde*,
https://doi.org/10.1007/978-3-642-54279-4_27

Im Vordergrund stehen die körperliche Untersuchung von Personen, die einer Straftat beschuldigt werden und die Untersuchung von Personen, die als Folge einer Straftat Verletzungen aufweisen, deren Existenz dokumentiert werden muss und deren Ursachen für ein kommendes Strafverfahren geklärt werden müssen. Rechtsgrundlage für die erforderlichen körperlichen Untersuchungen einschließlich Blutentnahme sind die §§ 81a, 81c Strafprozessordnung (StPO), zum konkreten Vorgehen gibt es Vorgaben in den Richtlinien für das Straf- und Bußgeldverfahren (RiStBV).

27.1 Vorgaben in der Strafprozessordnung

Die §§ 81a, 81c Strafprozessordnung regeln die körperliche Untersuchung von beschuldigten Personen und anderen Personen, aber auch § 81d Strafprozessordnung muss beachtet werden:

§ 81a StPO [Körperliche Untersuchung des Beschuldigten, Zulässigkeit körperlicher Eingriffe]
(1) Eine körperliche Untersuchung des Beschuldigten darf zur Feststellung von Tatsachen angeordnet werden, die für das Verfahren von Bedeutung sind. Zu diesem Zweck sind Entnahmen von Blutproben und andere körperliche Eingriffe, die von einem Arzt nach den Regeln der ärztlichen Kunst zu Untersuchungszwecken vorgenommen werden, ohne Einwilligung des Beschuldigten zulässig, wenn kein Nachteil für seine Gesundheit zu befürchten ist.
(2) Die Anordnung steht dem Richter, bei Gefährdung des Untersuchungserfolges durch Verzögerung auch der Staatsanwaltschaft und ihren Ermittlungspersonen (§ 152 Gerichtsverfassungsgesetz) zu.

§ 81c StPO [Untersuchung anderer Personen]
(1) Andere Personen als Beschuldigte dürfen, wenn sie als Zeugen in Betracht kommen, ohne ihre Einwilligung nur untersucht werden, soweit zur Erforschung der Wahrheit festgestellt werden muss, ob sich an ihrem Körper eine bestimmte Spur oder Folge einer Straftat befindet.
(2) Bei anderen Personen als Beschuldigten sind Untersuchungen zur Feststellung der Abstammung und die Entnahme von Blutproben ohne Einwilligung des zu Untersuchenden zulässig, wenn kein Nachteil für seine Gesundheit zu befürchten und die Maßnahme zur Erforschung der Wahrheit unerlässlich ist. Die Untersuchungen und die Entnahme von Blutproben dürfen stets nur von einem Arzt vorgenommen werden.

Darüber hinaus gibt es zum Schutz verletzter Personen weitere Regelungen in der Strafprozessordnung:

§ 81d StPO [Durchführung körperlicher Untersuchungen durch Personen gleichen Geschlechts]
(1) Kann die körperliche Untersuchung das Schamgefühl verletzen, so wird sie von einer Person gleichen Geschlechts oder von einer Ärztin oder einem Arzt vorgenommen. Bei berechtigtem Interesse soll dem Wunsch, die Untersuchung einer Person oder einem Arzt bestimmten Geschlechts zu übertragen, entsprochen werden. Auf Verlangen der betroffenen Person soll eine Person des Vertrauens zugelassen werden. Die betroffene Person ist auf die Regelungen der Sätze 2 und 3 hinzuweisen.
(2) Diese Vorschrift gilt auch dann, wenn die betroffene Person in die Untersuchung einwilligt.

27.2 Vorgaben in den Richtlinien für das Straf- und Bußgeldverfahren (RiStBV)

Da die Frage der Beweissicherung für ein mögliches Strafverfahren häufig im Vordergrund steht, fühlen sich betroffene Menschen bzw. Gewaltopfer gelegentlich als bloßes Objekt der Beweissicherung. Diese durchaus nicht unbegründete Sichtweise hat dazu geführt, dass in den „Richtlinien für das Strafverfahren und das Bußgeldverfahren (RiStBV)" Vorgaben zum Umgang mit verletzten Menschen, insbesondere nach Sexualstraftaten, formuliert wurden, wenn es unumgänglich ist, Vernehmungen durchzuführen, Verletzungen festzustellen und Spuren zu sichern. Dazu zählen insbesondere die

- Nr. 19 RiStBV [Vernehmung von Kindern und Jugendlichen]
- Nr. 19a RiStBV [Vernehmung des Verletzten als Zeuge]
- Nr. 221 RiStBV [Beschleunigung in Verfahren mit kindlichen Opfern]
- Nr. 222 RiStBV [Vernehmung von Kindern, Ausschluss und Beschränkung der Öffentlichkeit]

In den Richtlinien für das Straf- und Bußgeldverfahren finden sich für die Ermittlungsbehörden weitere Vorgaben zum Umgang mit Personen im Zusammenhang mit einer (möglichen) Straftat. Dies betrifft die Information des Verletzten über die Möglichkeit eines Entschädigungsverfahrens (Nr. 173). Gerade bei Opfern von Sexualstraftaten wird eine besondere Rücksichtnahme verlangt. So lautet Nr. 220 RiStBV:

220. Rücksichtnahme auf Verletzte
(1) Die Anordnung und Durchführung der körperlichen Untersuchung erfordern Behutsamkeit, Einfühlungsvermögen sowie hinreichende Betreuung und Information. Die Durchführung der körperlichen Untersuchung sollte mit Rücksicht auf das Schamgefühl des Opfers möglichst einer Person gleichen Geschlechts oder einer ärztlichen Kraft (§ 81d StPO) übertragen werden. Bei berechtigtem Interesse soll dem Wunsch, die Untersuchung einer Person oder einem Arzt bestimmten Geschlechts zu übertragen, entsprochen werden. Auf Verlangen der betroffenen Person soll eine Person des Vertrauens zugelassen werden. Auf die beiden vorgenannten Regelungen ist die betroffene Person hinzuweisen.
(2) Lichtbilder von Verletzten, die sie ganz oder teilweise unbekleidet zeigen, sind in einem verschlossenen Umschlag oder gesondert geheftet zu den Akten zu nehmen und bei der Gewährung von Akteneinsicht – soweit sie nicht für die verletzte Person selbst erfolgt – vorübergehend aus den Akten zu entfernen. Der Verteidigung ist insoweit Akteneinsicht auf der Geschäftsstelle zu gewähren (§ 147 Abs. 4 S. 1 StPO).

Gesetz zum zivilrechtlichen Schutz vor Gewalttaten und Nachstellungen (Gewaltschutzgesetz – GewSchG) i.d.F. vom 01.03.2017

C. G. Birngruber, G. Lasczkowski, R. B. Dettmeyer, *Forensische Verletzungskunde*,
https://doi.org/10.1007/978-3-642-54279-4_28

Besonders bedeutsam sind die im Gewaltschutzgesetz vorgesehenen Regelungen zum Schutz einer Person bei drohender oder stattgehabter Gewalt. Dazu heißt es in § 1 GewSchG:

> **§ 1 [Gerichtliche Maßnahmen zum Schutz vor Gewalt und Nachstellungen]**
> (1) Hat eine Person vorsätzlich den Körper, die Gesundheit oder die Freiheit einer anderen Person widerrechtlich verletzt, hat das Gericht auf Antrag der verletzten Person die zur Abwendung weiterer Verletzungen erforderlichen Maßnahmen zu treffen. Die Anordnungen sollen befristet werden; die Frist kann verlängert werden. Das Gericht kann insbesondere anordnen, dass der Täter es unterlässt,
> 1. die Wohnung der verletzten Person zu betreten,
> 2. sich in einem bestimmten Umkreis der Wohnung der verletzten Person aufzuhalten,
> 3. zu bestimmende andere Orte aufzusuchen, an denen sich die verletzte Person regelmäßig aufhält,
> 4. Verbindung zur verletzten Person, auch unter Verwendung von Fernkommunikationsmitteln, aufzunehmen,
> 5. Zusammentreffen mit der verletzten Person herbeizuführen, soweit dies nicht zur Wahrnehmung berechtigter Interessen erforderlich ist.
> (2) Absatz 1 gilt entsprechend, wenn
> 1. eine Person einer anderen mit einer Verletzung des Lebens, des Körpers, der Gesundheit oder der Freiheit widerrechtlich gedroht hat oder
> 2. eine Person widerrechtlich und vorsätzlich
> a) in die Wohnung einer anderen Person oder deren befriedetes Besitztum eindringt oder
> b) eine andere Person dadurch unzumutbar belästigt, dass sie ihr gegen den ausdrücklich erklärten Willen wiederholt nachstellt oder sie unter Verwendung von Fernkommunikationsmitteln verfolgt.
> Im Falle des Satzes 1 Nr. 2 Buchstabe b liegt eine unzumutbare Belästigung nicht vor, wenn die Handlung der Wahrnehmung berechtigter Interessen dient.
> (3) In den Fällen des Absatzes 1 Satz 1 oder des Absatzes 2 kann das Gericht die Maßnahmen nach Absatz 1 auch dann anordnen, wenn eine Person die Tat in einem die freie Willensbestimmung ausschließenden Zustand krankhafter Störung der Geistestätigkeit begangen hat, in den sie sich durch geistige Getränke oder ähnliche Mittel vorübergehend versetzt hat.

Weitere Regelungen betreffen u. a. die Überlassung der gemeinsam genutzten Wohnung an die verletzte bzw. bedrohte Person.

Schutz alter Menschen vor Gewalt – Gesetzliche Regelungen

C. G. Birngruber, G. Lasczkowski, R. B. Dettmeyer, *Forensische Verletzungskunde*,
https://doi.org/10.1007/978-3-642-54279-4_29

Bereits im Jahre 1974 wurde ein Heimgesetz (vom 7. August 1974, BGBl. I, S. 1873) verabschiedet, wo es in § 2 HeimG heißt:

> Zweck dieses Gesetzes ist es sicherzustellen, dass in den Einrichtungen der in § 1 genannten Art das leibliche, geistige und seelische Wohl der Bewohner gewährleistet ist und dass zwischen dem Entgelt und der Leistung der Einrichtung kein auffälliges Missverhältnis besteht.

Das Gesetz wurde inzwischen mehrfach weiterentwickelt. Neben den für alle Menschen geltenden Schutzgesetzen haben jedoch nur wenige Bundesländer in der Bundesrepublik Deutschland ein eigenes Schutzgesetz für alte Menschen verabschiedet.

Beispielhaft sei verwiesen auf das Hessische Gesetz über Betreuungs- und Pflegeleistungen (HGBP) vom 07. März 2012. In § 1 Abs. 1 Nr. 1, 2 und 5 HGBP heißt es:

> (1) Ziel des Gesetzes ist es, ältere betreuungsbedürftige Menschen, pflegebedürftige volljährige Menschen und volljährige Menschen mit Behinderung (Betreuungs- und Pflegebedürftige)
> 1. in ihrer Würde zu schützen und zu achten
> 2. vor Beeinträchtigungen ihrer körperlichen und seelischen Gesundheit zu bewahren
> 3. …
> 4. …
> 5. ihr Recht auf gewaltfreie Pflege und Intimsphäre zu schützen.

Das hessische Gesetz gilt für die entgeltliche Übernahme von Betreuungs- und Pflegeleistungen. Personen, die im Haushalt der bedürftigen Person leben und dort Betreuungs- und Pflegeleistungen erbringen, sind ebenfalls einbezogen.

Zusätzlich enthält das HGBP eine Vorgabe zur Dokumentation freiheitsentziehender Maßnahmen in § 5 HGBP:

> Gerichtlich genehmigte freiheitsentziehende Maßnahmen sind auf das notwendige Maß zu beschränken und unter Angabe der Genehmigung und der oder des für die Anordnung der Maßnahme Verantwortlichen zu dokumentieren.

Adressaten dieser Regelung, also die Betreiberinnen und Betreiber von Betreuungs- und Pflegeeinrichtungen, sind

> … nach § 2 Abs. 1 Nr. 1 und 2 … verpflichtet, auch gegenüber ihren Beschäftigten Maßnahmen zu treffen, um für eine gewaltfreie und menschenwürdige Pflege der Betreuungs- und Pflegebedürftigen Sorge zu tragen. Insbesondere sind Vorkehrungen zum Schutz vor körperlichen und seelischen Verletzungen und Bestrafungen sowie anderen entwürdigenden Maßnahmen zu treffen.

Das HGBP sieht weitergehend Prüfungen der Institutionen vor (§ 16 HGBP) und die beauftragten Prüfpersonen sollen u. a.

> … bei Pflegebedürftigen mit deren Zustimmung den Pflegezustand in Augenschein nehmen (§ 16 Abs. 7 Nr. 5 HGBP).

Auch das Recht auf vertrauliche Gespräche ohne Dritte ist im Gesetz verankert. Verstöße gegen das Gesetz werden als Ordnungswidrigkeit mit einer Geldbuße geahndet. Während in öffentlichen Einrichtungen lebende pflegebedürftige Menschen durch Gesetze und Kontrolle vor Gewalt in der Pflege geschützt werden können, ist die Situation bei der häuslichen Pflege durch Angehörige kaum kontrollierbar, vor allem, wenn ein externer Pflegedienst nicht involviert ist.

Rechtliche Möglichkeiten eines Gewaltopfers in Verfahren nach der Tat

C. G. Birngruber, G. Lasczkowski, R. B. Dettmeyer, *Forensische Verletzungskunde*,
https://doi.org/10.1007/978-3-642-54279-4_30

Kommt es als Folge eines Strafantrages des Gewaltopfers oder weil die Staatsanwaltschaft das öffentliche Interesse an einer Strafverfolgung bejaht hat, zu einem formellen Verfahren gegen den oder die mutmaßlichen Täter/innen, so gibt das geltende Recht dem Gewaltopfer eine Reihe von Optionen:

Strafantragstellung bei Körperverletzungsdelikten Diese werden nur auf Antrag der verletzten Person von Polizei und Staatsanwaltschaft verfolgt, es sei denn, die Staatsanwaltschaft bejaht im Einzelfall das besondere öffentliche Interesse an der Strafverfolgung, was bei schwereren Körperverletzungen und Wiederholungsfällen immer der Fall sein dürfte.

Bestellen eines „Opferanwalts“ Dem Gewaltopfer kann, ggf. kostenfrei, ein sog. Opferanwalt zur Wahrnehmung seiner Interessen gestellt werden, dies bei schwereren Delikten – § 397a Abs. 1 StPO. Der „Opferanwalt“ wurde bereits 1986 durch das Opferschutzgesetz eingeführt.

Privatklageverfahren Das Gewaltopfer kann im Wege der Privatklage seine Interessen vor Gericht durchsetzen (nicht gegen jugendliche Straftäter).

Nebenklage Das Gewaltopfer tritt dem Strafverfahren gegen den Täter als Nebenkläger/in bei, mit einer Reihe von prozessualen Rechten.

Ärztliche Atteste Das Gewaltopfer kann ärztliche Atteste und sonstige Berichte über erlittene physische und psychische Traumata zur Verfügung stellen, es hat ein umfassendes Einsichtsrecht in die eigenen Krankenunterlagen und das Recht auf Kopien der Krankenunterlagen.

Akteneinsichtsrecht Über einen eigenen Anwalt oder den „Opferanwalt“ kann vor Eröffnung der Hauptverhandlung Einsicht in die Akten des Strafverfahrens genommen werden.

Anwesenheitsrecht Das Gewaltopfer hat als Nebenkläger/in ein Recht auf Anwesenheit in der Hauptverhandlung.

Abgabe von Erklärungen Über den eigenen Anwalt oder den „Opferanwalt“ können vor und während der Hauptverhandlung Erklärungen abgegeben werden, dem Opfer steht ein Fragerecht zu und das Recht, Beweisanträge zu stellen.

Ablehnungsanträge Das Gewaltopfer darf Ablehnungsanträge gegen Richter und Sachverständige stellen, es darf gegen Anordnungen des Gerichtes protestieren und diesen Protest protokollieren lassen.

Entbindung von der Schweigepflicht Nach Befreiung von der ärztlichen Schweigepflicht können Gewaltopfer die Ladung von Ärztinnen und Ärzten als sog. sachverständige Zeugen anregen.

Rechtsmedizinische Sachverständige Gegebenenfalls kann ein Gewaltopfer die Ladung einer/s (bestimmten) rechtsmedizinischen Sachverständigen beantragen zur Beurteilung von Verletzungen bzw. Verletzungsmustern und deren Korrelation mit einem behaupteten Tatgeschehen.

Schadensersatzanspruch und Schmerzensgeld Im Wege des sog. Adhäsionsverfahrens, §§ 403 bis 406c StPO, können bereits im Strafverfahren Schadensersatzansprüche und Schmerzensgeldansprüche geltend gemacht werden, § 406 Abs. 3 StPO.

Rechtsmittel gegen Gerichtsentscheidungen Das Gewaltopfer bzw. sein Anwalt kann Rechtsmittel gegen eine Entscheidung bzw. ein Gerichtsurteil einlegen, § 401 Abs. 1 StPO.

Darüber hinaus stehen dem Opfer einer Straftat für eine dadurch erlittene gesundheitliche Beeinträchtigung Leistungen nach dem Opferentschädigungsgesetz (OEG) zu. Voraussetzung für die Inanspruchnahme von Leistungen wird aber im Regelfall eine Strafanzeige sein. Die Leistungen nach dem OEG umfassen auf Antrag eine Heilbehandlung, die Rehabilitation, aber auch Renten- und Fürsorgeleistungen.

Genitale Beschneidung und genitale Verstümmelung

C. G. Birngruber, G. Lasczkowski, R. B. Dettmeyer, *Forensische Verletzungskunde*,
https://doi.org/10.1007/978-3-642-54279-4_31

Die „Beschneidung" bei Jungen und Mädchen wird u. a. wegen der unterschiedlichen Eingriffsintensität aus medizinischer Sicht im Regelfall nicht als vergleichbar angesehen. Bei Mädchen wird in einem erheblichen Teil des Schrifttums der Ausdruck „Genitalverstümmelung" gewählt. Die Genitalverstümmelung bei Mädchen bzw. Frauen ist eine Straftat gemäß § 226a StGB:

§ 226a [Verstümmelung weiblicher Genitalien]
(1) Wer die äußeren Genitalien einer weiblichen Person verstümmelt, wird mit Freiheitsstrafe nicht unter einem Jahr bestraft.
(2) In minder schweren Fällen ist auf Freiheitsstrafe von sechs Monaten bis zu fünf Jahren zu erkennen.

Die Beschneidung bei Jungen hat der Gesetzgeber hingegen nicht im Strafrecht, sondern im Zivilrecht aufgegriffen und dort folgende Regelung beschlossen:

§ 1631d [Beschneidung des männlichen Kindes]
(1) Die Personensorge umfasst auch das Recht, in eine medizinisch nicht erforderliche Beschneidung des nicht einsichts- und urteilsfähigen männlichen Kindes einzuwilligen, wenn diese nach den Regeln der ärztlichen Kunst durchgeführt werden soll. Dies gilt nicht, wenn durch die Beschneidung auch unter Berücksichtigung ihres Zwecks das Kindeswohl gefährdet wird.
(2) In den ersten sechs Monaten nach der Geburt des Kindes dürfen auch von einer Religionsgesellschaft dazu vorgesehene Personen Beschneidungen gemäß Absatz 1 durchführen, wenn sie dafür besonders ausgebildet und, ohne Arzt zu sein, für die Durchführung der Beschneidung vergleichbar befähigt sind.

Serviceteil

C. G. Birngruber, G. Lasczkowski, R. B. Dettmeyer, *Forensische Verletzungskunde*,
https://doi.org/10.1007/978-3-642-54279-4

Anhang

Im nachfolgenden Anhang sind, neben einem kurzen Glossar (◘ Tab. A.1), exemplarisch mittlerweile vielfach genutzte Zeichnungen bzw. Körperschemata abgebildet, in die Lokalisationen und Arten von Verletzungen dokumentiert werden können. Dabei können je nach Alter der Patientin/des Patienten unterschiedliche Schemata verwendet werden für Kinder und für Erwachsene. Neben Ganzkörperschemata gibt es Schemata einzelner Körperregionen für extragenitale Verletzungen und solche für die Anogenitalregion.

Zur Orientierung finden sich die im Rahmen des vom Hessischen Ministerium für Soziales geförderten Projektes „Forensisches Konsil Gießen (FoKoGi)" verwendeten Schemata und Formulare.

◘ **Tab. A.1** Glossar deutsch–englisch

Arm	arm
Auge	eye
Augenbraue	eyebrow
Augenlid	eyelid
Bauch	abdomen
Bein	leg
Beugeseite	flexor side
Bissverletzung	bite mark
Blase	blister
blaues Auge	black eye
Brandwunde	burn
Brust	breast
Brust(-korb)	chest
Brustwarze	nipple
Décollement	avulsion
Dehnungsriss	stretch laceration
doppelstreifig	tram-line
doppelstreifige Hämatome	tramline bruises
eckiger Wundwinkel	square corner
Finger	finger
Fingernagel	fingernail
Fraktur	fracture
Fuß	foot
Fußrücken	back of the foot
Fußsohle	sole of foot
geformt (i. S. einer „Marke")	patterned
geformte Schürfung	patterned abrasion
Gesäß	buttocks (pl.)
Gesicht	face
Hals	neck, throat

◘ **Tab. A.1** (*Fortsetzung*)

Hämatom	hematoma, bruise
Hand	hand
Handfläche	palm
Handrücken	back of the hand
Hutkrempe	hat brim
Kinn	chin
Kopf	head
Mund	mouth
Nabel	navel
Nacken	neck
Nase	nose
neben	next to
Oberarm	upper arm
oberhalb	above
Oberlippe	upper lip
Oberschenkel	thigh
Penis	penis
Prellung	contusion
Quetsch-Riss-Wunde	laceration
Rücken	back
Schamhügel	pubic eminence, mons pubis
Schamlippen	labia
Schnittverletzung	incised wound
Schulter	shoulder
Schürfung	abrasion
Schwellung	swelling
Skrotum	scrotum
spitzer Wundwinkel	sharp corner
Stichverletzung	stab wound
Stirn	forehead

Tab. A.1 (*Fortsetzung*)	
Streckseite	extensor side
Strommarke	electric mark
Unterarm	forearm
unterhalb	below
Unterlippe	lower lip
Unterschenkel	lower leg
Wange	cheek
Wundrand	wound edge
Wundwinkel	wound corner
Y-förmig	y-shaped
Zahn	tooth
Zeh	toe

Dokumentationsbögen A–E

A – für Patient/in	B – für Krankenakte	C – für Rechtsmedizin Gießen	**A**
D – für Rechtsmedizin Gießen	E – für Rechtsmedizin Gießen		

Information – für die Patientin / den Patienten

Für die Patientin / den Patienten:	Ausgehändigt von Partnerambulanz:
Patientenetikett	Stempel Klinik / Krankenhaus / Abteilung

Ich habe heute, am ...., die o.g. Klinik / das o.g. Krankenhaus aufgesucht.

Ich möchte mich auf Verletzungen untersuchen lassen, bin aber derzeit nicht bereit, eine Anzeige bei der Polizei zu erstatten.

Die bei der Untersuchung gesicherten Spuren und Befunde dürfen an das Institut für Rechtsmedizin, Frankfurter Straße 58, 35392 Gießen, übermittelt werden. Dort werden die Spuren und die Befunddokumentation vertraulich für die Dauer von einem Jahr aufbewahrt.

Sollte ich innerhalb dieser Zeit keine Anzeige bei der Polizei erstatten, wird das Spurenmaterial vernichtet. Sollte ich innerhalb dieser Zeit Anzeige bei der Polizei erstatten, dann darf das Spurenmaterial auf Veranlassung der Polizei / Staatsanwaltschaft untersucht werden.

Mir ist bekannt, dass im Falle einer Straftat die Beweisführung erschwert sein kann, wenn das Spurenmaterial vernichtet wurde. Ich bin jedoch nach Fristablauf mit der Vernichtung einverstanden. Ich weiß, dass ich schriftlich im Institut für Rechtsmedizin um eine Fristverlängerung bitten kann.

Für die mich in der o.g. Klinik / dem o.g. Krankenhaus behandelnden Ärzte und die Mitarbeiter im Institut für Rechtsmedizin gilt die Schweigepflicht. Ohne mein Einverständnis dürfen keine Informationen, insbesondere nicht an die Polizei, weitergegeben werden. Einer anonymisierten Auswertung der Befunddokumentation stimme ich zu.

....	....
Ort, Datum	Unterschrift der Patientin / des Patienten

HESSEN

Das Projekt „Forensisches Konsil Gießen (FoKoGi)" am Institut für Rechtsmedizin Gießen wird wissenschaftlich begleitet und gefördert vom Hessischen Ministerium für Soziales und Integration.

kontakt@fokogi.de · Forensisches Konsil Gießen · Institut für Rechtsmedizin Gießen · Frankfurter Str. 58 · 35392 Gießen

FoKoGi

Dokument A – Seite 1 von 1 – Stand: 04/2018

A – für Patient/in	**B – für Krankenakte**	C – für Rechtsmedizin Gießen	**B**
D – für Rechtsmedizin Gießen	E – für Rechtsmedizin Gießen		

Information – für die Krankenakte

Für die Krankenakte von:	Untersuchung in Partnerambulanz:
Patientenetikett	Stempel Klinik / Krankenhaus / Abteilung

Ich habe heute, am ...., die o.g. Klinik / das o.g. Krankenhaus aufgesucht.

Ich möchte mich auf Verletzungen untersuchen lassen, bin aber derzeit nicht bereit, eine Anzeige bei der Polizei zu erstatten.

Die bei der Untersuchung gesicherten Spuren und Befunde dürfen an das Institut für Rechtsmedizin, Frankfurter Straße 58, 35392 Gießen, übermittelt werden. Dort werden die Spuren und die Befunddokumentation für die Dauer von einem Jahr vertraulich aufbewahrt.

Sollte ich innerhalb dieser Zeit keine Anzeige bei der Polizei erstatten, wird das Spurenmaterial vernichtet. Sollte ich innerhalb dieser Zeit Anzeige bei der Polizei erstatten, dann darf das Spurenmaterial auf Veranlassung der Polizei / Staatsanwaltschaft untersucht werden.

Mir ist bekannt, dass im Falle einer Straftat die Beweisführung erschwert sein kann, wenn das Spurenmaterial vernichtet wurde. Ich bin jedoch nach Fristablauf mit der Vernichtung einverstanden. Ich weiß, dass ich schriftlich im Institut für Rechtsmedizin um eine Fristverlängerung bitten kann.

Für die mich in der o.g. Klinik / dem o.g. Krankenhaus behandelnden Ärzte und die Mitarbeiter im Institut für Rechtsmedizin gilt die Schweigepflicht. Ohne mein Einverständnis dürfen keine Informationen, insbesondere nicht an die Polizei, weitergegeben werden. Einer anonymisierten Auswertung der Unterlagen stimme ich zu.

....	....
Ort, Datum	Unterschrift der Patientin / des Patienten

HESSEN

Das Projekt „Forensisches Konsil Gießen (FoKoGi)" am Institut für Rechtsmedizin Gießen wird wissenschaftlich begleitet und gefördert vom Hessischen Ministerium für Soziales und Integration.

kontakt@fokogi.de · Forensisches Konsil Gießen · Institut für Rechtsmedizin Gießen · Frankfurter Str. 58 · 35392 Gießen

FoKoGi

Dokument B – Seite 1 von 1 – Stand: 04/2018

A – für Patient/in | B – für Krankenakte | **C – für Rechtsmedizin Gießen** | **C**

D – für Rechtsmedizin Gießen | E – für Rechtsmedizin Gießen

Information – an das Institut für Rechtsmedizin Gießen

An:

Forensisches Konsil Gießen - FoKoGi
Institut für Rechtsmedizin
Frankfurter Straße 58
35392 Gießen

Untersuchung in Partnerambulanz:

Stempel Klinik / Krankenhaus / Abteilung

Die Untersuchung und Befunddokumentation fand in der o.g. Partnerambulanz auf Wunsch der / des Betroffenen statt.
Die Untersuchung erfolgte am ....

Patientenetikett

Die/der Untersuchte hat weder die ärztlichen Unter suchungspersonen und deren Mitarbeiter/innen, noch die Mitarbeiter/innen des Instituts für Rechtsmedizin bisher von der Schweigepflicht entbunden.

Die untersuchte Person hat einer Weitergabe von Spurenmaterial / der Befunddokumentation an das Institut für Rechtsmedizin, Frankfurter Straße 58, 35392 Gießen, zugestimmt. Die untersuchte Person hat die Erklärung über die Aufbewahrung des Materials und die Vernichtung nach 1 Jahr zur Kenntnis genommen und unterschrieben. Eine Kopie der Erklärung wurde ausgehändigt.

Für das Institut für Rechtsmedizin Gießen wird im Falle einer Anzeige der untersuchten Person bzw. der Sorgeberechtigten folgender Ansprechpartner (untersuchende/r Ärztin/Arzt) mitgeteilt:

Nachname, Vorname: ....

Abteilung in o.g. Klinik / Krankenhaus: ....

Telefon dienstlich: ....

Email dienstlich: ....

....
Ort, Datum Unterschrift

HESSEN

Das Projekt „Forensisches Konsil Gießen (FoKoGi)" am Institut für Rechtsmedizin Gießen wird wissenschaftlich begleitet und gefördert vom Hessischen Ministerium für Soziales und Integration.
kontakt@fokogi.de · Forensisches Konsil Gießen · Institut für Rechtsmedizin Gießen · Frankfurter Str. 58 · 35392 Gießen

FoKoGi

Dokument C – Seite 1 von 1 – Stand 04/2018

A – für Patient/in	B – für Krankenakte	C – für Rechtsmedizin Gießen	D
D – für Rechtsmedizin Gießen	E – für Rechtsmedizin Gießen		

Stempel des Krankenhauses/ der Abteilung

Die Dokumentation erfolgt ohne Strafanzeige und setzt das ausdrückliche Einverständnis des Patienten voraus. Sie wird zusammen mit der Lichtbilddokumentation vertraulich im Institut für Rechtsmedizin Gießen verwahrt und kann für den Fall einer polizeilichen Anzeige dort angefordert werden.

Patientendaten

Name:

Vorname:

geb. am: ☐ männlich ☐ weiblich

Wohnort:

Ggf. Patientenetikett

Körpergröße: Körpergewicht: ☐ Rechtshänder/in ☐ Linkshänder/in

Angaben zur Untersuchung

Untersucher/in: Untersuchung im Beisein von:

Untersuchungsdatum: Untersuchungsbeginn: Untersuchungsende:

Angaben zum Vorfall

Mitgeteilte Gewaltbeibringung durch: ☐ keine Angabe

☐ Partner/in ☐ Verwandte/n ☐ Bekannte/n ☐ Unbekannte/n ☐ ____________________

Mitgeteilter Geschehensablauf, der zu Verletzungen geführt haben soll (kurze Schilderung) – Was? Wann? Wo?

Ggf. mitgeteilte Angaben zu Tatwerkzeug/en:

HESSEN

Das Projekt „Forensisches Konsil Gießen (FoKoGi)" am Institut für Rechtsmedizin Gießen wird wissenschaftlich begleitet und gefördert vom Hessischen Ministerium für Soziales und Integration.
kontakt@fokogi.de · Forensisches Konsil Gießen · Institut für Rechtsmedizin Gießen · Frankfurter Str. 58 · 35392 Gießen

FoKoGi

Dokument D – Seite 1 von 2 – Stand 04/2018

Verletzungsdokumentation

Nummern aus der Tabelle (1. Spalte) in Körperschema einzeichnen, Art der Verletzung (folgende Spalten) und Aussehen der Verletzung (letzte Spalte) in der jeweiligen Zeile dokumentieren. An „Bagatellverletzungen" denken. Ggf. Rückseite verwenden.

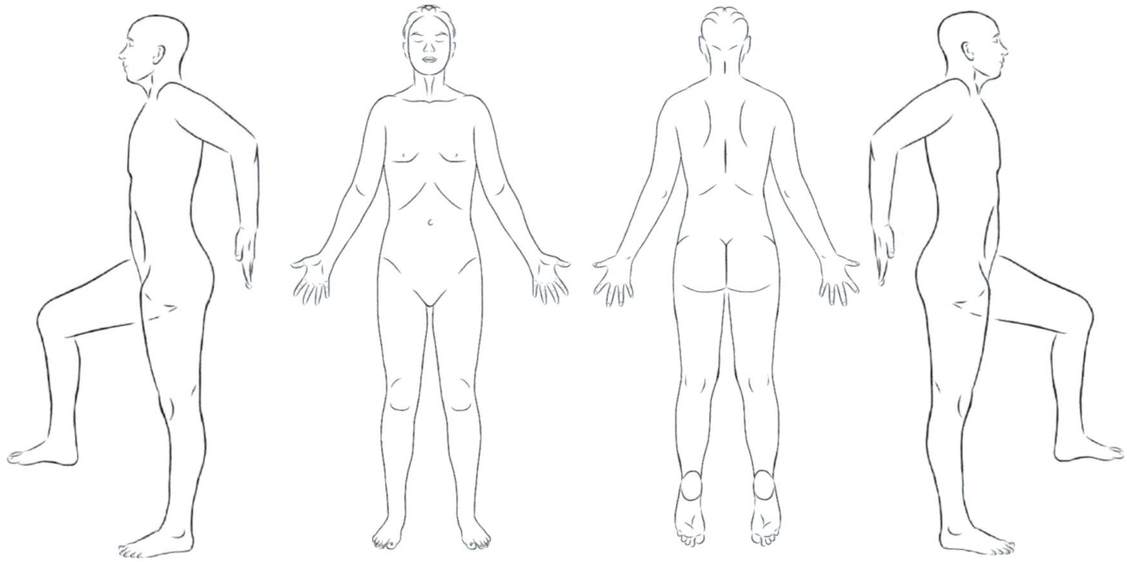

Nr.	Haut-rötung	Hämatom	Kratzer/ Schürfung	Quetsch-/ Risswunde	Schnitt/ Stich	Fraktur	Schuss	Farbe/ Maße / Beschreibung
1	☐	☐	☐	☐	☐	☐	☐	
2	☐	☐	☐	☐	☐	☐	☐	
3	☐	☐	☐	☐	☐	☐	☐	
4	☐	☐	☐	☐	☐	☐	☐	
5	☐	☐	☐	☐	☐	☐	☐	
6	☐	☐	☐	☐	☐	☐	☐	
7	☐	☐	☐	☐	☐	☐	☐	
8	☐	☐	☐	☐	☐	☐	☐	
9	☐	☐	☐	☐	☐	☐	☐	
10	☐	☐	☐	☐	☐	☐	☐	

Erfolgte eine Fotodokumentation der Verletzungen? ☐ ja ☐ nein

Bei komprimierender Gewalt gegen den Hals

Bewusstlosigkeit ☐ ja ☐ nein

Stuhl-/Urinabgang ☐ ja ☐ nein

Heiserkeit ☐ ja ☐ nein

Schluckbeschwerden ☐ ja ☐ nein

Halsschmerzen ☐ ja ☐ nein

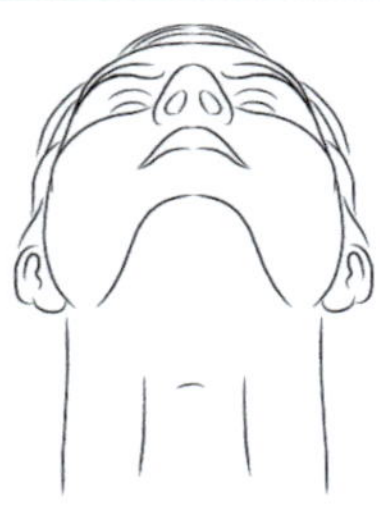

Petechien vorhanden?

Augenlider ☐ ja ☐ nein

Konjunktiven ☐ ja ☐ nein

Mundschleimhaut ☐ ja ☐ nein

Gesichtshaut ☐ ja ☐ nein

Hinter den Ohren ☐ ja ☐ nein

A – für Patient/in | B – für Krankenakte | C – für Rechtsmedizin Gießen

D – für Rechtsmedizin Gießen | **E – für Rechtsmedizin Gießen**

E

Speicher mit Lichtbilddokumentation – an das Institut für Rechtsmedizin Gießen

An:

Forensisches Konsil Gießen - FoKoGi
Institut für Rechtsmedizin
Frankfurter Straße 58
35392 Gießen

Untersuchung in Partnerambulanz:

Stempel Klinik / Krankenhaus / Abteilung

Der Datenträger mit den im Rahmen der Untersuchung / Befunddokumentation gefertigten Lichtbildern bitte zusammen mit den anderen, für das Institut für Rechtsmedizin bestimmten Dokumenten, übermitteln.

Patientenetikett

Datenträger

bitte hier befestigen,
z. B. mit Tesafilm fixieren.

HESSEN

Das Projekt „Forensisches Konsil Gießen (FoKoGi)" am Institut für Rechtsmedizin Gießen wird wissenschaftlich begleitet und gefördert vom Hessischen Ministerium für Soziales und Integration.
kontakt@fokogi.de · Forensisches Konsil Gießen · Institut für Rechtsmedizin Gießen · Frankfurter Str. 58 · 35392 Gießen

FoKoGi

Dokument E – Seite 1 von 1 – Stand 04/2018

Ausgewählte aktuellere Literatur

Alle gängigen deutsch- und englischsprachigen Lehrbücher, Fachbücher und Handbücher der Rechtsmedizin enthalten unterschiedlich ausführliche Kapitel zur „Klinischen Rechtsmedizin", die sich mit der rechtsmedizinischen Untersuchung lebender, verletzter bzw. gewaltbetroffener Menschen befasst. Darüber hinaus gibt es Monographien und spezielle Literatur v. a. zum Thema Kindesmisshandlung und zur Forensischen Zahnmedizin.

Aboutara M, Püschel K, Wulff B (2015) Kommunikative Kompetenz von Ärzten in deutschen Instituten für Rechtsmedizin. Selbsteinschätzung bei Kontakten mit Angehörigen von Verstorbenen und mit Gewaltopfern in Klinischer Rechtsmedizin. Rechtsmedizin 25:139–144

Adams JA et al (1994) Excamination findings in legally confirmed child sexual abuse: It's normal to be normal. Pediatr Electron Pages 94:310–317

Andersson D (2018) Häusliche Gewalt. Aktuelle Entwicklung und künftige Herausforderungen in Mecklenburg-Vorpommern. Kriminalistik (3):191–195

Anderst J, Kellog N, Jung I (2009) Reports of repetitive penile-genital penetration often have no definitive evidence of penetration. Pediatr Electron Pages 124:e403–e409

AWMF-Leitlinien-Register Nr. 71/003: Kindesmisshandlung und Vernachlässigung. Leitlinie der Deutschen Gesellschaft für Sozialpädiatrie und Jugendmedizin, übernommen von der Dt. Ges. F. Kinderheilkunde und Jugendmedizin und der Dt. Ges. f. Kinderchirurgie

Banaschak S (2004) Sexueller Missbrauch von Kindern. In: Brinkmann B, Madea B (Hrsg) Handbuch gerichtliche Medizin, Bd. 1. Springer, Heidelberg, Berlin, New York, S 1239–1266 (Kapitel 29)

Banaschak S, Gerlach K, Seifert D, Bockholdt B, Graß H (2011) Forensisch-medizinische Untersuchung von Gewaltopfern. Empfehlungen der Deutschen Gesellschaft für Rechtsmedizin auf der Grundlage der Empfehlungen der Schweizer Gesellschaft für Rechtsmedizin. Rechtsmedizin 21:483–488

Banaschak S, Gerlach K, Seifert D, Bockholdt B, Graß H (2014) Forensisch-medizinische Untersuchung von Gewaltopfern. Empfehlungen der Deutschen Gesellschaft für Rechtsmedizin 2014. Rechtsmedizin 24:405–411

BKA (2017) Bericht zur Polizeiliche Kriminalstatistik 2017. https://www.bka.de/SharedDocs/Downloads/DE/Publikationen/PolizeilicheKriminalstatistik/2017/pks2017ImkBericht.html

BKA (2017) Partnerschaftsgewalt – Kriminalistische Auswertung – Berichtsjahr 2017. https://www.bka.de/SharedDocs/Downloads/DE/Publikationen/JahresberichteUndLagebilder/Partnerschaftsgewalt/Partnerschaftsgewalt_2017.html?nn=63476

Le Blanc-Lourvry I, Gricourt C, Touré E, Papin F, Proust B (2012) A brain penetration after Taser injury: controversies regarding Taser gun safety. Forensic Sci Int 221:e7–e11

Bonte W (1983) Self-Mutilation and private accident insurance. J Forensic Sci 28:70–82

Brettel HF (1986) Ersticken infolge von Strangulation. In: Forster B (Hrsg) Praxis der Rechtsmedizin. Thieme, Stuttgart, New York, S 124–136

Brinkmann B (2004) Ersticken. In: Brinkmann B, Madea B (Hrsg) Handbuch gerichtliche Medizin, Bd. 1. Springer, Heidelberg New York, S 699–796 (unter Mitarbeit von Bone HG, Booke M, du Chesne A, Maxeiner H)

Brinkmann B, Banaschak S (1998) Verbrühungen bei einem Kleinkind. Unfall oder Misshandlung? Monatsschr Kinderheilkd 146:1186–1191

Burgheim J, Friese H (2010) Sexuelle Gewalt von Kindern. Kriminalistik (8):484–494

Claßen S (2014) Sexueller Missbrauch von Kindern durch Frauen. Kriminalistik (3):139–144

Debertin AS (2015) Klinische Rechtsmedizin – Beweissicherung bei häuslicher Gewalt. In: Dettmeyer RB, Birngruber CB (Hrsg) 50 Jahre Institut für Rechtsmedizin der Justus-Liebig-Universität Gießen. Lehmanns Media, Berlin, S 103–111

Debertin AS, Seifert D, Mützel E (2011) Forensisch-medizinische Untersuchung von Mädchen und Jungen bei Verdacht auf Misshandlung und Missbrauch. Empfehlungen der Arbeitsgemeinschaft Klinische Rechtsmedizin der Deutschen Gesellschaft für Rechtsmedizin. Rechtsmedizin 21:479–482

Dettmeyer R (2013) Folter. Internationale Normen, Institutionen, Formen und Verletzungsbefunde. Rechtsmedizin 23:157–164

Dettmeyer R (2016) Die Rolle des medizinischen Sachverständigen – gesetzliche Vorgaben und Entscheidungen der Rechtsprechung. Teil 1. Rechtsmedizin 26:316–323

Dettmeyer R (2016) Die Rolle des medizinischen Sachverständigen – gesetzliche Vorgaben und Entscheidungen der Rechtsprechung. Teil 2. Rechtsmedizin 26:444–451

Dettmeyer R (2018) Forensic Histopathology, 2nd Edition. Springer, Heidelberg New York, S. 497

Dettmeyer RB, Schütz H, Verhoff MA (2014) Rechtsmedizin, 2. Aufl. Springer, Heidelberg, S 65–68 (Kapitel 5.5 Scharfe und halbscharfe Gewalt)

Dettmeyer RB, Schütz H, Verhoff MA (2014) Rechtsmedizin, 2. Aufl. Springer, Heidelberg, S 69–79 (Kapitel 5.6 Schuss)

Dettmeyer RB, Veit F, Verhoff MA (2019) Rechtsmedizin, 3. Aufl. Springer, Heidelberg Berlin, S 77–84 (Kapitel 5.5 Scharfe und halbscharfe Gewalt)

Dettmeyer RB, Veit F, Verhoff MA (2019) Rechtsmedizin, 3. Aufl. Springer, Heidelberg Berlin, S 84–95 (Kapitel 5.6 Schuss)

Dettmeyer RB, Veit F, Verhoff MA (2019) Rechtsmedizin, 3. Aufl. Springer, Heidelberg Berlin, S 132–138 (Kapitel 7 Klinische Rechtsmedizin – Verletzung Lebender)

Dettmeyer RB, Veit F, Verhoff MA (2019) Rechtsmedizin, 3. Aufl. Springer, Heidelberg Berlin, S 103–107 (Kapitel 5.8 Äußeres und Inneres Ersticken)

Dettmeyer RB, Verhoff MA, Schütz HF (2014) Forensic Medicine. Fundamentals and Perspectives. Springer, New York Heidelberg, S 135–143 (Chapter 9: pointed, sharp, and semi-sharp force trauma)

Dettmeyer RB, Verhoff MA, Schütz HF (2014) Forensic Medicine. Fundamentals and Perspectives. Springer, New York, S 155–170 (Chapter 10: Gunshot and Blast Wounds)

Dettmeyer RB, Verhoff MA, Schütz HF (2014) Forensic Medicine. Fundamentals and Perspectives. Springer, New York, S 227–241 (Chapter 14: Asphyxia)

Dettmeyer RB, Verhoff MA, Schütz HF (2014) Forensic Medicine. Fundamentals and Perspectives. Springer, New York, S 269–282 (Chapter 17: Clinical Forensic Medicine)

Dettmeyer RB, Verhoff MA, Schütz HF (2014) Rechtsmedizin, 2. Aufl. Springer, Heidelberg, S 110–114 (Kapitel 7: Klinische Rechtsmedizin – Verletzung Lebender)

Dettmeyer RB, Verhoff MA (2014) Rechtsmedizin, 2. Aufl. Springer, Heidelberg New York, S 85–89 (Kapitel 5.8 Äußeres und Inneres Ersticken)

Deutsche Akademie für Kinder- und Jugendmedizin e.V. (DAKJ) und Arbeitsgemeinschaft Kinderschutz in der Medizin (AG KiM) (2013) Vorgehen bei Kindesmisshandlung und -vernachlässigung. Empfehlungen für den Kinderschutz an Kliniken (aktualisierte Fassung)

Deutsche Gesellschaft für Gynäkologie, Hessisches Sozialministerium (Hrsg) (2013) Ärztliches Praxishandbuch Gewalt. Verlag S. Kramarz, Berlin

Eisenmenger W (2004) Spitze, scharfe und halbscharfe Gewalt. In: Brinkmann B, Madea B (Hrsg) Handbuch gerichtliche Medizin, Bd. 1. Springer, Berlin Heidelberg New York, S 571–587

Empfehlungen der Deutschen Gesellschaft für Gynäkologie und Geburtshilfe (2013) zum „Umgang mit Patientinnen nach weiblicher Genitalverstümmelung", basierend auf den Empfehlungen der Bundesärztekammer 2006. Dtsch Ärztebl 103(5):A–285

European Council of Legal Medicine. Guidelines examination of living persons. Harmonisation of forensic and medico-legal examination of persons. www.ECLM.org

Fieseler S, Zinka B, Peschel O, Kunz SN (2011) Elektrowaffe Taser®. Funktion, Wirkung, kritische Aspekte. Rechtsmedizin 21:535–540

Föll D, Debus O, Schmitt GM, Harms E, Zimmer KP (2003) Lebensbedrohliche Theophyllin-Intoxikation im Rahmen eines Münchhausen-by-proxy-Syndroms. Klin Pädiatr 215:86–89

Friedman B, Yaffe B, Blankstein A, Rubinstein E, Rieck J (1988) Self-inflicted hand injuries: diagnostic challenge and treatment. Ann Plast Surg 20:3345–3350

Friedrich K, Becker K, Rothschild MA, Banaschak S (2013) Child abuse inflicted by small children. Int J Leg Med 127:627–630

Gahr B, Graß H, Ritz-Timme S, Banaschak S (2012) Klinisch-rechtsmedizinische Kompetenz in der Gewaltopferversorgung. Was leisten Institute für Rechtsmedizin in Deutschland, Österreich und der Schweiz? Rechtsmedizin 22:379–384

Geisenberger D, Pollak S (2013) Wiedergabe eines Sohlenprofils als Positivabdruck. Rechtsmedizin 23:498–500

Germerott T, Bode-Jänisch S, Thali MJ (2012) Ergebnisse körperlicher und gynäkologischer Untersuchungen bei weiblichen Opfern sexueller Gewalt unter besonderer Berücksichtigung des Anzeigeverhaltens. Arch Krim 230:88–98

Glemser PA, Krauskopf A, Simons D, Yen K (2015) Klinisch-forensische Bildgebung. Erfassung und Dokumentation innerer Verletzungsbefunde bei lebenden Gewaltopfern. Rechtsmedizin 25:67–80

Graß H, Berendes L, Mützel E, Preuss R, Ritz-Timme S (2013) „Medizinische Intervention gegen Gewalt an Frauen". Ergebnisse eines Modellprojekts. Rechtsmedizin 23:180–185

Grassberger M, Türk E, Yen K (2013) Klinisch-forensische Medizin, 1. Aufl. Springer, Wien, New-York

Grundel A, Liepe K, Blättner B, Grewe HA (2012) Gewalt gegen Pflegebedürftige durch Angehörige. Eine systematische Übersicht über Befragungs- und Assessment-Instrumente. Pflegewissenschaft 14(7–8):399–407

Hammer U, Büttner A (2011) Achtung, Lebensgefahr. Risikobeurteilung von Verletzungen. Rechtsmedizin 21:441–444

Häuser W, Schmutzer G, Brähler E, Glaesmer H (2011) Misshandlungen in Kindheit und Jugend: Ergebnisse einer Umfrage in einer repräsentativen Stichprobe der deutschen Bevölkerung. Dtsch Ärztebl Int 108:287–294

Heide S, Kleiber M (2006) Self-inflicted injuries – a forensic medical perspective. Dtsch Arztebl 103:2627–2633

Herrmann B, Banaschak S, Csorba R, Navratil F, Dettmeyer R (2014) Medizinische Diagnostik bei Kindesmissbrauch. Dtsch Arztebl 111:692–701

Herrmann B, Dettmeyer R, Banaschak S, Thyen U (2016) Kindesmisshandlung, 3. Aufl. Springer, Heidelberg Berlin

Hessisches Gesetz über Betreuungs- und Pflegeleistungen (HGBP) vom 07. März 2012 (GVBl. Nr. 4 vom 20. März 2012), S. 34

Heuberger K, Karger B, Schulz R, Wittschieber D (2018) Striae distensae. Differenzialdiagnostische Abgrenzung zu misshandlungsbedingten Hämatomen. Rechtsmedizin 28:46–49

Hughes K, Bellis MA, Jones L, Wood S, Bates G, Eckley L, McCoy E, Mikton C, Shakespeare T, Officer A (2012) Prevalence and risk of violence against adults with disabilities: a sytematic review and meta-analysis of observational studies. Lancet 379(9826):1621–1629

Isa M, Mathes H, Dettmeyer R (2016) Akute anale Penetrationsverletzungen bei Kleinkindern. Vier Kasuistiken zu Morphologie, Begutachtung und Differenzialdiagnose. Rechtsmedizin 26:303–307

Jacobi G, Dettmeyer R, Banaschak S, Brosig B, Herrmann B (2010) Child abuse and neglect: diagnosis and management. Dtsch Ärztebl Int 107:231–240

Janßen K, Greif D, Rothschild MA, Banaschak S (2017) Relevance of medical reports in criminal investigations of cases of suspected child abuse. Int J Leg Med 131:1055–1059

Jones L, Belis MA, Wood S, Hughes K, McCoy E, Eckley L, Bates G, Mikton C, Shakespeare T, Officer A (2012) Prevalence and risk of violence against children with disabilities: a systematic review and meta-analysis of observational studies. Lancet 380(9845):899–907

Karger B (2004) Schussverletzungen. In: Brinkmann B, Madea B (Hrsg) Handbuch gerichtliche Medizin, Bd. 1. Springer, Heidelberg, Berlin, New York, S 593–688

Kellog ND, Menard SW, Santos A (2004) Genital anatomy in pregnant adolescents: „normal" does not mean „nothing happend". Pediatr Electron Pages 113:e67–e69

Kettner M, Ramsthaler F, Grabherr S, Heinemann A, Birngruber CG, Verhoff MA (2017) Arbeitsgemeinschaft Forensische Bildgebung der Deutschen Gesellschaft für Rechtsmedizin. Forensische Bildgebung im deutschsprachigen Raum – eine Bestandsaufnahme. Rechtsmedizin 27:407–413

Van Keuk E, Wolf V, Mayer F, Küppers L, Bering R, Ritz-Timme S (2017) Düsseldorfer Erklärung. Folteropfer interdisziplinär erkennen, begutachten, behandeln und schützen. Rechtsmedizin 27:263–265

König HG, Freislederer A, Bardeker C, Pedal J (1987) Untersuchungskriterien für Selbst- und Fremdbeibringung von Verletzungen angeblich oder tatsächlich Überfallener. Arch Krim 180:13–27

Kunz SN, Adamec J (2017) Kardiale Aspekte von Elektroschockdistanzwaffen. Rechtsmedizin 27:79–86

Kunz SN, Monticelli F, Kaiser C (2012) Tod durch Elektroschockdistanzwaffen. Reine Ausschlussdiagnose? Rechtsmedizin 22:369–373

Kunz SN, Tutsch-Bauer E, Graw M, Adamec J (2016) Tonkrugschläge gegen den Schädel. Biomechanische Aspekte des 0,5-l-Tonkrugs als Schlagwaffe. Rechtsmedizin 26:189–196

Küppers L, Hartung B, Karenfort M, Ritz-Timme S (2017) Schütteltrauma vs. Impfkomplikation. Eine kritische Analyse und Literaturübersicht. Rechtsmedizin 27:491–496

Küppers L, Mayer F, Rothschild M, Banaschak S, Janßen K, Ritz-Timme S (2017) Dokumentation und Begutachtung physischer Spuren von Folter. Rechtsmedizin 27:249–254

Lasczkowski G, Dettmeyer R (2014) Gewalt im Alter – Überlegungen, Kasuistiken, Rechtlicher Schutz. In: Riepert T (Hrsg) Klinische Rechtsmedizin. Festschrift für Prof. Dr. med. Dr. rer. nat. Reinhard Urban. Schmidt-Römhild, Lübeck, S 191–202

Lasczkowski G, Riße M, Gamerdinger U, Weiler G (2005) Pathogenesis of conjunctional petechiae. Forensic Sci Int 147:25–29

Maresch W (1982) Angewandte Gerichtsmedizin. Urban und Schwarzenberg, Berlin, S 46–55 (Kapitel 2.11 Schussverletzungen)

Maresch W (1982) Angewandte Gerichtsmedizin. Urban und Schwarzenberg, Berlin, S 55–66 (Kapitel 2.12 Erstickung)

Maresch W (1982) Angewandte Gerichtsmedizin. Urban & Schwarzenberg, Berlin, S 39–43 (Kapitel 2.6 und 2.7 Stichverletzungen)

Menger F (2016) Gewalt gegen pflegebedürftige alte Menschen. Kriminalistik S. 342–347

Meyer T, Püschel K, Seifert D (2015) Diagnostik sexuell übertragbarer Infektionen. Bedeutung bei Verdacht auf sexuellen Missbrauch. Rechtsmedizin 25:107–119

Mueller B (1975) Gerichtliche Medizin Bd. I. Springer, Berlin, Heidelberg, New York, S 359–381 (Kapitel II.1 – Verletzungen und Todesfälle durch scharfe und halbscharfe Gewalteinwirkung)

Mueller B (1975) Gerichtliche Medizin Bd. I. Springer, Heidelberg New York, S 439–468 (Kapitel II.3 Erstickung)

Neumann F, Püschel K, Seifert D (2013) Sexueller Missbrauch von Kindern in Hamburg. Vergleich der Fälle aus den Jahren 2005 und 2009. Rechtsmedizin 23:165–173

Noeker M, Keller KM (2002) Münchhausen-by-Proxy-Syndrom als Kindesmisshandlung. Monatsschr Kinderheilkde 150:1357–1369

Ondruschka B, Ramsthaler F, Birngruber CG (2017) Forensische Bedeutung von Körpermodifikationen. Rechtsmedizin 27:443–451

Paradowski IM (2013) „Dental neglect". Kinderzahnärztliche Untersuchungen in der klinisch-rechtsmedizinischen Ambulanz. Rechtsmedizin 23:186–190

Parzeller M, Dettmeyer R (2010) Schutz von Kindern und Jugendlichen vor körperlicher und sexueller Gewalt im normativen Kontext. Rechtsmedizin 20:145–146

Parzeller M, Ramsthaler F, Zedler B, Raschka C, Bratzke H (2008) Griff zum Hals und Würgen des Opfers. Rechtsmedizin 18:195–201

Parzeller M, Dettmeyer R, Bratzke H, Flaig B, Zedler B (2010) Schutz von Kindern vor Gewalt. Rechtliche Vorgaben in der UN-Kinderrechtskonvention und im Grundgesetz. Rechtsmedizin 20:147–154

Parzeller M, Dettmeyer R, Bratzke H, Zedler B (2010) Körperliche Misshandlung und sexueller Missbrauch von Kindern und Jugendlichen. Rechtsmedizin 20:155–166

Plener PL, Kaess M, Schmahl C, Pollak S, Fegert JM (2018) Nichtsuizidales selbstverletzendes Verhalten im Jugendalter. Dtsch Arztebl 115:23–29

Pollak S (2004) Körperverletzung. In: Brinkmann B, Madea B (Hrsg) Handbuch gerichtliche Medizin, Bd. 1. Springer, Heidelberg Berlin New York, S 121267–121293

Püschel K, Koops E (1987) Zerstückelung und Verstümmelung. Arch Krim 180:28–40 (88–100)

Raestrup O (1992) Grundlagen der Versicherungsmedizin. In: Schwerd W (Hrsg) Rechtsmedizin. Deutscher Ärzteverlag, Köln, S 311–317

Ramsthaler F, Birngruber CG, Kröll AK, Kettner M, Verhoff MA (2016) Über die Farbdetailtreue in der digitalen forensischen Fotografie. Arch Krim 237:190–203

Riepert T (Hrsg) (2014) Klinische Rechtsmedizin. Festschrift für Prof. Dr. med. Dr. rer. nat. Reinhard Urban. Schmidt-Römhild, Lübeck

Rohpol D (1986) Schussverletzungen. In: Forster B (Hrsg) Praxis der Rechtsmedizin. Thieme, Stuttgart, S 155–187

Saternus KS (2014) Die berührungsfreie Untersuchung von Frauen und Mädchen mit Verdacht auf Körperverletzung durch fremde Hand. In: Riepert T (Hrsg) Klinische Rechtsmedizin. Festschrift für Prof. Dr. med. Dr. rer. nat. Reinhard Urban. Schmidt-Römhild, Lübeck, S 229–239

Saternus KS (2016) Sexualisierte Gewalt. Die forensisch-medizinische Untersuchung in Rechtsmedizin und Frauenheilkunde. Frauenarzt 57:114–121

Saternus KS, Kernbach-Wighton G (1996) Selbstbeschädigung. Forensische Bewertung und Therapiemöglichkeiten. Rechtsmedizinische Forschungsergebnisse Bd. 14. Schmidt-Römhild, Lübeck

Schmidt U, Rebell I, Geisenberger D, Kramer L, Farthmann J, Pircher R (2018) Versorgung von Frauen nach akuter sexueller Gewalterfahrung – eine Analyse der Situation im Raum Freiburg. Arch Krim 241:89–103

Schulz E (1986) Der Tod durch Ersticken. In: Forster B (Hrsg) Praxis der Rechtsmedizin. Thieme, Stuttgart, New York, S 118–120

Schulz E (1986) Scharfe Gewalt: Stich, Schnitt, Hiebverletzungen. In: Forster B (Hrsg) Praxis der Rechtsmedizin. Thieme, Stuttgart, New York, S 78–81

Schulz F, Tsokos M (1998) Zur gutachterlichen Beurteilung der Kohabitationsverletzung aus rechtsmedizinischer Sicht. Arch Krim 202:45–49

Schweitzer W, Bär W, Keller M (2009) Rechtsmedizinische Interpretation von Verletzungen. Kriminalistik S. 48–54

Schwerdt W (1992) Rechtmedizin. Deutscher Ärzte-Verlag, Köln, S 63–69 (Kapitel 2.5: Schussverletzungen)

Schwerdt W (1992) Rechtsmedizin. Deutscher Ärzte-Verlag, Köln, S 33–35 (Kapitel 2.3.1: Scharfe Gewalt)

Selier K (1975) Schädigungen und Tod infolge Schussverletzungen. In: Mueller B (Hrsg) Gerichtliche Medizin, Bd. I. Springer, Heidelberg Berlin New York, S 563–641

Sethi D, Wood S, Mitis F, Bellis M, Penhale B, Iborra Marmojelo I, Lowenstein A, Manthorpe C, Ulvestad Kärki F (2011) European report on preventing elder maltreatment. World Health Organization Regional Office for Europe, Kopenhagen

Sluga W, Grünberger J (1969) Selbstverletzungen und Selbstbeschädigungen bei Strafgefangenen. Wien Med Wschr 119:453–459

Sorg H, Betzler C, Rennekampff HO, Vogt PM (2012) Verbrennungen. Unfallchirurg 115:635–648

Stanislawski N, Philipp KP, Bockholdt B (2014) Untersuchungsstelle für Gewaltopfer am Institut für Rechtsmedizin der Universitätsmedizin Greifswald. Rechtsmedizin 24:258–262

Statistisches Bundesamt (2018) Pflegestatistik 2017. https://www.destatis.de Letzter Zugriff 06.12.2019

Todt M, Maciuga A, Debertin AS (2014) „Projekt Kinderschutz" in Niedersachsen. Bilanz der Modellphase. Rechtsmedizin 24:399–404

Todt M, Awe M, Roesler B, Germerott T, Debertin AS, Fieguth A (2016) Häusliche Gewalt. Daten, Fakten und Herausforderungen. Rechtsmedizin 26:499–506

Tröger HD, Albrecht K (2004) Klinische Rechtsmedizin. 25. Vergewaltigung. In: Brinkmann B, Madea B (Hrsg) Handbuch gerichtliche Medizin, Bd. 1. Springer, Heidelberg Berlin New York, S 1131–1151

Tsokos M (2015) Diagnostic criteria for cutaneous injuries in child abuse: classification, findings, and interpretation. Forensic Sci Med Pathol 11:235–242

Verhoff MA, Gehl A, Kettner M, Kreutz K, Ramsthaler F (2009) Digitale forensische Fotodokumentation. Rechtsmedizin 19:369–381

Verhoff MA, Kettner M, Lászik A, Ramsthaler F (2012) Digitale Fotodokumentation im Rahmen der klinischen Erstversorgung. Dtsch Arztebl 109:638–642

Wenk-Ansohn M, van Keuk E, Stegmann L (2017) Psychische Aspekte der rechtsmedizinischen Begutachtungvon Folteropfern. Rechtsmedizin 27:255–262

Wetzels P (1997) Gewalterfahrungen in der Kindheit. Sexueller Missbrauch, körperliche Misshandlung und deren langfristige Konsequenzen. Interdisziplinäre Beiträge zur kriminologischen Forschung Bd. 8. Nomos-Verlag, Baden-Baden

Wieners K, Hellbernd H, Jenner SC, Oesterhelweg L (2012) CME Weiterbildung Zertifizierte Fortbildung. Häusliche Gewalt in Paarbeziehungen. Intervention und Prävention. Notfall- U Rettungsmedizin 15:65–80

Wischmann M, Heinemann A, Püschel K, Seifert D (2013) Frauen als Opfer von Gewalt. Untersuchungsgut der rechtsmedizinischen Untersuchungsstelle in Hamburg. Rechtsmedizin 23:466–471

Zack F, Puchstein S, Büttner A (2016) Letalität von Blitzunfällen. Rechtsmedizin 26:9–11

Zinka B, Bormann C, Graw M, Ackermann I (2018) Morphologische Befunde nach Verstümmelung des weiblichen Genitales. Untersuchungen afrikanischer asylsuchender Frauen und Mädchen. Rechtsmedizin 28:264–271

Stichwortverzeichnis

I

K

L

M

N

O

P

Q

R

S

T

U

V

W

Z

MIX
Papier aus verantwortungsvollen Quellen
Paper from responsible sources
FSC® C105338

If you have any concerns about our products,
you can contact us on
ProductSafety@springernature.com

In case Publisher is established outside the EU,
the EU authorized representative is:
Springer Nature Customer Service Center GmbH
Europaplatz 3, 69115 Heidelberg, Germany

Printed by Libri Plureos GmbH
in Hamburg, Germany